本书获得河北省社会科学重要学术著作资助出版和河北省社会科学发展研究课题（编号：201607030301）立项，特此致谢！

任兰兰　著

中国老龄事业发展指标体系研究

知识产权出版社
全国百佳图书出版单位

图书在版编目（CIP）数据

中国老龄事业发展指标体系研究／任兰兰著. —北京：知识产权出版社，2017. 2

ISBN 978-7-5130-4770-8

Ⅰ.①中… Ⅱ.①任… Ⅲ.①老龄产业—研究—中国 Ⅳ.① D669.6

中国版本图书馆 CIP 数据核字（2017）第 033365 号

责任编辑：文　茜　　**责任校对：**王　岩

封面设计：SUN工作室　　**责任出版：**刘译文

中国老龄事业发展指标体系研究

Zhongguo Laoling Shiye Fazhan Zhibiao Tixi Yanjiu

任兰兰　著

出版发行：知识产权出版社有限责任公司　　**网　址：**http: //www.ipph.cn

社　址：北京市海淀区西外太平庄55号　　**邮　编：**100081

责编电话：010-82000860 转 8342　　**责编邮箱：**wenqian@cnipr.com

发行电话：010-82000860 转 8101/8102　　**发行传真：**010-82000893/82005070/82000270

印　刷：保定市中画美凯印刷有限公司　　**经　销：**各大网上书店、新华书店及相关专业书店

开　本：720mm × 960mm　1/16　　**印　张：**16.5

版　次：2017年2月第1版　　**印　次：**2017年2月第1次印刷

字　数：236千字　　**定　价：**52.00元

ISBN 978-7-5130-4770-8

摘 要

伴随人口老龄化进程的不断加快，老龄问题日益突出，老龄事业日益成为中国特色社会主义建设的重要内容。在协调推进“四个全面”战略布局和积极应对人口老龄化的时代背景下，建立一套科学的老龄事业发展指标体系具有很强的现实意义，不仅可以度量和评价中国的老龄事业发展水平，为实现老龄事业和经济社会的协调发展提供测量工具，也为政府制定相关老龄政策提供决策依据。

对中国老龄事业发展进行定量化的测定和评估是一个重要的理论问题和实践问题。量化的中国老龄事业发展指标体系有助于我们衡量、监控和评价老龄事业的发展及其影响因素，从而逐步完善老龄事业发展的政策和措施，提高老龄事业的整体水平。

本书在梳理归纳国内外有关老龄事业研究文献的基础上，从科学界定老龄事业的概念入手，以国际和国内相结合、宏观和微观相结合及共性和特性相结合的研究视角，尝试构建中国老龄事业发展指标体系，并对该指标体系进行实证分析。

首先，从理论层面上回顾并梳理老龄事业的基本概念，明确老龄事业的定义和内容，对老龄事业的主要性质进行阐释，并以此作为本书的研究起点。其次，在老龄事业新定义的基础上，遵循综合评价指标体系的原理和方法，通过对《积极老龄化政策框架》《2002年马德里老龄问题国际行动计划》、健康老龄化、活动理论、老年人口生活质量理论、生命周期理论和可持续发展观等理论和观点的深入挖掘，确定中国老龄事业发展指标体系的理论框架、评价维度和指标设计。再次，以国家统计部门公开发布的权威数据为基础，对我国31个省

（市、区）[1]的老龄事业发展指数进行综合测算，以此检验指标体系的合理性，并为以后评价老龄事业发展提供经常性的评估工具。

通过研究，主要得出以下结论：

第一，老龄事业是国家为应对人口老龄化挑战，由政府主导、全社会共同参与，旨在提高老年人整体福利水平的社会建设和社会服务事业。它以满足老年人的基本需要、提高老年人的素质、发挥老年人的潜力、实现老年人的全面发展为目标。

第二，以我国具体国情为现实基础，老龄事业应涵盖老年社会保障（经济和医疗）、老年福利服务、老年社会救助、老年社会活动与权益、老龄事业投入等内容，具有协调性、普惠性、福利性、公益和盈利兼备性等特点。

第三，从应对人口老龄化挑战和提高老年人口生活质量角度出发，中国老龄事业发展指标体系由健康指数、生活质量指数、参与指数和保障指数四个要素指数构成，涉及老年人口的健康水平、生活质量、受教育水平、养老保障、医疗保健、为老服务、文教体活动、权益保障等方面。

第四，根据国家统计部门公开发布的权威数据，包括《中国民政统计年鉴》《中国统计年鉴》《中国劳动统计年鉴》及全国1%抽样调查的相关数据，对中国老龄事业发展指标体系进行实证研究，对全国及各地区的老龄事业发展水平进行总体评价和区域比较。有以下发现：

（1）总体状况评价。2014年我国老龄事业发展总体水平处于中游以上，31个省（市、区）老龄事业发展水平呈阶梯状分布的特点。分地区角度看，上海的老龄事业发展水平在全国居首位，其次是北京和天津的老龄事业发展总体水平也具有突出优势。甘肃、西藏和吉林

[1] 本书研究范围专指中国大陆地区，不含港、澳、台，后文正文和图表均如此，不再另行说明。

则是我国老龄事业发展水平最低的三个省区。与2004年相比，2014年全国老龄事业发展总指数有所提高，反映出我国老龄事业发展水平呈上升趋势。这主要得益于排在中下游的省份追赶势头明显。

通过对比2004年31个省（市、区）在中国老龄事业发展指数、人口发展指数和中国发展指数排列顺序后发现，各地区总体上排序大致相同。在中国老龄事业发展指数与人类发展指数两大指标体系中排在前10位的有9个省份相同，浙江、云南、江西、湖北、青海、贵州、西藏在中国老龄事业发展指数与人类发展指数和中国发展指数排序差异在数值和方向上的变化完全一致。上述结论印证了中国老龄事业发展指数在指标选取、权重设计及计算方法等方面均较为合理。

（2）结构分析。总体来看，我国老龄事业发展各项指数区域发展基本平衡，各个要素和综合指数的变动方向一致。分4个子系统看，2014年整体水平最高的是健康指数，依次是参与指数、保障指数，生活质量指数最低。2004年要素指数排序略有不同，参与水平最高，依次是健康水平、生活质量水平，保障水平最低。

与2004年相比，2014年健康指数有所提高，各省级行政区之间健康指数的分值差异较小，上海、天津、北京、新疆自治区的健康水平在全国的领先地位相对稳定。宁夏、甘肃两个自治区的具体数值有较大提高，但在全国的落后地位并未改变。2014年全国平均水平生活质量指数比2004年提高2分左右，上海、北京、浙江、天津、江苏、广东、西藏7个省（市、区）在全国生活质量指数的排序未发生变化。不论是各省（市、区）近10年在全国的排序还是具体数值变化看，参与指数是4项要素指数中变化最大的指数，呈现出省级排序变动较多、数值下降的整体特点。2004~2014年，各省（市、区）保障指数的变动情况较大，除了上海、江苏的领先地位较为稳定外，北京、浙江、山东、河南等地区的下降较为突出。陕西、重庆、四川、安徽及青海在全国排序的上升趋势明显。

（3）均衡分析。2014年我国老龄事业的均衡发展不够理想，总体呈现“水平不高、均衡不够”的特点，具有较大的改善空间。老龄事业发展水平较高，但均衡度也较好的地区较少，主要包括山东、江苏等省份。老龄事业发展水平最高的地区如上海、北京等，各个要素方面的协调发展还有待于进一步加强。老龄事业发展水平较差、均衡度也不高的地区数量最多。就4项要素指数来看，2004年山东、西藏、甘肃等省（市、区）单项指数相对较高，说明其在某一个分指数的发展具有突出优势。天津、黑龙江的单项指数得分较低，说明其在本区域的综合协调发展还存在较大的改进空间。

通过标准差与均值之比对4项要素指数的均衡状况纵向比较后发现，2014年全国平均水平4项要素指数的均衡发展要好于2004年。2014年标准差与均值之比在0.04以下的地区有8个，在0.04至0.08的共有15个，2004年标准差与均值之比在0.04以下的地区仅有3个，分别是江苏、内蒙古、海南，基本覆盖了我国老龄事业发展高、中、低三个水平。标准差与均值之比在0.04至0.08的省份共有20个，其中老龄事业发展较高的地区仅有江苏、山东、辽宁3个省份，其他17个省区的老龄事业发展均属于落后地区。

（4）区域分析。我国老龄事业发展具有区域特征，且各个区域的老龄事业呈现不同的发展态势。采用多元统计中的聚类分析方法，对全国31个省级行政区进行分类，并分别定义为强势区域、优势区域和一般区域。结果显示，2014年中国老龄事业发展强势区域有2个，分别是上海、北京。优势区域包括天津、浙江、江苏和福建4个省市。一般区域则包括剩下的25个省（市、区）。与2004年相比，除福建省替换广东省外，10年间区域分类较为一致。

通过对2014年强势区域、优势区域和一般区域的老龄事业发展总指数及4个要素指数分析后发现，全国老龄事业发展水平处于中等偏上游水平，这主要得益于强势区域和优势区域生活质量和参与水平较高。分区域角度看，强势区域在健康、生活质量、参与和保障4个方面的老龄事业发展水平均比全国水平和一般区域高出许多。优势区域的参与优势明显，保障水平有待进一步提高。一般区域的生活质量水平亟待提高，保障事业亟待完善。

（5）强势区域的比较分析。鉴于强势区域在全国老龄事业发展的突出优势，本书对2014年、2004年上海和北京4项要素指数及单项指标功效值进行深入细致的分析。结果发现，2014年，上海、北京的要素指数呈现出“总体水平相当、保障指数差异较大、均衡度不高”的特点。2004年，北京在健康、生活质量和保障方面可以吸取上海的特长之处，同时北京的老年社会参与也可为上海的老龄事业发展提供可借鉴的成功经验。

与全国平均水平相比，2014年强势区域的健康优势较为突出。生活质量指数是4项要素指数中强势区域比全国平均水平高出最多的指数。但是从分项指标看，强势区域老年人协会指数比全国水平还低。在保障方面，对比上海、北京两个地区单项指标功效值发现，保障水平的四个方面具有“差异明显、各有千秋”的特点。如何制定更积极、更健康、更人性化的老龄政策，以提高百岁老人的生命质量值得关注。鼓励并扶持建立老年社会组织、加大老龄事业投入应成为这两个地区未来一段时期老龄工作的重点内容。

本书的创新之处在于：

第一，对老龄事业的概念进行再定义。在对老龄事业概念梳理的基础上，充分结合现有主要文献对老龄事业合理内核的规定，弥补其中不足，对老龄事业的概念进行再定义。

第二，对中国老龄事业发展指标体系进行初步探索。在明确老龄事业基本内涵及老龄事业发展的评价标准后，充分借鉴老年学、社会学、经济学、统计学理论等相关理论，建立中国老龄事业发展指标体系。与现有老龄事业发展指标体系的相关研究相比，本书在指标体系构建过程中不仅具有坚实的理论基础，对具体体系的建立也均经过单项指标和指标体系的检验和结构优化，在综合评价方法上分别就具体操作步骤进行细致的分析，更重要的是以现有的统计数据为基础，具有可操作性。

第三，首次对全国及各地区老龄事业的发展水平进行实证评价。充分挖掘现有的统计数据资料，对我国31个省级单位进行老龄事业发展综合评价，完成指标体系构建、评价模型和实证研究的研究体系，不论是对老年学研究还是指标体系研究，都是一个很好的补充。

研究不足及进一步研究的工作：

第一，中国老龄事业发展指标体系及其相关内容是一个十分广泛且复杂的体系，需要研究的内容很多，可以用到的方法也有多种。具体指标的选择、指标体系的构造、综合评价方法的选用还有待于在实践运用中不断调整。同时，对中国老龄事业发展指数和要素指数的研究分析还需要进一步挖掘。

第二，由于统计数据的限制，部分指标需替代无法实现对老龄事业发展状况的最新评价。可以考虑在《中国民政统计年鉴》中增加更为详细的老龄事业部门统计，为丰富老龄事业发展水平的评价内容提供更多的数据支持。

第三，本书仅对三大区域的老龄事业发展提出了政策建议，对各地区没有提出具体的指导意见。各省（市、区）应根据本地区的实际情况，结合指标体系中反映出的具体问题，提出最适合本地区老龄事业发展的应对策略。

Abstract

The problem of aging has become obvious with the continuing process of population aging in China. The undertaking of aging has shown its importance in the construction of socialism. However, we have entered the aging society with the undeveloped economic level, the undertaking of aging in China still cannot meet the trend of aging in China, which creates a great gap between the general economic status and the development of the society. Constructing a scientific indicator system of the undertaking of aging on the background of coordination and promotion of the four comprehensive strategic layout and actively responding to the aging of the population, is of great significance. Not only for estimating the current situation of undertaking of aging in China, but providing data evidence for the harmony of the undertaking of aging and the development of the society. Therefore it can provide reference for the government to formulate policies for the elderly.

The quantitative estimation of the status of undertaking of aging is an issue of highly theoretical and practical importance. The quantitative indicator system helps us estimate, supervise, and comment on the development of the undertaking of aging and its related factors on the basis of knowing the status of the undertaking of aging completely and thoroughly. Thus, the policies related to aging can be improved and macro level of undertaking of aging will be raised.

On the basis of categorizing and summarizing the domestic and foreign essays on the topic of undertaking of aging, this book starts from the conceptualization of the undertaking of aging. Adopting the combined research perspective, such as combination of international and internal, macroscopical and microcosmic, common and characteristic, tries to construct and demonstrate the indicator system of the undertaking of aging in China.

First of all, the book reviewed and analysed the concept of the undertaking of aging, and regarded it as a starting point of the research, redefining the concept and content, and analysing the main characters. Secondly, with ***The Police of Active Aging,Madrid International Plan of Action on Aging(2002)***, healthy aging, the activity theory, the theory of life quality of the aging, life course theory, and the sustanable theory as the theoretical evidence, following the principles of the multiple indication system, the book ascertained the academic frame, and the dimension of evaluation and indicator design. Finally, based on the authoritative data publicized by the statistical department, the book counted the indicator of the undertaking of the aging in 31 provinces to test the rationality of the indicator system and supplied the regular tool for the evaluation of the development of the undertaking of the aging.

The book is mainly supported by the following findings:

Firstly, the undertaking of the aging is the social construction and social service enterprise, which led by the government, concerned with everyone in the society, to meet the challenge and improve the welfare for the aged. The goal of the undertaking of the aging is to meet the basic needs, enhance the diathesis, exert the potential and achieve the entirely development of the aged.

Secondly, based on the situation in our country, the content of the undertaking of aging includes the social security (economic and medical treatment), welfare and service, social salvation, activity and rights of the aged, and devotion on the undertaking of aging. The trait of the undertaking of aging involves harmony, common-benefit, welfare, combination of commonwealth & profitability.

Furthermore, from the point of combination of meeting the challenge of aging and improving the quality of life of the aged, the system of the undertaking of the aging in China consists of indicators of health , the quality of life, participation, and the social security. Besides, it involves the healthy level quality of life, education level, the aged security, medical service, service for the aged, activity of culture and education, and ensurement of rights and interests of the aged.

Finally, the book demonstrates the undertaking of aging and evaluates comprehensively and compares regionally of 31 provinces in our country on the foundation the statistics published by the statistics department, Such as 1% of the population sample survey in 2005, ***China civil affairs statistics yearbook(2005), Yearbook of labour statistics of China(2005),* and *China statistics yearbook(2005)*.**

General evaluations. The development of the undertaking of aging is above middle level in 2014. The undertaking of aging in 31 provinces distributes in ladder states. In Shanghai, the level of the undertaking of aging is the highest. Next are Beijing and Tianjin. It is the lowest of the development of the undertaking of aging in Guizhou, Gansu and Tibet. Compared with that in 2004, it is raised for the development indicator of undertaking of aging in 2014, which shows the upward trend of development of the undertaking of aging. That is also benefited by the quick development of the provinces which listed at the latter part.

Compared with the ranking of development index of the undertaking of aging, human development index, China development index of 31 provinces (city, district) in 2004, we find they are in similiar ranking in general, except for several provinces. There are 9 of 10 provinces in the same ranking between the development index of undertaking of aging and human development index. There are exactly the same in the quantitiative value and the change of direction, in view of the development index of the undertaking of aging, human development index and China development index, for 7 provinces including

Zhejiang, Yunan, Jiangxi, Hubei, Qinghai, Guizhou and Tibet. Therefore it is approved reasonable and objective for the index selection, weight design, calculation method and other parameters of the undertaking of aging.

Structure Analysis. In general, it is almost developing balanced for the indicators of the undertaking of aging in different areas. And it is the same in the changing direction for every indicators and general index. In details, the highest developing one is health indicator, next are participation indicator, security indicator, and the lowest is indicator of life quality in 2014. The indicator ranking is a little bit different in 2004, the highest one is the participation indicator, next are the health indicator and the indicator of life quality, the lowest was security indicator .

Comparing with that in 2004, the health indicator raises. The quantitiative value are similiar in health indicator of the different provinces. It is stable for the leading position in health indicator for provinces like Shanghai, Tianjin, Beijing, Xinjiang. It is promoted greatly for the quantitiative value in health indicator for provinces like Ningxia and Gansu, but their backward status has not changed in the whole country. The general indicator of life quality has raised about 2 points in 2014, compared with that in 2004. There are no change for the ranking in the indicator of life quality of 7 provinces including Shanghai, Beijing, Zhejiang, Tianjin, Jiangsu, Guangdong and Tibet. It is the biggest change for the participation indicator, no matter the ranking, or the quantitiative value, which is characterised of ranking changes in provinces, decrease of quantitiative value. From 2004-2014, there is the bigger change for security indicator in different provinces (city, district). Apart from Shanghai, Jiangsu whose leading position are stable, it is obvious for the degradation in ranking for Beijing, Zhejiang, Shandong, Henan, etc. The ranking is upgrading for provinces including Shanxi, Chongqing, Sichuan, Anhui and Qinghai.

Equilibrium analysis. The undertaking of aging has not been developed in balance in 2014, which need to be enhanced to great extent, with character of 'not high level and not enough balance'. There are a few of provinces that not only the level of the undertaking of aging is high, but developed balanced, such as Shandong and Jiangsu. Even the strongest areas need to be strenghthened in the balanced development. In most of the provinces, the level of the undertaking of aging are low and in the unbalanced development. As for 4 elements indicators, there are several provinces with high score of specific indicator such as Shandong, Tibet and Gansu, which show their great advantage in specific indicator. At the mean time, some provinces' lower scores in specific indicator including Tianjin and Heilongjiang also show that they need to be improved to a great extent in developing balanced of the undertaking of aging.

Comparing with proportion of standard deviation with mean of 4 elements indicators, the average level of 4 elements indicators in 2014 is much balanced than those in 2004. There are 8 provinces with score less than 0.04 in the proportion of standard deviation with mean, and 15 provinces with score 0.04-0.08 in 2014. There are only 3 provinces with score less than 0.04 in the proportion of standard deviation with mean in 2004 including Jiangsu, Heilongjiang and Hainan, of 3 different development levels in high, medium, lower status of the undertaking of aging. There are 20 provinces with score 0.04-0.08 in the proportion of standard deviation with mean, only 3 provinces of them including Jiangsu, Shandong and Liaoning are developed well in the undertaking of aging, and the rest 17 provinces are not.

Area analysis. The undertaking of aging were district-lopsided, each area presents different state. All 31 provinces are classified and defined into strongest areas, stronger areas and ecumenic areas, with the way of cluster analysis in multivariate statistics, taking 4 elements indicators of the undertaking of aging as clustering variables. According to the result, there are 2 cities including Shanghai and Beijing as strongest areas, 4 provinces (city) including Tianjin,

Zhejiang, Jiangsu and Fujian as stronger areas, and the rest 25 provinces(city, district) as ecumenic areas. Comparing with that in 2004, the classification of areas is almost the same, except for the replacement of Fujian into Guangdong province.

With analysis of the general indicators and 4 elements indicators of the undertaking of aging in strongest areas, stronger areas and ecumenic areas, it is benefited from the high level in life quality and participation of strongest areas and stronger areas, which leading to the medium upstream level of the undertaking of aging in China. As for different areas, the strongest areas are much better in the 4 indicators of health ,life quality, participation and security in the undertaking of aging than the other 2 areas. The stronger areas have advantage in participation indicator, disadvantage in security indicator. The ecumenic areas are needed to improve the most in the indicator of life quality and security.

Comparation & analysis of strongest areas. In view of the prominent advantage of the strongest areas in the undertaking of the aging, this book made a intensive and detailed research of the 4 indicators and efficacy value of specific indicator of Shanghai and Beijing in 2014 and 2004. It is showed the characters of similiar general level, big difference in security indicator, lack of balance, with result of this research on indicators of Shanghai and Beijing in 2014. Beijing gains experience from Shanghai in health, life quality and security in 2004. At the same time, Beijing makes a good demonstration in society participation of the aged for Shanghai in the undertaking of aging.

Compared with the average level in China in 2014, It is leading edge for the health indicator in the strongest areas, and the indicator of life quality is nominate of the 4 indicator for the strongest areas. Shanghai is the highest in the levels of citizens income, rural residents income, basic living allowance in China. At the same time, the values of 4 indicators of Beijing are much higher than those of the rest of the areas in China. As for specific indicator, the indicator of society participation of strongest area is even lower than the average level. Therefore the strongest areas are strong in relative sense. Besides the disadvantage in specific indicators of strongest area is not only affect the general level in these areas or even in all the country, but also the balanced development of all core indicators of the undertaking of aging. As for security indicator, the 4 aspects characterised with Obvious difference, Great deal of diversity, after comparation with efficacy value of specific indicators in Shanghai and Beijing. It is worthy of attention to formulate much more positive, healthier, humanizing policy for the aging, in order to improve the life quality of the centenarians. It is the highlight to encourage and support the establishing of senior society organizations, promote the investment in the undertaking of aging for these two areas in the near future.

The innovation of the book:

1.The book redefined the concept of the undertaking of aging.

On the base of the pectination on the existing conception, the book assimilated the reasonable content, making up the scarcity, and ultimately redefined the conception.

2.The book constructed the indicator system of the undertaking of aging.

Based on the the concept, the main content and the evaluation criterion of the undertaking of aging in China, using for the reference of the theory of gerontology, sociology, economics, and the statistics, this book constructed the indicator system of the undertaking of aging. Compared to the present indicator system, the book are not only based on the stable theory, combining the qualitative and quantitative method together to test the single indicator and the system, embedded analysis of the method of comprehensive evaluation, but using the present statistics data. The whole process wss entirely operable.

3.The book demonstated the development of the undertaking of aging in the 31 provinces for the first time.

The book excavated the present statistics data, and evaluated the development of the undertaking of the 31 provinces synthetically, accomplishing the research system of constructing, modeling, and demonstrating. The book supplied a gap not only to the research in gerontology, but also to the indicator system study.

This deficiencies of this book and the further research are as follows:

1.The research about the indicator system of the undertaking of aging in China is complicated and comprehensive, involving many contents and methods. It need to be adjusted in the actual management for the selection of the indicator, construction of the indicator system, and the method in comprehensive evaluation. At the same time, research and analysis on the exponent needs more excavation.

2.One of the deficiency of the book lies in the lengthway contrast on the evalation of the 31 provinces with limitation of the data. As we all know, the undertaking of aging in Beijing and Shanghai has developed rapidly in recent years. However, due to the lack of the data in 31 provinces, it is hard to actualize the latest evaluation. To solve the problem, the statistics of the undertaking of aging need to be added and regulated.

3.The book brought forward the suggestion on how to develop the undertaking of aging in strongest area, stronger area, and ecumenic area. However, the book did not put forward the suggestion for each province. To promote the progress of the undertaking of aging, each province needs to find the fittest policy according to the actual complextion.

目 录

图表索引

1 导 言

人口老龄化是生产力发展的必然产物，是人类社会发展的必然规律。[1]国家统计局发布的《2015年国民经济和社会发展统计公报》数据显示，至2015年年末，我国60周岁及以上人口数为22 200万人，占总人口比重为16.1%；65周岁及以上人口数为14 386万人，占比10.5%。[2]然而，我国是在经济尚不发达情况下进入老龄社会的。老年人口规模的迅速扩大和人口老龄化速度的不断加快，日益严峻的人口高龄化形势将对我国政治、经济、社会、文化等方面产生广泛、深远的影响。

2016年2月24日，中共中央总书记、国家主席、中央军委主席习近平对加强老龄工作作出重要指示时强调，有效应对我国人口老龄化，事关国家发展全局，事关亿万百姓福祉。[3]

党的十八大和十八届三中全会作出了积极应对人口老龄化的战略部署，而积极应对人口老龄化需要科学决策，需要党中央和各级政府统筹制定发展战略、规划和政策。2016年6月24日，民政部、国家发展改革委员会关于印发《民政事业发展第十三个五年规划》的通知中指出，“十三五”时期，人口老龄化程度进一步加深，少子高龄化、失能化、空巢化加剧，亟须从经济、健康、照护、精神等多方面建立有效机制，提升养老服务供给的规模和质量效益，满足日益增长、不

---

❶ 邬沧萍主编：《社会老年学》，中国人民大学出版社1999年版，第142页。

❷ 国家统计局：“2015年国民经济和社会发展统计公报”，载http://www.stats.gov.cn/tjsj/zxfb/201602/t20160229_1323991.html，2016-2-29。

❸ 习近平：“及时科学综合应对老龄化”，载http://news.xinhuanet.com/mrdx/2016-02/24/c_135124769.htm，2016-2-24。

断升级和个性化的需求。[1]

在科学发展观和积极应对人口老龄化的时代背景下，建立一套科学的老龄事业发展指标体系，为实现老龄事业和经济社会的协调发展及老龄事业核心内容均衡发展提供测量依据，并据此度量和评价中国的老龄事业发展水平，已经成为一项紧迫而重大的时代课题。

1.1 研究背景

1.1.1 严峻的人口老龄化形势将带来全方位、多层次的挑战

持续稳定的低生育水平和平均预期寿命的延长，使得我国人口老龄化进程正在不断加快，老龄化加速发展已经成为我国经济发展新常态的重要特征（王建军，2015）。[2]伴随我国人口老龄化程度的提高，老龄问题日益突出。2015年4月13日，国务委员、全国老龄工作委员会主任王勇在全国老龄工作委员会全体会议上指出，我国目前正处于人口老龄化快速发展期，老龄问题已经成为关系国计民生和国家长治久安的重大战略性问题。今后一个时期内，我国人口老龄化发展将呈现出老年人口增长快，规模大；高龄、失能老人增长快，社会负担重；农村老龄问题突出；老年人家庭空巢化、独居化加速；未富先老矛盾凸显五个特点。[3]

人口老龄化涉及人口、经济、政治、文化等社会诸多方面的内

[1] “民政事业发展第十三个五年规划”，载http://www.sdpc.gov.cn/gzdt/201607/t20160706_810528.html，2016-7-6。

[2] 全国老龄办党组书记、常务副主任王建军在全国老龄办主任会暨第四次中国城乡老年人生活状况抽样调查动员会上的讲话，载http://politics.people.com.cn/n/2015/0421/c1026-26880152.html，2015-4-20。

[3] 国务委员、全国老龄工作委员会主任王勇在全国老龄工作委员会全体会议上的讲话，载www.cncaprc.gov.cn/contents/2/76810.html，2015-4-14。

容，必将对经济、社会发展产生深远的影响。首先，人口老龄化导致劳动人口中老年化，将会直接影响劳动生产率的提高，进而成为制约经济增长的影响因素。其次，人口老龄化将使社会抚养比加大，老年人口增多对社会保障制度和养老服务体系的压力日益加重。老年人口的高龄化，对家庭及其成员的照料也将影响传统的养老观念和现行的照料服务体系。最后，一些涉及老年人口自身方面的问题，如退休金待遇、老年教育、生活照料、参与社会发展等方面的问题也日益突出。

21世纪我国人口老龄化的总体规模、发展速度、年龄分布、城乡分布等发展趋势和特点不仅是制定各项老龄政策、安排老龄工作的人口大背景，也是统筹老龄事业和经济社会发展战略和规划的基本前提。但是，人口老龄化带来的挑战之多，宏观上对于社会发展来说，是否会影响经济社会的协调发展？微观上对于老年人个体来说，如何帮助他们在老龄化过程中保持独立生活并且活跃？如何加强促进健康和预防政策，特别是直接针对老年人的政策？随着人们活得更长久，如何使老年人的生活质量得到改善？数量众多的老年人是否会使我们的社会保障体系濒临破产？这一系列问题有待于深入探讨。如何从纷繁复杂的老龄问题中理出解决上述问题的思路，简单直观的方法之一便是确定老龄事业发展的评价标准，并对老龄事业发展成果进行综合评价。鉴于人口老龄化带来的挑战已日益深入和多样化，老龄事业发展指标体系的相关研究也更加迫切。

1.1.2 老龄工作向纵深发展的实践需要

随着人口老龄化程度的不断加剧，其对我国政治、经济、文化和社会生活产生的深刻影响也逐渐显现。加强老龄工作、发展老龄事业已成为全面建设小康社会的重要组成部分，是一项带有全局性的战略任务。继1999年党中央、国务院批准成立全国老龄工作委员会以来，经过近20年的实践，我国老龄工作已经初步积累了丰富的工作经验，老龄工作开始走上制度化和法制化的轨道。具体内容包括：颁布实施了《中华人民共和国老年人权益保障法》和地方老年法规，建立了从中央到地方的老龄工作协调机构；逐步建立了社会养老保障制度，大力推进社区老年福利服务、卫生保健、文化体育等各项事业的发展；对老龄问题进行了系统的调查研究；积极开展老龄问题的国际合作和交流；逐步形成了政府主导、全社会关心老年人、支持老龄工作的新局面。但是，在快速发展的老龄化进程中，老龄事业和老龄工作相对滞后的矛盾日益突出。主要表现在：社会养老保障制度尚不完善，公益性老龄服务设施、服务网络建设滞后，老龄服务市场发育不全、供给不足，老年社会管理工作相对薄弱，侵犯老年人权益的现象仍时有发生。[1]

随着老龄工作的不断深入，如何科学地总结过去的经验，评价现实工作状况，把握未来的发展方向，已成为老龄能否深入的重要课题。老龄工作开展得好不好、是否得到老年人及社会各界的认可，都存在一个如何评价的问题，如何确立科学的工作评价尺度的问题。以往的老龄工作无论是在发展规划的制定中，还是在实际运作中，都没有明确提出这一问题。这样导致的后果可能是老龄工作缺乏科学的统一的尺度，缺乏成熟的理性规划与运作，进而在一定程度上制约了老龄工作的科学管理和决策，影响了其向纵深发展的进度和程度。为了适应老龄事业的发展和各级老龄工作部门的实际工作需要，构建一套科学的、可操作的老龄事业发展指标体系已是当务之急。

1.1.3 落实老龄事业发展方针政策的客观要求

自1982年中国政府第一次派出代表团参加联合国老龄大会以来，党和政府一直在关心和重视老龄事业。1987年10月，中共十三大政治报告中指出：“要注意人口迅速老龄化的趋向，及时采取正确的对策。”这是我国第一次把老龄问题写进党的政治报告中。1992年

[1] “国务院关于印发中国老龄事业发展‘十二五’规划的通知”，载http://www.scio.gov.cn/zggk/gqbg/2011/Document/1014340/1014340.htm，2011-9-17。

10月，中共十四大政治报告中指出："重视研究人口老龄问题，认真做好这方面的工作。"随后，"老龄问题""老龄事业"等词语在政府中央文件和报告中被多次提及。2001年，国务院颁发的《中国老龄事业发展"十五"计划纲要》提出"建立老龄事业发展统计指标体系，形成统计工作制度，为科学规划和决策服务"。2010年3月5日，时任国务院总理的温家宝在2010年《政府工作报告》中明确提出："加强应对人口老龄化战略研究，加快建立健全养老社会服务体系，让老年人安享晚年生活。"2016年2月23日，中共中央政治局常委、国务院总理李克强作出批示指出，要围绕科学应对人口老龄化问题，结合"十三五"规划编制实施，抓紧研究提出相关政策建议，并注重可操作性。[1]

30多年来，在党中央和国务院的领导下和社会各界的关心支持下，中国的老龄事业由开始起步到快速发展，取得了长足进步。老年社会保障体系初步建立；老年精神文化生活日益丰富；老年服务业发展迅速；老年人权益保障得到维护；老龄科学研究不断深入。但是，在老龄事业发展过程中还存在以下不足：第一，相比我国人口老龄化的严峻形势来说，对人口老龄化及由其带来的社会经济方面的挑战没有引起足够重视。第二，虽然近年来政府加快了对老年社会保障制度建设的步伐，但仍然无法满足老年人口的实际需求，老年保障问题比较突出。第三，各地区老龄事业发展不平衡，有些地方政府对老龄事业的重视程度不够，对老龄事业投入不足，加上缺乏统一的考核机制，老龄事业发展较为落后。

伴随我国经济的快速发展和人口老龄化程度的不断提高，如何在科学发展观的时代背景下，积极应对人口老龄化挑战，实现老龄事业与经济、社会协调发展，统筹老龄事业的区域协调发展等成为经济社

[1] 李克强对加强老龄工作作出重要指示批示，载http://www.gov.cn/xinwen/2016-02/23/content_5045223.htm，2016-2-23。

会发展中的重大课题。总结以往经验教训发现，在中央指示精神和具体贯彻执行过程中，还需要技术层面的有效衔接。对各项老龄事业发展成果进行综合评价不仅是落实中央指示精神的试金石，也可以为老龄事业发展的实际工作指明方向。因此，构建老龄事业发展指标体系成为落实政府老龄事业发展方针政策的客观要求。

总之，随着人口老龄化程度的不断加深，理论界及社会各界对人口老龄化的认识也逐步深化。从人口老龄化发展趋势看，人口年龄结构的老化对社会经济发展发展的影响已渗透到社会发展的各项领域。诸多老龄问题的有效应对、国家发展目标的实现以及目前对老龄事业的日益关注，都集中于老龄事业发展评价这一核心问题，对老龄事业发展进行量化的测定和评估已成为不可忽视的重大问题。要全面地反映老龄事业发展的真实状况，必须采用一套更为全面综合的评估指标体系。

1.2 研究意义

人口老龄化是21世纪贯穿我国的基本国情，党和国家一直高度重视老龄工作，“十二五”时期老龄事业发展取得积极进展，“十三五”时期是应对人口老龄化的重要战略机遇期，积极应对人口老龄化行动已经启动，发展老龄事业任务很重。[1]本书在理论意义和现实意义方面都具有重要价值。从理论意义上讲，其一，以实现老年人的全面发展为途径丰富可持续发展观的内涵；其二，从宏观角度把社会指标的研究方法引入老年学领域；其三，为制定老龄事业中长期规划提供理论依据。从实践意义上讲，通过对老龄事业发展指标体系的理论构建和实证检验，有利于摸清新时期我国老年人口的现实需求和老龄事业的发展现状，为党中央、国务院和各级党委政府统筹制定应对人口老龄化战略规划和老龄政策提供科学支撑；有利于提升老龄

[1] 全国老龄办党组书记、常务副主任王建军在2016年全国老龄宣传工作会议上的讲话，载http://www.cncaprc.gov.cn/contents/2/176861.html，2016-9-13。

工作科学决策水平，促进老龄事业科学发展；有利于找出老龄事业发展过程中存在的主要问题及其原因分析，提出促进我国老龄事业发展的对策建议等，具有重大的现实意义。

1.2.1 理论意义

以实现老年人的全面发展为途径丰富可持续发展观的内涵。可持续发展观由以经济发展为主到强调人的全面发展，完成了发展理念质的飞跃。但是，我们也应该看到，以人为中心的社会发展没有统一的模式，不同社会、不同历史时期有不同的发展目标。在老年人口日益增多的老龄化社会里，若实现经济社会的可持续发展就不得不考虑老年人基本需要的满足、素质的提高和潜力的发挥。那么，“数以亿计的老年人在当前社会经济发展条件下基本需要满足程度如何？”“科学文化素养如何？”“潜力的发挥程度如何？”等问题尚无答案。单纯从某一方面回答这些问题可以根据具体的研究目的进行分析，老年学在这方面进行了大量理论研究和实证研究。但是，从宏观角度将以上老龄事业的发展内容纳入同一框架的研究并不多见。本书以老年人全面发展为依据，建立老龄事业发展指标体系，不仅可以充分体现老年人全面发展的总体概况，也赋予了可持续发展的时代内涵，具有很强的理论意义。

从宏观角度把社会指标的研究方法引入老年学领域。建立统计指标体系历来是经济学、统计学领域的重要研究内容。自20世纪60年代以来，社会指标研究逐渐增多，并广泛应用到多个学科领域。我国社会指标研究始于1982年，虽起步较晚但发展迅速，目前已建立了一系列指标体系，如小康社会指标体系、现代化指标体系、中国人民大学中国发展指标体系等。指标体系研究在老年学领域的应用较少，已有研究多从老年人个体角度出发，侧重于微观分析老年人某一方面的指标测评，如老年人口生活质量指标体系、城市居家老人生活质量评价指标体系研究等。如何运用指标体系的研究思路和方法，从宏观上把握中国老龄事业的发展，还有待进一步开发和应用。本书以可持续发展的理念为指导，以快速发展的人口老龄化进程为背景，运用科学方法建立一套老龄事业发展指标体系，据以评价中国老龄事业的发展水平，对于老年学研究和社会指标研究都具有较强的学术价值。

为制定老龄事业中长期发展规划提供理论依据。从根本上说，老龄事业的发展目标总要具体化为一系列的统计指标。自1994年以来，党中央和国务院已经制定了多部老龄事业的发展纲要或规划，即《中国老龄工作七年发展纲要（1994—2000年）》《中国老龄事业发展“十五”计划纲要》《中国老龄事业发展“十一五”计划纲要》《中国老龄事业发展“十二五”计划纲要》和《“十三五”国家老龄事业发展和养老体系建设规划》。同时，还下发了《中共中央、国务院关于加强老龄工作的决定》《中国老龄事业的发展》白皮书、《关于推进医疗卫生与养老服务相结合的指导意见》等中央文件，这些规划和文件是落实老龄工作和发展老龄事业的纲领性文件，运用具体指标较为科学地评价了老龄事业发展的阶段性成就。但囿于统计资料的限制，目前对全国老龄事业发展成就研究较多的是描述性分析，在客观评价老龄事业的发展成就方面缺乏统一的标准和依据。本书充分挖掘这些文件中的核心指标并以此为依据，运用可持续发展理论、老龄化理论和观点及统计指标体系的基本理论和研究方法，尝试建立中国老龄事业发展综合评价体系，并以此为依据科学评价全国及各地区的老龄事业发展水平，对于制定老龄事业的中长期发展规划有重要的参考价值。

1.2.2 现实意义

科学评价老龄事业在经济社会中的战略地位。中央政府文件中多次强调，要把老龄事业纳入国民经济发展规划中。那么，老龄事业在经济社会发展过程中究竟处于什么样的战略地位，评价老龄事业发展与经济协调发展的依据是什么？一套科学、可行的老龄事业发展指标体系不仅可以描述中国老龄事业的发展水平，对于评估老龄事业的战略定位也有重要意义。老龄事业在和谐社会建设中具有重要地位，了解老龄事业的发展现状，并进一步明确老龄事业的发展方向是制定经济和社会发展规划的必要条件。2012年11月，胡锦涛在中国共产党第十八次全国代表大会上的报告中指出，积极应对人口老龄化，大力发展老龄服务事业和产业。[1]作为社会发展的特殊群体，老年群体的生活质量是整个社会文明进步的集中体现，其丰富的经验和积极参与的意识也是经济建设中不可或缺的重要部分。因此，作为社会建设的一部分，老龄事业的健康发展对于落实中央和谐社会建设的战略部署有着重大现实意义。

指导老龄工作的实践活动。老龄工作与老龄事业的发展密不可分。老龄工作是一个庞大的系统工程，涉及政治、经济、社会、法律、卫生、文化、教育、科技、体育等各个方面，凡是从事、参与解决老龄问题的各项管理和服务工作都属于老龄工作。从政府公共服务的角度来说，对老龄事业的发展缺乏一个合理的评价标准使得各级老龄工作部门无以适从，在实际工作中遇到许多难以解决的问题，这在很大程度上制约了各级老龄工作的科学管理和决策。从学术研究角度看，目前对老龄事业的发展现状评价多是从老龄工作的角度出发，定性结论较多。这在一定程度上也限制了研究人员的视野。一套科学、可操作的老龄事业发展指标体系不仅可以综合评估中国老龄事业的发展水平，对于指导老龄工作的实践活动也有很强的现实意义。

探寻老龄事业发展的主要影响因素，并提出针对性的对策建议。作为一个发展中国家，快速发展的人口老龄化已经给中国带来了一系列社会、经济方面的挑战。由于进入老龄化时间较短，这些挑战产生的经济、社会影响还处于探索阶段，缺乏实证检验。当前的老年学研究多是从老年人角度或制度层面对老龄问题进行研究和分析。然而，老年人口的健康、社会参与、社会保障、照料护理服务等各类各层老

[1] 胡锦涛在中国共产党第十八次全国代表大会上的报告，载http://politics.people.com.cn/n/2012/1118/c1001-19612670.html，2012-11-18。

龄问题的大小、影响范围和程度、对现实解决对策的急迫性等问题需要客观准确评估。此外，与经济发展的特点类似，老龄化在地区间的发展不平衡，基本上是由东向西区域梯次型的发展状况，东部沿海地区的发展明显快于西部欠发达地区。那么，各地区老龄事业的发展呈现哪些特点？发展水平如何？本书从宏观的角度出发，充分利用现有的统计资料，在对老龄事业的发展作出整体评价后，尝试挖掘制约老龄事业发展的关键性因素，并进一步提出相关问题的解决思路。

1.3 研究视角分析

老龄事业是一个复杂的、多层面的概念，本书在借鉴前人研究成果的基础上，遵循宏观和微观相结合、国际和国内相结合、共性和特性相结合的研究视角，尝试构建中国老龄事业发展指标体系并对其进行合理评价。

1.3.1 国际和国内相结合

1.3.1.1 国外应对人口老龄化战略框架

进入21世纪后，全球老龄化向世界各国提出了日益增长的经济和社会需求。为了应对全球性的人口老龄化挑战，联合国在增强老龄意识、制定老龄政策框架、加强老龄方面的行动和保护老年人权利等方面发挥了极其重要的作用。1982年第一次老龄问题世界大会上通过的《维也纳老龄问题国际行动计划》（以下简称《维也纳行动计划》），1991年第46届联合国大会提出的独立、参与、照顾、自我实现和尊严5项老年人原则及1999年国际老年人年的确立，对制定各国老龄事业与社会发展的综合战略、指导老龄工作提出了发展方向和指导原则。随着人口老龄化速度的不断加快和老年人口规模的不断增大，联合国及世界各国应对人口老龄化的战略思考也在不断更新和进步。

由于快速的人口老龄化，世界卫生组织深刻认识到老龄化对公共卫生事业带来的诸多挑战，从更高、更远的视角即积极老龄化的角度提出应对人口老龄化和提高全民健康水平的发展思路。根据世界卫生组织的界定，积极老龄化指的是“在老年时为了提高生活质量，使健康、参与和保障的机会尽可能获得最佳机会的过程”。它从生命历程的观点出发，旨在提高人们对自己一生中体力、社会及精神方面的潜能认识，鼓励人们按照自己的需求、愿望和能力去参与社会，而且当他们需要帮助时能获得充分的保护、保障和照料。

2002年第二次老龄问题世界大会上通过的《2002年马德里老龄问题国际行动计划》（以下简称《马德里行动计划》）是对《积极老龄化政策框架》中应对人口老龄化发展战略的进一步延续。在《马德里行动计划》中，提出了包含三个优先方向的行动建议，即老年人与发展、促进老年人的健康和福祉以及确保有利的和支助性环境。

从上述国际应对人口老龄化的政策框架和行动计划中可以看出，其试图在宏观、中观、微观三个层面上切实保障老年人基本权利、促进老年人的个体发展和社会的共同发展。

第一，宏观上，从应对人口老龄化战略角度来说，将社会发展、老年人生活质量的提高和各种制度的完善三者相结合，共同作为衡量老龄政策制定和执行是否成功、实现老龄化各项目标是否实现的重要依据，具有高度战略性。

第二，微观上，从老年人个体来说，从“以需要为基础”转变为“以权利为基础”，提醒人们充分认识自己在一生中体力、社会及精神方面的潜能，鼓励人们按照自己的需求、愿望和能力去参与社会。

第三，中观上，侧重于通过建立健全一系列的社会保障制度和规范，以保障需要帮助的老年人基本生活，从而使所有进入老年的人，包括那些虚弱、残疾和需要照料的人，都能提高健康预期寿命和生活质量。老年保障制度的建立和完善是应对人口老龄化政策框架的“中间桥梁”，不仅在微观层面上实现了保障老年群体基本生活的目标，也是老龄行动宏观发展战略的落实和体现。

1.3.1.2 国内老龄事业发展的指导思想

自从我国20世纪90年代进入人口老龄化时代以来，中央和各级地方政府对老龄问题的认识逐步深入，对老龄事业的发展也日益重视。1996年出台的《中华人民共和国老年人权益保障法》中规定，国家和社会应当采取措施，健全对老年人的社会保障制度，逐步改善保障老年人生活、健康以及参与社会发展的条件，实现老有所养、老有所医、老有所为、老有所学、老有所乐。

2000年发布的《中共中央、国务院关于加强老龄工作的决定》中明确指出，加强老龄工作，发展老龄事业要遵循坚持老龄事业与国民经济和社会发展相适应、坚持政府引导与社会兴办相结合、坚持道德规范与法律约束相结合、坚持统筹规划与分类指导相结合等原则。[1]

2006年12月12日，国务院发布了《中国老龄事业的发展》白皮书，这是中国政府第一次以白皮书的形式发布关于老龄事业的发展状况，体现了国家政府对老龄事业的重视，表明了国家政府应对人口老龄化的积极态度。[2]白皮书中强调："政府全面贯彻落实科学发展观，积极应对人口老龄化挑战，把发展老龄事业作为经济社会统筹发展和构建社会主义和谐社会的重要内容。"[3]

中国老龄科研中心组织编写了《中国老龄事业发展报告（2013）》，这是我国第一部全面总结和评估老龄事业发展状况的蓝皮书，填补了这一领域的空白。该书从研究者的独特视角，全面审视了2012～2013年中国人口老龄化发展态势，从老龄政策、养老与医疗保障事业、老龄事业法制化进程、老龄服务、老年宜居环境、老龄

---

[1] 中共中央国务院关于加强老龄工作的决定，载http://www.nhfpc.gov.cn/jtfzs/s3581c/201307/e9f0bbfea6c742ec9b832e2021a02eac.shtml，2000-8-19。

[2] 李建新："老年人口生活质量与社会支持的关系研究"，载《人口研究》2007年第3期，第50页。

[3] 《中国老龄事业的发展》白皮书，载http://www.gov.cn/zhengce/content_2618568.htm，2006-12-12。

文化等方面进行了深入研究和探讨。这对于进一步宣传老龄事业，提升全社会的老龄意识，加快形成全社会关注、关心和支持参与老龄事业发展的良好氛围；对于为政府开展老龄事业科学决策提供翔实理论依据，推进老龄事业科学发展；对于探索老龄事业发展规律，促进老龄科学研究工作开展，都具有积极意义。❶

《中国老龄事业发展“十二五”规划》中指出：“十二五”时期，随着第一个老年人口增长高峰到来，我国人口老龄化进程将进一步加快。在这一阶段，发展老龄事业的指导思想是“深入贯彻落实科学发展观，适应人口老龄化新形势，以科学发展为主题，以改革创新为动力，建立健全老龄战略规划体系、社会养老保障体系、老年健康支持体系、老龄服务体系、老年宜居环境体系和老年群众工作体系，服务经济社会改革发展大局……让广大老年人共享改革发展成果。”❷

从国际视野来看，国际老龄政策框架及行动计划为应对人口老龄化挑战、解决老龄问题提供了很好的思路。但是，由于各国的经济发展水平、政治、文化、社会背景及人口老龄化程度不同，其对于每个国家或地区人口老龄化发展战略的具体实施作用是有限的。与此不同的是，国内各项政府文件是对作为国际应对老龄化思路的体现和延续，更加符合我国具体国情，更为细致地体现了我国老龄事业发展的指导思想。因此，构建我国老龄事业发展指标体系应吸取国际应对人口老龄化的战略思路，根据我国经济、社会、文化发展的历史特点和具体国情，将二者充分结合，客观、真实地评价我国老龄事业的发展水平。

❶ 吴玉韶主编：《中国老龄事业发展报告（2013）》，社会科学文献出版社2013年版。

❷ “国务院关于印发中国老龄事业发展‘十二五’规划的通知”，载http://www.scio.gov.cn/zggk/gqbg/2011/Document/1014340/1014340.htm，2011-9-17。

1.3.2 宏观和微观相结合

1.3.2.1 宏观上与经济社会发展协调

老龄事业的发展状况，不仅是经济发展水平的重要标志，也是体现社会总体发展状况的一个尺度。从这一层面来看，它体现了科学发展观与和谐社会的核心理念，关系社会经济发展的方向，对我国社会发展战略的实施具有监测作用。不论是国际应对人口老龄化政策框架，还是国内老龄事业发展的指导思想，都多次强调老龄事业的发展要与经济、社会的发展相协调，实现老龄事业与经济社会的双赢。

《马德里行动计划》及其后续行动报告，是目前指导各国老龄政策体系构建和老龄行动的最高准则。首先，《马德里行动计划》从宏观上认识到，人口老龄化不仅是社会经济发展基础上取得的巨大成就，它还是一种全球性力量，各部门和政府要“改变态度、政策和做法，从而可发挥21世纪内老龄化的巨大潜力”。其次，《马德里行动计划》认识到人口老龄化不仅是人口年龄结构的转变，也不仅是老年人群数量的增多，它站在人类发展和社会发展的高度，跳出人口年龄结构老龄化的人口学视野，将老龄问题纳入更广、更大的社会发展进程。最后，《马德里行动计划》指出要维护包括老年人在内的所有人的基本权利，强调老年人的基本权利不仅包括丧失劳动能力和缺乏经济来源时有受保障的权利，还包括参与社会发展和享有社会发展的成果的权利。

1.3.2.2 微观上提高老年人口生活质量

生活质量是全面评价生活优劣的概念，它不仅反映经济的增长和发展，也反映社会的全面进步。在老龄社会中，老年群体无疑成为人口年龄结构老年型社会中最重要的群体。提高老年群体的生活质量是制定老龄事业发展规划的主要目标之一。邬沧萍教授指出：“提高老年人生活质量在客观上就要求在老龄问题上贯彻‘三个代表’的重要思想，加强社会主义民主与法制建设并惠及老年人。这是建设有中国特色社会主义事业的一个重要组成部分。”❶因此，老年人口的生活质量应体现在老龄事业发展的各项指标中。

综合上述两点分析得出，老龄事业的发展不仅要坚持科学发展观，兼顾当前与长远，把解决当前老龄问题和应对人口老龄化挑战结合起来，促进老龄事业与经济社会协调发展，也要坚持以满足老年人的物质文化生活需求为出发点，完善养老、医疗等社会保障制度，提高老年人生活质量。本书即从宏观和微观相结合的视角出发，将老龄事业与经济社会协调发展作为老龄事业发展的指导方针，将提高老年人口生活质量作为评价老龄事业发展的微观基础。

1.3.3 共性和特性相结合

“社会事业”是一个广泛使用的词语，最早源于西方国家的“social work”一词，是在中世纪教会慈善事业等基础上发展起来的，主要是指国家和社会解决并预防社会成员因缺乏社会生活适应能力或因社会功能失调而产生的社会问题的一项专门事业和一门学科。❷一般来说，社会事业是中央和各级地方政府领导的社会建设和社会服务事业，是国家为了社会公益目的，由国家机关或其他组织举办的从事教育、科技、文化、卫生等活动的社会服务。作为关系最广大人民群众切身利益和保障社会民主、公平和稳定的重要手段和途径，社会事业具有维系社会公正、体现社会公益性的作用。

老龄事业除了具有社会事业的一般属性外，其突出的特点体现在哪里呢？本书认为有以下两点：第一，实现老龄事业与经济、社会协调和可持续发展。在我国，人口老龄化出现的时间还不长，老龄化产生的诸多经济、社会影响还未显现，但未来社会中老年人口规模很大将是不争的事实，同时还伴随着速度加快、地区发展不平衡等特点。

---

❶ 邬沧萍：“提高对老年人生活质量的科学认识”，载《人口研究》2002年第5期，第2页。

❷ 徐新主编：《和谐社会与社会事业》，上海大学出版社2009年版，第7~8页。

如何实现老龄事业与经济、社会协调和可持续发展将是包括老年学在内的众多学科研究的重点内容。第二，以实现老年人的全面发展为目标。老龄事业与社会事业的最大不同在于服务对象的不同，社会事业是服务于全体国民的，不仅要满足正常人群的各个阶段的需求，也要兼顾儿童、妇女、残疾人、老年人等弱势群体的特殊需要，其群体更为广泛，每个群体都存在不同的特殊需求。而老龄事业则是以老年人口为服务对象的，它强调以满足老年人的生存与发展为目的。它从被动地“对老龄问题的解决”到主动地“实现老年人的生存与发展”，实现了应对人口老龄化发展思路的转变。

推进包括老龄事业在内的社会事业发展，是完善政府社会管理和公共服务职能、统筹经济社会协调发展的重要任务。本书即将社会事业的一般属性和功能与老龄事业的特殊性质相结合，不仅体现出老龄事业作为社会事业组成部分的政府公共服务功能，又突出了老龄事业自身的发展目标和要求。

1.3.4 中国老龄事业发展的特殊背景

作为有中国特色的一项社会事业，构建中国老龄事业发展指标体系还要考虑当前的经济社会发展状况和制度背景。“未富先老”、城乡二元结构等因素与我国老龄事业的发展紧密相关。

首先，我国人口老龄化是在经济尚不发达的条件下完成的，同时还伴随着人口老龄化速度快、地区发展不平衡、城乡发展不平衡等特点。发展老龄事业不仅要适应人口老龄化进程，也要适应我国社会经济发展水平和区域发展特点。因此，在设计老龄事业发展具体指标时，应充分考虑上述因素。

其次，城乡分割的二元经济结构是构建指标体系须考虑的制度环境。城乡二元现象不仅表现在户籍身份的不同，更多的是城乡保障制度、基础设施、福利服务及就业制度等方面的较大差别。目前，政府正致力于改善产业结构及政策调整，以促进城乡一体化统筹发展。但是，城乡二元结构不是短时期内能完全消除的，且涉及方面与老龄事业发展的多项内容紧密相联，是构建中国老龄事业发展指标体系研究的制度背景。

可喜的是，总结过去30多年来经济、社会发展进程和老龄事业的发展经验，我国在落实联合国关于国际老龄行动计划中各项政策的同时，结合自身的经济社会发展的特点和老龄化发展趋势，以坚持老龄事业与社会经济协调发展、城乡老龄事业统筹规划、物质生活和精神文化生活共同发展等多项原则为指导，在提高老年人生活质量、促进老龄事业发展方面取得了显著成就。

1.4 研究框架与主要内容

对中国老龄事业发展进行定量化的测定和评估是一个重要的理论问题和实践问题。按照指标体系研究的一般思路和方法，中国老龄事业发展指标体系研究分为四个步骤：首先，提出老龄事业的理论概念。其次，对老龄事业的理论概念进行操作化、指标化。再次，构建中国老龄事业发展指标体系，并对各项指标进行检验，对指标体系进行结构优化。最后，对中国老龄事业发展指标体系进行实证检验。本书即按照上述步骤对中国老龄事业发展指标体系研究进行具体分析。

1.4.1 研究框架

本书在梳理归纳国内外有关老龄事业研究文献的基础上，通过对《积极老龄化政策框架》《马德里行动计划》、健康老龄化、活动理论、老年人口生活质量理论、生命周期理论、可持续发展观、老年价值观等理论和观点的深入挖掘，遵循综合评价指标体系的原理和方法，构建中国老龄事业发展指标体系，并最终编制中国老龄事业发展指数；同时根据中国老龄事业发展指标体系，以国家统计部门公开发布的权威数据为基础，分别对2014年、2004年中国老龄事业发展指数进行综合测算，以此评价全国及各地区老龄事业发展的综合水平。

本书研究框架如图1-1所示。

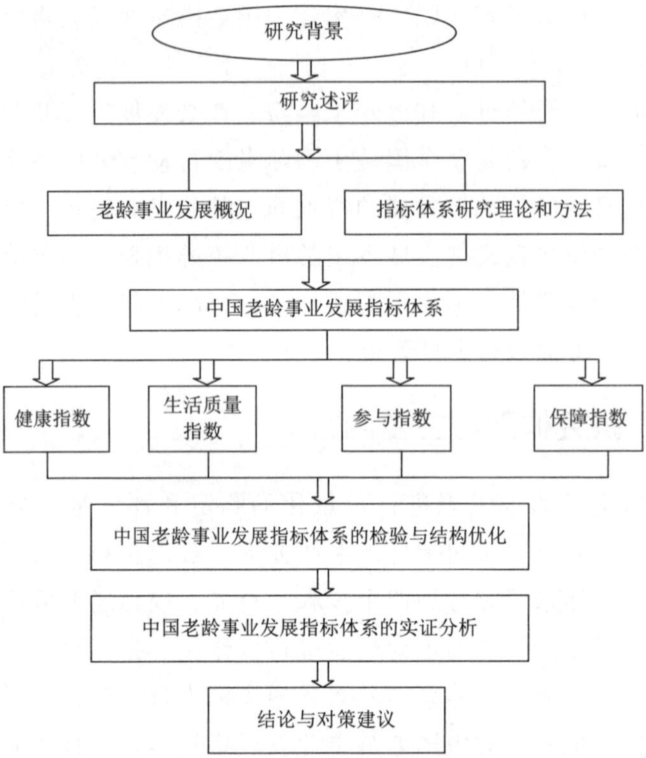

图1-1 本书研究框架

1.4.2 研究内容

量化的中国老龄事业发展指标体系有助于我们在全面、准确、客观地了解老龄事业发展现状的基础上，衡量、监控和评价老龄事业的发展态势及其影响因素，从而逐步完善有关老龄事业发展方面的政策和措施，提高老龄事业的整体水平。本书旨在通过一系列相关指标构建中国老龄事业发展指标体系，以全面衡量全国及各地区老龄事业的发展水平，并找出其中薄弱环节，分析原因，从而为促进我国老龄事业发展提出综合、系统的对策建议。具体而言，主要包括以下三个方面的研究内容：

第一，对老龄事业的概念再定义。明确老龄事业的基本概念是本书的核心问题之一。目前对老龄事业的提法较为常见，但对老龄事业进行准确定义的研究较少。本书的首要目的就是在借鉴国内外相关研究的基础上，结合我国具体国情，对老龄事业的含义、特点、性质及包含的主要内容进行界定。

第二，构建中国老龄事业发展指标体系。在界定老龄事业的基本含义之后，本书根据“老龄事业”这一新概念的提出，结合指标体系研究的理论和研究方法，并充分借鉴联合国开发计划署人类发展指数（HDI）和中国人民大学中国发展指数（RCDI）理论依据的提出、指标选取及指数构造的研究思路，以积极老龄化政策框架为理论依据，以《马德里行动计划》提出的指导原则为老龄事业发展的评价标准，从健康、生活质量、参与、保障四个方面构建中国老龄事业发展指标体系。

第三，对中国老龄事业发展指标体系进行实证分析。以统计部门公开发布的数据为支持，代入实际数据对指标体系进行初步验证，以进行必要的修正，据此计算出中国老龄事业发展四个要素指数和总指数。并以此为基础，综合比较和分析不同时期全国及各地区的老龄事业发展现状及发展趋势、老龄事业发展的区域特点及结构特点等，为促进老龄事业的协调、可持续发展提出针对性的建议。

遵循上述逻辑思路可以看出，这三项研究内容之间是层次递进的关系，第一部分是本书的基础工作，为后面两部分内容奠定了理论基础；第二部分既是对第一部分的深入，又为第三部分作了铺垫；第三部分不仅是前两部分的结果呈现，也是对第一、第二部分的实证检验，三部分环环相扣、相互佐证，从而完成从理论到实践的研究过程。

1.5 数据来源

目前专门针对老年人口的调查较少，比较有代表性的是中国老龄科研中心分别于2000年进行的“中国城乡老年人口一次性抽样调查”、2006年/2010年进行的“中国城乡老年人口状况追踪调查”及2016年第四次“中国城乡老年人生活状况调查”，这是国内专门针对城乡老年人状况进行的大规模调查。调查内容涉及范围较广，填补了国内关于老年人口专项调查的空白。其中，最新一次调查是针对我国老年人生活状况的基础性、公益性、战略性的法定国情调查，对全面了解和准确判断我国人口老龄化的形势和趋势，找准老龄事业和老龄工作的切入点和着力点，开展积极应对人口老龄行动具有重要意义。[1]但是，由于这些调查中只对全国部分省份进行了抽样调查，无法实现在全国范围内31个省（市、区）老龄事业的发展状况比较。

为了实现全国范围内对老龄事业发展状况测评的研究目标，本书深入挖掘国家统计局公开发布的现有统计数据，对其中涉及老年人口部分及老龄事业发展的数据进行全面、系统搜集和分析。这些数据主要来自《中国民政统计年鉴》《中国劳动统计年鉴》《中国统计年鉴》、2005年1%抽样调查数据库及《中国社会经济统计年鉴》，下面对各主要年鉴的调查情况及其中涉及的老龄事业统计情况进行详细介绍。

1.5.1 《中国民政统计年鉴》

由于老龄工作是在民政部门管辖范围内，因此老龄事业的发展状况统计主要见于《中国民政统计年鉴》。其中涉及老龄事业的内容包括老龄事业发展的老年教育、医疗保健、社会参与、法律援助及老龄工作机构保障等方面，为本书提供了较完备的数据支持。在中国老龄事业发展指标体系实证分析中，本书重点对2014年、2004年全国老龄事业发展状况进行综合评价和比较，因此本节对《中国民政统计年鉴2015》《中国民政统计年鉴2005》两部年鉴资料进行详细介绍。

《中国民政统计年鉴2015》（中国社会服务统计资料）是一部

[1] “第四次中国城乡老年人生活状况调查结果发布”，载news.xinhuanet.com/gongyi/yanglao/2016-10/12/c_129319792.htm，2016-10-12。

全面反映2014年中国社会服务发展的资料性年刊，根据各省、自治区、直辖市以及计划单列市民政厅（局）报送的社会服务业统计年报及有关部门的报表编制而成。[1]中国老龄事业指标体系中涉及的老年学校在校率、老年活动中心活动人次数、每万名老人拥有老年医院床位数、每万名老人获得老年法律援助件数等关键性指标数值均出自本年鉴。

《中国民政统计年鉴2005》由中华人民共和国民政部主编，主要包括指标数据图、历史统计资料、综合统计资料、民政事业统计资料8个部分，记载了2004年中国民政事业的发展面貌。与2015年相比，2005年相关指标有所调整，本书在老龄事业发展指标体系构建及指数计算中也作了相应微调。

1.5.2 全国1%抽样调查数据

2005年1%抽样调查的标准时间为2005年11月1日零时。调查对象是在被抽中的调查小区内具有中华人民共和国国籍并于2005年10月31日晚居住在本调查小区以及户口在本户、2005年10月31日晚未居住在本户的全部人口，分别对我国的人口总量、地区分布、基本结构以及居住环境等方面情况进行了较为细致的调查。调查以户为单位进行登记，调查登记采取入户调查的方法进行，共涉及345个地（市）、2 869个县（市、区）、21 182个乡（镇、街道）、61 820个村（居）委会的77 417个调查小区。全国共调查登记常住人口1 705万人，占全国总人口的1.31%。[2]在此次调查中，专门对老年人口及相关问题进行了数据汇总和情况摸底。其中，第九卷的老年人口部分对全国、各地区及城乡老年人口的健康状况、婚姻状况、受教

---

[1] 引自中国统计数据库，载http://www.shujuku.org/china-civil-affairs-statistical-yearbook.html，2016-5-11。

[2] 2005年全国1%人口抽样调查数据，载http://www.stats.gov.cn/tjsj/ndsj/renkou/2005/renkou.htm，2006-3-16。

育状况、生活来源等基本状况进行了较为系统的调查，为本书提供了比较权威、可信的基础数据。

2015年全国1%人口抽样调查以2015年11月1日零时为标准时点进行了全国1%人口抽样调查。这次调查以全国为总体，以各地级市（地区、盟、州）为子总体，采取分层、二阶段、概率比例、整群抽样方法，最终样本量为2 131万人，占全国总人口的1.55%。[1]主要调查人口和住户的基本情况，内容包括：姓名、性别、年龄、民族、受教育程度、行业、职业、迁移流动、社会保障、婚姻、生育、死亡、住房情况等。但是，由于2015年全国1%人口抽样调查数据目前尚未公布，针对此情况，本书遵循可操作性、代表性原则，对相关指标进行微调。

1.5.3 《中国劳动统计年鉴》

《中国劳动统计年鉴2015》由国家统计局人口和就业统计司、劳动和社会保障部规划财务司编，收集了2014年全国和各省、自治区、直辖市、香港特别行政区、澳门特别行政区的有关劳动统计数据。年鉴共分为综合、就业与失业、城镇单位就业人员和劳动报酬、乡镇企业就业人员、职业培训与技能鉴定、劳动关系和社会保障等13个部分。[2]

老年社会保障制度作为保障老年人基本生活的主要政策，与老龄事业的发展息息相关。《中国劳动统计年鉴2015》中对社会保障状况进行了最全面和权威的数据统计，具体指标数值详见第9部分社会保障一节表9-10各地区城乡居民基本养老保险情况。

与2015年相比，《中国劳动统计年鉴2005》在老龄事业发展的

[1] “2015年全国1%人口抽样调查数据公报”，载http://www.stats.gov.cn/tjsj/zxfb/201604/t20160420_1346151.html，2016-4-20。

[2] 国家统计局人口和就业统计司、人力资源和社会保障部规划财务司编：《中国劳动统计年鉴2015》，中国统计出版社2015年版。

保障方面相关指标没有变动，包括年末领取基本养老保险的离退休人员人数、农村年末领取社会养老保险的人数等数据，成为我国老龄事业发展在保障方面的重要数据来源。

1.5.4 《中国统计年鉴》

《中国统计年鉴2015》系统收录了全国和各省、自治区、直辖市及香港特别行政区、澳门特别行政区2014年经济、社会各方面的统计数据，以及多个重要历史年份和近年全国主要统计数据，是一部全面反映中华人民共和国经济和社会发展情况的资料性年刊。[1]正文内容包括综合、人口、国民经济核算、就业和工资、价格、人民生活、财政等27个篇章，其中第6部分“人民生活”分别对人均GDP、城镇居民可支配收入、农村居民人均纯收入等重要内容进行了数据汇总，为老龄事业发展在生活质量方面提供了较为全面、准确的数据支持。

与2015年比较，《中国统计年鉴2005》相关指标没有变动，为纵向比较我国老龄事业在生活质量方面的发展提供了有力的数据基础。

1.6 拟解决的问题和研究方法

1.6.1 拟解决的问题

通过回顾相关文献发现，中国老龄事业的总体发展状况尚未得到合适的测量和全面评估。中国老龄事业的发展状况如何，是否与经济发展水平和人口老龄化发展程度相协调，哪些方面的发展较好，哪些省份的发展不够理想，原因是什么……这些问题还没有得到解决。只有弄清楚了这些问题，我们才能着手考虑如何制定和完善相关社会政策，以提高我国老年人的生活质量和老龄事业的发展水平。具体而

[1] 中华人民共和国国家统计局：《中国统计年鉴2015》，中国统计出版社2015年版，转引自http://www.stats.gov.cn/tjsj/ndsj/2015/indexch.htm。

言，包括：

什么是老龄事业？

目前我国老龄事业发展状况怎么样，由哪几个方面集中体现？

在科学发展观和老龄化社会的时代背景下，应该基于一个什么样的评价标准来评估中国老龄事业的发展状况？

如何评估老龄事业的进步？如何操作化？

现阶段我国老龄事业发展状况的影响因素有哪些？

我国各地区的老龄事业发展有什么特点？

总体上改善我国老龄事业发展状况的有效政策建议是什么；如何统筹各省市的协调发展？

1.6.2 研究方法

本书的研究目的是在总结现有研究成果的基础上，结合我国现实国情，构建中国老龄事业发展指标体系并对全国31个省级行政区老龄事业发展状况进行实证分析。具体包含以下四个方面：首先，对老龄事业的基本概念进行定义。其次，以老龄事业为研究对象，以指标体系评价为主线，通过理论和实证分析，探索我国老龄事业发展水平的测量和评价，并最终编制出中国老龄事业发展指数。再次，定量分析并比较全国及各地区老龄事业的发展水平。最后，结合研究结论，为我国老龄事业的进一步发展提供有针对性和可行性的建议。根据上述研究目的，本书分别采用了文献分析法、经验分析法、目标分析法、回归和相关统计分析方法和比较分析法等。

通过文献研究法对国内外相关文献及老龄事业的核心概念进行分析和再定义。南京大学社会学系风笑天教授认为，文献研究是一种通过搜集和分析现存的，以文字、数字、符号、画面等信息形式出现的文献资料，来探讨和分析各种社会行为、社会关系及其他社会现象的研究方式。[1]除了运用文献分析法对国内外相关文献述评外，本书还运用文献研究法重点对老龄事业的相关概念进行梳理和总结。具体写作过程中，鉴于老龄事业的政策性、时事性，本书除了对学术研究领域相关老龄事业的文献进行搜集外，其他涉及的文献还包括：中国共产党代表大会报告关于老龄工作的论述，全国人民代表大会《政府工作报告》关于老龄工作的论述，老龄工作政策法规和文件，老龄工作机构发文，党和国家领导人关于老龄工作的讲话、贺信、批示及老龄问题和老龄工作科学研究成果等。通过对现有老龄事业的相关文献资料的搜集、鉴别、整理，对老龄事业的概念进行界定，并阐释其主要性质和特点。

通过经验分析法、目标分析法建立中国老龄事业发展指标体系框架、核心指标进行筛选、指标检验和结构优化，以及综合评价方法的选择（具体包括指标的无量纲处理、赋权、合成指数的构造等）。传统的指标选取主观性较强，以统计模型为依据的定量选取指标的方法也存在一定不足，这也是指标体系研究通常会遇到的难题之一。本书以咨询目前国内最权威的老年学专家为优势，并以老龄工作部门的实践经验和需求为参考，主要运用定性的研究方法——目标分析法，构建中国老龄事业发展指标体系。同时，结合获取的统计资料，对已建立的各项指标进行筛选和验证。

采用比较分析法对不同时期老龄事业发展状况进行分析。具体而言，包括以下内容：2014年、2004年中国老龄事业发展指数和要素指数的纵向比较；不同时期老龄事业发展指数的横向比较；不同时期老龄事业发展要素指数的结构比较；10年间不同地区老龄事业发展状况的区域比较；中国老龄事业发展指数的省级排序与人类发展指数及中国发展指数的省级排序的横向比较等。

采用多元统计中的聚类分析方法，对2014年、2004年我国31个

[1] 风笑天：《社会学研究方法》，中国人民大学出版社2009年第3版，第233页。

省级行政区的老龄事业发展水平进行分类。并根据分类结果，结合各地区经济社会发展水平对不同时期老龄事业发展状况进行分析。

1.7 本书章节安排

本书共分为8章，其中第3~7章是本书的核心部分，以下是各章安排及其主要内容。

第1章，导言。在人口老龄化程度不断提高和全面建设小康社会的现实背景下，明确老龄事业发展指标体系研究的重要性，突出该研究的理论和现实意义。此外，本部分还阐述了本书的研究内容和目标、研究框架、研究方法、数据来源、拟解决的研究问题、各章节简要内容介绍等。

第2章，国内外文献综述。根据研究目的，对老龄事业发展指标体系研究评述、老龄事业发展的单维度测评体系评述以及指标体系研究的理论范式与实证借鉴进行综合述评。在现有研究成果回顾和总结的基础上，对现有研究进行反思，指出进一步研究的必要性，并对本书研究视角进行阐述。

第3章，中国老龄事业发展的两个基本问题。明确老龄事业的基本概念和摸清目前我国老龄事业的发展现状是建立中国老龄事业发展指标体系、评价老龄事业发展水平的基础。基本问题之一是对老龄事业的概念界定，包括老龄事业的定义、主要内容、性质及其相关概念辨析等方面，目的在于为老龄事业指标体系构建奠定理论基础。基本问题之二是对我国老龄事业的发展现状进行基本判断，为更好客观评价我国老龄事业发展水平提供现实依据。

第4章，构建中国老龄事业发展指标体系的理论依据。以积极老龄化政策框架为出发点，以《2002年马德里老龄问题国际行动计划》提出的三个优先发展方向作为评价标准，并深入挖掘健康老龄化、活动理论、老年人口生活质量理论、生命周期理论和可持续发展观、老年价值观等理论和观点，结合我国老龄事业发展的实际情况，提出中国老龄发展指标体系构建的理论基础。

第5章，中国老龄事业发展指标体系的构建。借鉴人类发展指数和中国人民大学中国发展指数的理论依据、构造方法，以全面实现我国老年人的生存与发展为目标，对构建中国老龄事业发展指标体系进行深入论证。主要内容包括：中国老龄事业发展指标体系的构建原则和功能、指标选择的依据和解析、指标选择的方法、综合评价方法的选取、指标体系的优越性分析等。

第6章，中国老龄事业发展指标体系的实证研究（Ⅰ）——整体状况评价。首先，分别对2014年、2004年全国老龄事业发展状况进行总体评价、结构分析、均衡分析。其次，对2014年、2004年全国及31个省级行政区老龄事业发展指数和要素指数进行纵向比较。最后，将中国老龄事业发展指数与联合国人类发展指数、中国发展指数进行综合比较分析，主要包括三大指标体系的指标比较、省级排序及区域比较等内容，并据此讨论中国老龄事业发展指数的合理性。

第7章，中国老龄事业发展指标体系的实证研究（Ⅱ）——区域比较。为了进一步科学判断各地区老龄事业发展的区域特征，本书首先，采用多元统计中的聚类分析方法，对我国各地区老龄事业发展进行分类，并将全国31个省级行政区划分为强势区域、优势区域和一般区域。其次，分别对各主要区域及区域内部要素指数进行综合比较和分析，从中找出强势区域的突出特点、优势区域的优劣情况及一般区域的薄弱环节，并针对各大区域老龄事业发展的不同特点，提供针对性的对策建议。

第8章，结论与对策建议。首先，对上述主要章节的研究结论进行归纳性总结和理论提升；其次，指出本书的主要创新和研究不足；最后，结合本书中的主要发现，从加快农村养老保障制度建设、加大老龄事业的投入及统筹老龄事业的区域协调发展等方面为科学制定宏观社会经济发展政策，提高我国老龄事业发展水平提供决策参考。

2 国内外相关研究述评

根据研究目的和内容，本章文献回顾主要分为以下三方面内容，即老龄事业发展指标体系研究评述、老龄事业发展的单维度测评体系评述以及指标体系研究的理论范式与实证借鉴。

2.1 老龄事业发展相关指标体系述评

本节主要对老龄事业发展指标体系、老龄社会发展指标体系、老龄观察指数等指标体系及中国老龄事业发展的相关政府文件进行文献梳理，并对现有研究成果予以总结和分析，为构建中国老龄事业发展指标体系及实证研究奠定基础。

2.1.1 老龄事业发展指标体系述评

目前关于老龄事业发展指标体系的文献不多，最直接相关的研究成果主要包括国家应对人口老龄化战略研究、老龄事业发展指标体系课题组进行的《老龄事业发展指标体系》和《新疆老龄事业发展“十五”计划纲要》指标体系。本小节重点对这两项研究成果进行深入挖掘和剖析。

2.1.1.1 老龄事业发展指标体系

为了探索出一条具有中国特色的积极应对人口老龄化之路，全国老龄工作委员会于2009年组织实施了国家应对人口老龄化战略研究。这次战略研究，这是我国改革开放和现代化建设大局，首次从国家层面、全面审视中国的人口老龄化问题，共形成24个子课题，520万字的研究成果。

作为国家应对人口老龄化战略研究的子课题之一，老龄事业发展指标体系课题组以“六个老有”为主线，按照减少关联性的原则设计出一级指标，力求涵盖和准确表达老龄事业的基本构成内容，最终形成老年人收入保障指标、老年人医疗保障指标、老龄服务保障指标及老年人社会参与保障指标4个目标层和城镇企业职工基本养老保险、城镇职工基本医疗保险、养老机构、城镇社区老龄服务、老年人社会组织、老龄事业经费投入等26个准则层，共50个子指标。[1]

具体研究过程包括确立功能定位与构建原则、构建方法、指标体系框架构建及评价方法等环节。构建方法上，课题组确定指标框架设计方法、确定指标范围和内容、明确指标边界、考虑指标值不确定性、选取个体指标等。在评价过程中，运用德尔菲方法确定权重、对数据同趋化和无量纲处理、线性加权综合法计算老龄事业发展指数。

2.1.1.2 新疆老龄事业发展指标体系

目前对地方老龄事业发展指标体系的研究，最具代表性的是李永萍对《新疆老龄事业发展“十五”计划纲要》指标体系[2]（以下简称“新疆老龄事业发展指标体系”）的探讨。作为对《新疆老龄事业发展“十五”计划纲要》落实状况的综合评价，新疆老龄事业发展指标体系依据“十五”期间发展老龄事业的经济供养、医疗保健、照料服务、精神文化生活、权益保障等主要任务划分为5个子系统，具体构成由经济供养、医疗保障、照料服务、精神文化生活、权益保障和保障措施6个要素指数，共23个指标构成。该研究结合当地实际情况、围绕“六个老有”和老年人的基本需求构建指标体系的研究思路，对本书具有借鉴意义。但是，因其未能代入数据进行实际测量，仅对计算方法和可能预见的结果进行了简要说明，对总体评价新疆老龄事业

[1] 国家应对人口老龄化战略研究、老龄事业发展指标体系研究课题组：《老龄事业发展指标体系研究》，华龄出版社2004年版，第19~27页。

[2] 李永萍：“《新疆老龄事业发展“十五”计划纲要》指标体系的探讨”，载《老龄问题研究》2002年第7期，第16~24页。

发展纲要的落实情况存在一定的局限性。

由以上文献梳理后发现，现有老龄事业发展指标体系研究成果具有以下特点：

第一，不论是全国还是地方老龄事业发展指标体系构建，在老年学或统计学学科都开辟了新的研究领域，对老龄事业发展的评价是一个有益的尝试。但是，现有研究成果在构建老龄事业发展指标体系的理论基础方面较为薄弱，仍需要进一步的挖掘和探讨。

第二，在评价维度方面，两者既有交叉又不完全相同。比如，老龄事业发展指标体系课题组在重点关注老年人群体的基础上，将老龄事业发展指标体系划分为收入保障、医疗保障、老龄服务保障指标及社会参与保障四个方面，“新疆老龄事业发展指标体系”则包含经济供养、医疗保障、照料服务、精神文化生活、权益保障和保障措施六个方面。仅从要素指标考虑，两个指标体系中有一个共同的要素指标即医疗保障，收入保障可能与经济供养的单项指标有重合，老龄服务保障可能与照料服务的单项指标重合、社会参与保障和精神文化生活有交叉。这种现象一定程度上反映出老龄事业发展的共性特征，另一方面也告诉我们，虽然都称为老龄事业发展指标体系研究，但由于不同的评价目标和研究重点，老龄事业发展评价体系分化为不同形式、不同内容的指标体系。那么，作为评价体系新的研究领域，老龄事业发展的评价内容是否固定、评价标准是否明确、评价体系是否客观等问题值得深入探讨。

第三，在评价原则方面，可操作性原则难以实现。如新疆老龄事业发展指标体系经济供养子系统中有“从事社区服务的老年人比例”单一指标，从现有统计数据中难以获得。保障措施子系统中有“机构是否健全”“财政投入”等单一指标，也无法获得实际数据。整体来看，“新疆老龄事业发展指标体系”并未对各项指标的数据来源进行交代。老龄事业发展指标体系课题组也指出，现有统计数据无法满足研究需求，本指标体系在应用方面存在一定困难。[1]

第四，具体指标构成上，部分指标关联性较强，代表性不足。如“新疆老龄事业发展指标体系”的精神文化生活子系统中，有“老年大学数量”“老年大学学员数量”两项指标，表示的都是老年大学的基本情况，且没有排除人口年龄结构的影响；权益保障子系统中，有“涉老案件妥善处理的比例”“信访案件妥善处理的比例”的关联性强的指标。这些指标存在于同一个指标体系中无疑将加重相应子系统的比重，从而影响整体评价结果。

第五，在综合评价方法上，新疆老龄事业发展指标体系简单提到运用综合指数法对2002年新疆“十五”计划纲要的目标任务进行评估，并直接给出各项指标的权重，在评价方法的步骤和方法的选取上有待于进一步讨论和分析。老龄事业发展指标体系课题组针对指标权重确定、数据标准化处理、综合评价得分计算等环节进行分析，但在多种研究技术的优劣比较和现有方法对老龄事业发展评价的适用性等方面则涉及内容较少。

由此可见，构建中国老龄事业发展指标体系不仅要有坚实的理论基础；在指标体系建立和综合评价方法运用方面也要针对每一步具体操作步骤进行细致分析；更重要的是以现有的统计数据为基础，实现全国各地区老龄事业发展评价的可操作性目标。本书尝试在以上五个方面有所突破。

2.1.2 政府工作文件涉及对老龄事业发展的相关测评

《中国老龄事业的发展》白皮书、《中国老龄事业发展“十五”计划纲要》《中国老龄事业发展“十一五”计划纲要》《中国老龄事业发展“十二五”计划纲要》等中央文件对老龄事业及其发展内容进行了高度概括，其中对老龄事业发展及其主要内容的测量维度及具体

[1] 国家应对人口老龄化战略研究、老龄事业发展指标体系研究课题组：《老龄事业发展指标体系研究》，华龄出版社2004年版，第27页。

数值的确立等为本书提供了重要参考依据。

2.1.2.1　《中国老龄事业的发展》白皮书对老龄事业发展的测评

《中国老龄事业的发展》白皮书于2006年12月由中华人民共和国国务院新闻办公室发布，指出老龄问题是社会发展中面临的重大问题，中国老龄事业发展的目标包括“老有所养、老有所医、老有所教、老有所学、老有所为、老有所乐”。该文件主要以2005年为基准年份，分别对养老保障体系、老年医疗保健、为老社会服务、老年文化教育、老年人参与社会发展七项重要内容，进行数据汇总和统计描述。如在养老保障体系分项内容中涉及具体指标包括基本养老保险参保人数、“家庭赡养协议”签订数、参加农村社会养老保险的人数、享受“五保”供养的老年人数等，计7项。在为老社会服务单项内容中，包括为老社会服务体系建设、社区建设与服务、发展老年公寓、养老院和老年护理院、发展志愿者组织4个方面，涉及指标有城市社区服务设施数、综合性社区服务中心数、“星光老年之家”数、志愿者为老服务站数等。[1]对《中国老龄事业的发展》白皮书中所有测量指标进行粗略统计，指标数量较多，共有85项。

《中国老龄事业的发展》白皮书中对老龄事业发展主要方面的描述和对各分项内容的测量维度，为本书老龄事业发展要素指标和具体指标的设定提供了研究思路和参考依据，但仍不能满足全国老龄事业发展水平的总体评价和对各地区老龄事业发展状况的比较分析等要求。主要表现在：第一，指标数量过多和缺乏综合性指标的矛盾同时存在。对同一项内容进行评价时，选取了多个指标，如为老社会服务内容中，城市社区服务设施数、综合性社区服务中心个数、城市老年福利机构数、“星光老年之家”数四个指标，均表示老年服务服务设施的健全程度，同时选取多项指标不仅会增加数据处理的难度，

[1]《中国老龄事业的发展》白皮书，载http://www.gov.cn/zhengce/2006-12/12/content_2618568.htm，2006-12-12。

也会对指标的代表性产生影响。第二，指标间关联性较强，某一单项要素的各项指标间关联性较强，单项要素之间的指标也有一定的关联性。

2.1.2.2 《中国老龄事业发展“十二五”计划纲要》对老龄事业发展的测评

自2001年国务院发布《中国老龄事业发展“十五”计划纲要》之后，近年来又连续发布了《中国老龄事业发展“十一五”计划纲要》《中国老龄事业发展“十二五”计划纲要》，分别对近15年以来中国老龄事业发展取得的成就和未来5年面临的挑战及工作任务作了系列性的战略部署。本节以《中国老龄事业发展“十二五”计划纲要》（以下简称“老龄事业十二五规划”）为例，对中国老龄事业的最新发展成就进行梳理。

首先，“老龄事业十二五规划”中主要对老年社会保障、老年医疗卫生保健、老年家庭建设、老龄服务、老年人生活环境、老龄产业、老年人精神文化生活、老年社会管理、老年人权益保障11项主要内容进行任务部署，并对每一项重要内容进行更为细致的分类。如老年社会保障方面，重点包括加快推进养老保险制度建设、完善基本医疗保险制度、加大老年社会救助力度和完善老年社会福利制度等；老年医疗卫生保健包括推进老年医疗卫生服务网点和队伍建设、开展老年疾病预防工作、发展老年保健事业等；老年人精神文化包括加强老年教育工作、加强老年文化工作、加强老年体育健身工作、扩大老年人社会参与等；老年人权益保障包括加强老龄法制建设、健全老年维权机制、做好老年人法律服务工作及加强青少年尊老敬老的传统美德教育等。

其次，除了对11项主要任务进行细致规定外，“老龄事业十二五规划”还明确了部分老龄事业内容发展维度的目标阈值，如在发展老年保健方面规定，老年性痴呆、抑郁等精神疾病的早期识别率达到40%；统筹发展机构养老服务方面规定，新增各类养老床位342万张；加强老年体育健身工作方面规定，经常参加体育健身的老年人达到50%以上；扩大老年人社会参与方面规定，老年志愿者数量达到老年人口的10%以上；加强基层老龄工作机构和老年群众组织建设方面规定，成立老年协会的城镇社区达到95%以上，农村社区（行政村）达到80%以上。[1]上述目标阈值的规定，不仅充分体现出5年发展规划的时效性，也为中国老龄事业发展指标体系中各级指标的确定提供了重要的参考依据。但是，我们也看到，“老龄事业十二五规划”在描述2010～2015年老龄事业的发展任务时政策性规定较多，涉及某一测量维度的具体指标相对分散，难以形成一个统一的评价体系，无法实现全国老龄事业发展水平的总体评价。

综上，在积极应对人口老龄化挑战的背景下，研究中国老龄事业发展指标体系，并据此科学评估全国及31个省级行政区的老龄事业发展状况，已成为全面推进老龄事业健康发展的必然需求。

2.1.2.3 代表性地区老龄事业发展的测评

各地方政府充分结合本地区经济水平和人口老龄化的发展现状，纷纷制定了与国家发展规划和老龄事业发展目标相对应的省市级老龄事业发展规划。如经济发展水平较高的北京、上海、浙江等地制定的老龄事业发展规划对于统筹全国各地区的老龄事业发展具有一定的导向作用，对于促进其他地区老龄事业发展也具有较强的示范性。本书结合相关文献，对地方老龄事业的发展测评进行梳理。

1）北京市老龄事业发展的测评

《北京市2014年老年人口信息和老龄事业发展状况报告》是系统介绍北京市户籍老年人口信息、北京市老龄事业发展状况及区县老龄事业发展状况的最新年度报告。此类报告自2007年开始，已连续8年统计并公布不同时期北京市老龄事业的最新发展状况，成为北

[1] “国务院关于印发中国老龄事业发展‘十二五’规划的通知”，载http://www.scio.gov.cn/zggk/gqbg/2011/Document/1014340/1014340.htm，2011-9-30。

京市老龄事业发展成就的有力佐证。报告数据显示，截至2014年年底，全市户籍总人口1 333.4万人，其中，60岁及以上户籍老年人口296.7万人，占总人口的22.3%；65岁及以上户籍老年人口200万人，占总人口的15.0%；80岁及以上户籍老年人口51.6万人，占总人口的3.9%。[1]以上报告不仅对北京市老年人口状况及发展趋势进行描述，还分别从养老保障、医疗保健、养老服务、敬老优待老年文教体活动等5个方面分析了北京市老龄事业的发展状况。

同时，北京市老龄工作委员会办公室以《北京市国民经济和社会发展第十二个五年规划纲要》《中国老龄事业发展“十二五”规划》为主要依据，制定老龄事业中长期发展规划。《北京市“十二五”时期老龄事业发展规划》通过企业退休人员平均养老金、城市最低生活保障标准、高龄津贴、失能老人津贴、退休人员门诊医疗费用报销比例、人均预期寿命、老年学校数量、老年人协会数量、办理老年人优待卡人数、发放居家养老（助残）券人数、养老餐桌数、养老服务机构数、百名老人拥有养老床位数、老龄事业经费20多项指标，[2]对本市老龄事业在经济保障、医疗保障、精神文化生活、社会参与、福利服务、老龄工作保障等方面的发展内容进行了较为细致分析，更加突出本市老龄事业发展在社区为老服务、老年社会参与等方面的前瞻性。但是，在选取指标时，缺乏明确而统一的选取原则和标准，在总结“十一五”时期的发展成就和确定“十二五”时期的主要任务时，分别选取了不同的指标，为综合评价老龄事业的发展增加了一定难度。

与《北京市“十二五”时期老龄事业发展规划》不同的是，北京市老年人口信息和老龄事业发展系列报告分别对北京市2006~2014

[1] “北京市2014年老年人口信息和老龄事业发展状况报告”，载www.beijing.gov.cn/tjbj/jjsj/tjbg/t1412150.htm，2015-11-26。

[2] “北京市‘十二五’时期老龄事业发展规划”，载www.zhengwu.beijing.gov.cn/ghxx/sewgh/t1200240.htm，2011-10-24。

年度的老龄事业发展进行跟踪分析，具有较强的连续性，有利于对北京市老龄事业发展状况进行纵向分析，并在医疗救助等指标方面为本书提供借鉴价值。然而，北京市现有对老龄事业发展测评的相关文献中，也存在指标涉及过多（如《北京市2008年老年人口信息和老龄事业发展状况报告》共涉及指标110余个）、指标之间关联性较强、代表性不强等问题。

2）上海市老龄事业发展的测评

作为全国最早进入老年型社会的城市，上海市人口老龄化挑战更加严峻。依据《上海市老年人口和老龄事业监测统计调查制度》统计，截至2015年12月31日，上海全市户籍人口1 442.97万人，其中65岁及以上老年人口283.38万人，占总人口的19.6%；比上年增加了13.32万人，增长4.9%；占总人口比重增加了0.8个百分点。80岁及以上高龄老年人口78.05万人，占60岁及以上老年人口的17.9%，占总人口的5.4%；比上年增加2.73万人，增长3.6%；占老年人口比重下降了0.3个百分点，总人口比重从增加了0.2个百分点。[1]根据上海老龄科研中心预测，上海人口老龄化在“十三五”期间将进一步深化。到2018年，上海户籍60岁及以上老年人口总数突破500万，2020年总数将超过540万人，且随着时间推移规模将持续扩大。

为了应对本市人口老龄化的严峻挑战，上海市政府高度重视老龄事业的发展，自2007年开始连续8年出台《上海市老龄事业发展报告书》年度报告，分别从养老保障、医疗保障、养老服务、老年教育、老年文娱、老年体育、老年维权、老龄科研、老年优待、敬老宣传、老有所为、为老专项活动等多方面进行总结，不仅总结了本市老龄事业发展取得的成绩，同时还对上海市老龄事业的进一步发展方向进行了战略部署。值得指出的是，在对本市“十一五”期间老龄事业发展

[1] 2015年上海市老年人口和老龄事业发展信息发布，载http://www.shmzj.gov.cn/gb/shmzj/node4/node10/n2566/u1ai42187.html，2016-3-30。

的保障措施中，上海市在规划中明确提出："建立老年人口与老龄事业发展统计监测制度并纳入本市社会经济统计体系，加强对老龄事业发展的综合统计和信息采集、整理、反馈、交流。""定期组织市老龄委各委员单位对落实本规划情况进行互评监测"。强调数据收集和统计监测的重要性，这在省级测评老龄事业发展方面具有较强的前瞻意识。依据上述发展思路和要求，2015年《上海市老龄事业发展报告书》在对老年人口信息、人口老龄化的特征、"十三五"期间人口老龄化的发展趋势简要介绍后，重点对包括养老保障、养老服务、老年医疗、老年精神文化生活、老年人权益维护等方面的老龄事业发展状况进行客观描述和分析。

上海市老龄事业发展年度报告为本市的老龄事业发展统计提供了基础性数据，同时也对本书二级指标的确定有着重要的参考价值。但是，上海市老龄事业统计报告同样存在指标过多的问题，无法对本地区老龄事业发展进行概括、系统、战略性的评价，也无法实现全国范围内不同地区的比较。

2.1.3 老龄事业发展其他相关指标体系述评

除了老龄事业发展直接相关的指标体系外，本节对老龄事业发展其他间接相关指标体系进行梳理和总结，具体包括全球老龄观察指数、老龄社会发展指数等。

2.1.3.1 全球老龄观察指数（Global Age Watch）

2015年《全球老龄观察指数》报告由国际助老会发布。作为在全球老龄工作领域有着重要影响的国际性非政府组织，国际助老会1983年在英国成立，其口号为帮助老人获得应有的权利，健康、安全地生活。这与世界卫生组织分别于2000年、1990年发布的《积极老龄化政策框架》、健康老龄化及中国的老龄事业发展目标和老龄工作宗旨是非常契合的。作为世界应对人口老龄化的共同内容，健康、保障是不仅是世界各国尤其是发达国家近年来大力改善的重点方向，也是我国老龄工作部门的重中之重。

《全球老龄观察指数》由国际助老会与英国南安普敦大学合作，旨在综合衡量全球各地老年人的收入保障情况、健康状况、教育和工作情况、社会环境等。依据国民的收入、健康、能力（就业状况与教育水平）和环境（公共交通与人身安全等）四个方面的13项指数，对全球96个国家和地区进行评估。

这份报告显示，全球60岁及以上人口约9.01亿，占世界人口12.3%。[1]报告在分析中国情况时指出，中国是世界上老龄人口最多的国家，正在积极主动地从战略角度应对人口结构变化。报告同时指出，老龄问题不应只被视为经济问题，还应重视老年人生活质量。报告呼吁各国政府为此投资，并将政策框架落实到位，以应对老龄化带来的挑战。

2.1.3.2　老龄社会发展指数

杨燕绥、胡乃军（2013）认为，老龄社会是不可逆转的人类社会发展阶段，是一个老年人拥有资产和购买力、青年人拥有人力资本和生产力的科技推动型和消费拉动型社会。两位作者尝试性地运用老龄社会发展指数评价中国老龄社会现状，[2]为构建中国老龄事业发展指标体系提供了有益的借鉴。

首先，在研究目标方面，两位学者构建的老龄社会发展指数指数意在评价在公共政策影响（如生育政策、收入分配政策、社会保障政策、公共服务政策等）下的老龄社会状况（客观反映指标）和发展战略（主观能动指标）。具体构建原则包括科学性、导向性、综合性和可操作性等原则。

---

[1] “全球老龄化状况及其应对措施”，载http://news.ifrng.com/a/20151001/44773708_1/shtml，2015-10-1。

[2] 杨燕绥、胡乃军：“老龄社会发展指数构建研究”，载《老龄科学研究》2013年第3期，第70页。

其次，在指标体系构建方面，老龄社会发展指数由人口老龄化、老年赡养比、养老保障、老龄产业和老年人口红利5个一级指标和20个二级指标构成。其中，人口老龄化指标包括总和生育率、出生婴儿预期寿命、老年人口数目及其占总人口比重、老年人口年均增速、人口中位数年龄、老龄社会阶段性6个二级指标，反映国家人口老龄化的发展程度。老年赡养能力，由人均GDP水平、老年赡养比、赡养负担增速、实际老年赡养比、边界老年赡养比及其距离时间5个二级指标构成。养老保障指标由养老金、老年医疗保障、养老资产和养老服务4个二级指标构成。最后2个一级指标和养老服务二级指标，目前尚不具备评价条件。

再次，在综合评价方法方面，文章采用德尔菲法赋权，1级指标赋权值分别为0.150、0.130、0.340、0.200、0.180；客观反映指标占28%，主观能动指标占72%。具体到一级指标上，参考《联合国人口展望报告（2009）》选定，与世界最高水平（德国、日本等）、最低水平（赞比亚、津巴布韦、纳米比亚的均值）、全球平均值和部分国家（美国、英国等）情况进行综合比较，采取平均赋权法，运用综合指数法计算得出，2013年我国人口老龄化指数值为57.3分，属于差等区域。赡养能力指数为39分，养老保障指数为56.3分。[1]

最后，通过实证分析得出结论：中国在事实上已经进入深度老龄社会；由于生育、收入分配、产业结构、社会保障等政策存在缺陷，中国老龄化速度快，但存在未富先老和未备即老的情况，老年赡养负担重、能力不足；在“十二五”规划期间应当制定老龄社会发展战略和规划，引领中国老龄社会健康发展。

由以上分析发现，上述两个指标体系把老龄事业发展指标体系的研究视野拓宽到世界范围内，把老龄事业的研究内容扩大到整个社会

[1] 杨燕绥、胡乃军：“老龄社会发展指数构建研究”，载《老龄科学研究》2013年第3期，第70~80页。

发展层面，具有较强的国际前沿和独特的战略眼光，为本书构建中国老龄事业发展指标体系提供了可资借鉴的研究思路。同时，这两个指标体系在实证研究方面也有了较大突破。但是，由于研究视角和研究重点不同，中国老龄事业发展的实证评价还需要根据目前我国老龄事业发展的现实国情和可得性数据深入探讨。

2.2 老龄事业发展的单维度测评体系述评

作为应对人口老龄化战略的社会事业，老龄事业的发展不仅与老年群体的健康有紧密联系，也与老年人口参与社会发展的程度、老年社会保障的发达程度息息相关，同时还是老年人口生活质量的集中体现。现有文献分别从老年健康、老年生活质量、老年社会参与、老年保障等某一方面的测评体系对老龄事业发展主要维度的确定和核心指标的选取提供了有益借鉴。

2.2.1 老年健康测评体系

自从人口老龄化在20世纪50年代作为社会问题被正式提出以来，老年群体的健康问题一直受到医学、社会学的重点关注。对于老年人口健康与社会发展的关系如何测评、采用哪些指标反映老年人的健康等问题，诸多学者进行了深入探讨。本节主要从老年人口的健康评价和健康老龄化的社会评价两个方面对相关文献进行梳理和总结。

随着年龄的增长，健康成为老年群体最为关心的问题，如何对老年群体的健康进行评价成为学者研究的主要内容。郑晓瑛（2000）指出，对老年人口健康的评价要从动态的角度出发，并对人口预期寿命、健康预期寿命、日常生活功能、社会完好性的评价内容进行了深入分析。[1]王德文、蔡和利（2001）分别从社会、经济、精神、躯体、自理能力等多维度综合测量老年人的整体健康水平，对老年人口

[1] 郑晓瑛：“中国老年人口健康评价指标研究”，载《北京大学学报（哲学社会科学版）》2000年第4期，第148~150页。

的健康功能进行多维评价。在具体指标设计上，老年人健康功能主要包括老年人独立生活能力、老年人做家务能力、健康自评、慢性病患病状况、个体人际关系的数量、社会参与的程度及个人收入等指标构成。[1]刘恒、巢健茜（2011）认为，老年人口健康应集中从身体功能、生活自理功能、情绪性格指标、记忆功能指标、社会适应指标和健康行为指标等方面入手，构建健康评价量化表，根据评价结果开展针对性的健康管理服务，改善和提高老年人口的生活质量。[2]周丽萍（2012）认为，老年人口健康是直接关系到老人晚年生活质量的重大民生问题，实现生理、心理、社会适应三方面健康是老年人追求的现代健康目标。老年人口健康评价指标体系包括老年人口的躯体机能、生活自理功能、情绪与人格、认知功能、社会关系、社会支持六个维度。[3]尹文瑜、宋琼等（2016）在其“老年人健康状况与日常生活能力的相关性”一文中指出，老年人机体退化、认知能力减退等原因导致其在使用交通工具、外出购物、洗衣等日常生活上出现能力下降等问题。[4]

随着人口老龄化和人口高龄化程度的不断提高，健康不仅是老年群体的关注重点，也成为社会各界关注的重要话题。钱军程（2013）对中国老年人口健康老龄化四个社会效果维度的测量研究，使健康老龄化从概念层面、政策层面、目标层面发展到可测量可操作的效

[1] 王德文、蔡和利：“老年人健康功能的多维评价方法”，载《福建医科大学学报（社会科学版）》2001年第2期，第69页。

[2] 刘恒、巢健茜：“我国老年人口健康评价指标体系框架模型设计”，载《中国老年学杂志》2011年第1期，第153~155页。

[3] 周丽萍：“老年人口健康评价与影响因素”，载《社会工作》2012年第1期，第28~31页。

[4] 尹文瑜、宋琼、陈长香、李淑杏、任兰兰：“老年人健康状况及与日常生活能力的相关性”，载《中国老年学杂志》2016年第11期，第2775页。

果层面，确立了健康老龄化所要达到的最终可测量目标。[1]陈小月（1998）对"健康老龄化"的社会评价指标体系进行了探讨，分别从老年人自身健康指标、老年人家庭和物质生活指标、老年人所在社区指标和"老龄化"社会指标四个层次设计了20余项指标，并对广州市的情况进行了初步测算。[2]在《老龄工作统计指标体系》一书中，编者将老年人口健康统计指标分为生活自理能力、器官功能及老年人口的患病率、老年人口残疾状况、老年人口的心理健康和老年人口平均预期寿命五个方面，并分别对每个方面的概念和主要内容进行了解释，[3]为全面评价老年人口健康提供了较为全面的研究思路。

通过近30年来相关文献梳理后发现，国内外对老龄健康测评研究越来越细致、深入，从不同专业视角进行了较为深入探讨，取得丰富的研究成果。但是，现有研究存在以下不足：

第一，目前对老年人健康功能进行的多维评价研究，可较为全面反映老年人群的健康状况。但是，目前研究多停留在内容确定层面，代入实际数据进行实证分析的较少。

第二，现有研究多从微观的视角出发，围绕老年人个体的身体、精神健康及社会经济状况进行评价，缺乏宏观视角分析，对于如何测量老年人口健康与社会发展的综合测评文献较少。

第三，在具体评估工具和方法上，有待于进一步理论探讨和实证分析，并在具体运用中逐渐完善。

2.2.2 老年人口生活质量测评体系

生活质量（Quality of Life）这个概念最早来自医学领域，是一个

---

[1] 钱军程："中国老年人口健康老龄化四个社会效果维度的测量研究"，载《老龄科学研究》2013年第1期，第73页。

[2] 陈小月："'健康老龄化'社会评价指标的探索"，载《中国人口科学》1998年第3期，第52~55页。

[3] 全国老龄工作委员会办公室、中国老龄协会编：《老龄工作统计指标体系》，中国人口出版社2004年版，第110~123页。

多面向多维度的概念。随着老年人口生活质量相关研究成为学术热点，生活质量指标体系研究成果也日益丰富。曾毅、顾大男（2002）对老年人生活质量研究的国际动态进行了细致分析。文中指出，现有生活质量量表包括36项条目短表、欧洲生活质量量表、世界卫生组织生活质量量表、个人生活质量评估量表等。其中，36项条目短表主要用来评估总体健康状况，包括躯体功能、社会交往和情感。欧洲生活质量量表包括躯体、精神和社会调适功能等方面，简单明了，适用于很广泛的健康干预及卫生保健评估和成本效用分析。世界卫生组织编制的生活质量量表根据个人的价值观和文化以及他们的目标、期望和所关心的问题对自己在生活中的地位的感受，包括身体健康、心理健康、独立性、社会关系、环境和精神六大方面进行评估。多数研究者认为生活质量至少应包括躯体健康、自理能力、认知功能、心理健康、社会交往、家庭情感支持、生活满意度、健康服务可获性、经济状况、业余生活、幸福感等方面。❶

国内对老年人口生活质量的研究始于20世纪90年代。目前对老年人口生活质量指标体系研究目前最为系统的是重庆大学刘渝琳教授所著的《养老质量测评——中国老年人口生活质量评价与保障制度》一书。书中指出，老年人口生活质量评价内容应该包括物质生活质量、健康生活质量、精神生活质量、家庭生活质量和环境生活质量5个方面。并通过对云南省昆明市的问卷调查，实证检验进一步评价指标体系的可行性和科学性。❷

刘晶（2011）在多项综合评价方法研究基础之上，尝试使用因子分析法分别从评估城市居家老人生活质量的六个维度即经济状况与消费水平、居住条件与家庭设施、躯体健康与心理健康、社会支持、闲

❶ 曾毅、顾大男："老年人生活质量研究的国际动态"，载《中国人口科学》2002年第5期，第59~60页。

❷ 刘渝琳：《养老质量测评——中国老年人口生活质量评价与保障制度》，商务印书馆2007年版，第279~285页。

暇生活质量、生活满意度评价对上海市城市社区的老年人口生活质量进行综合评价并排序。❶

陈英姿、邓俊虎（2011）针对我国老年人口生活质量的具体情况，利用国家人口和计划生育委员会与吉林大学“我国老年人生活状况及养老公共服务需求研究”长春市部分的调研数据，将老年人口划分成不同年龄组及不同性别组，分别从经济生活、医疗健康生活、家庭与社会生活、精神生活方面进行老年人口生活质量评价。研究结果显示，长春市老年人口整体生活质量处于中等偏上的水平；女性老年人生活质量略低于男性老年人生活质量；老年人口的生活质量水平随年龄增大而降低。❷

从上述对老年人口生活质量指标体系研究的文献梳理可以看出：

第一，现有对老年人生活质量指标体系研究分为客观评估和主观满意度评价两个层次，涉及经济状况、躯体健康、精神健康、日常生活功能等方面，这已在学界初步达成共识。

第二，现有研究中将社会状况列为老年人生活质量评价的内容之一，开拓了新的研究视角。但是，老年人生活质量与社会状况的关系不是直接、单一方向的简单相关关系，其相互影响是错综复杂的。如何在生活质量与社会状况之间选取有代表性的核心指标，以体现二者的紧密联系在现有研究中很少提及。

第三，在操作方法上，现有研究仅对部分地区老年人口生活质量进行了实证分析，无法实现全国范围老年人口生活质量的总体评价。

2.2.3 老年社会参与测评体系

作为人类社会共同的未来景象，人口老龄化正在改变世界发展

---

❶ 刘晶：“因子分析法在城市老年人口生活质量综合评价中的应用研究”，载《华东理工大学学报（社会科学版）》2011年第5期，第21~26页。

❷ 陈英姿、邓俊虎：“长春市老年人口生活质量评价”，载《人口学刊》2011年第6期，第28~33页。

的人口基础，并挑战着传统的经济社会发展模式。[1]发达国家实践经验证明，促进老年人力资源开发利用和老年社会参与在应对老龄社会问题的战略对策上日益发挥重要的作用。老年人的社会参与不仅关系到老年人晚年的生活质量，同时对于社会协调和健康的发展也具有促进作用。它使“老龄化对社会经济的压力转化为促进可持续发展的动力”，成为老年人社会参与研究的核心目标。在老年人的社会参与被纳入“积极老龄化”发展战略并成为其核心和精髓后，已越来越受到社会的广泛关注。[2]

通过相关文献搜集和整理后发现，近几十年来国内外学术界涌现了诸多关于老年社会参与的研究成果，主要集中在老年社会参与的概念、内涵、理念基础及本土化实践等方面。但是，目前研究多见于对老年社会参与的概念体系探究，对于老年社会参与测评的研究亟待深入。

尽管对老年社会参与进行测评的文献较少，但全国老龄工作委员会办公室制定的老龄工作统计指标体系仍为本书提供了很好的借鉴。其在老年参与方面设计的具体指标包括社会志愿组织数量、社会志愿者人数、老年互助组织数量、参与老年互助组织活动的老年人数及帮扶老年人数等，为本书在具体指标设计方面提供了参考。

李宝库（2002）针对目前老龄工作的开展，指出建立老龄工作指标体系有非常重要的现实意义，并对各主要内容进行了指标设计。其中在“老年群众组织与社会参与”部分，涉及了基层老年人协会数、基层老年人参加人数、老年人口就业率、离退休老年人再就业率、公益活动参与率等30余项指标。遗憾的是，书中并未对各项指标的代表性、可获得性等问题进行深入论证。

[1] 原新：“国际社会应对老龄化的经验和启示”，载《老龄科学研究》2015年第3期，第39~45页。

[2] 陈功：“老有所为 大有可为”，载《人口与发展》2011年第6期，第31页。

2.2.4 老年保障测评体系

老年保障是社会保障制度的重要组成部分，不仅是确保老年人晚年生活的基本保证，也是老龄化社会必须建立的基本保障和基本公共服务体系的基础。[1]《积极老龄化政策框架》中对保障的定义为："在政策和项目解决人们在年老过程中的社会、经济、人身安全上的保障需要和权利的同时，保障老年人在不能维持和保护自己情况下受到保护、照料和有尊严"。[2]具体到我国现实国情，中国社会科学院劳动与社会保障研究中心主任王延中从社会保障学的角度探讨中国老年保障体系的基本构想，为本书老年保障指标体系构建提供了理论借鉴。他认为，中国老年保障体系主要包括三大方面的内容：一是经济保障，这是老年保障首要的主体内容。二是服务保障，这是帮助老年人顺利度过晚年、提高老年生活质量的必备内容。三是精神保障。三者相互影响、相互联系，又具有一定的层次性。其中经济保障是基础，服务保障是载体，精神保障是相对较高层次的保障内容。[3]

现有对老年保障测评的研究成果多是将老年社会保障统计指标作为老龄工作统计指标体系的一部分，与老年人口健康统计指标、老年人口经济统计指标、老龄工作统计指标等，共同置于老龄工作统计指标体系内，专门以老年保障作为测评内容的文献较少。全国老龄工作委员会办公室2004年编写的《老龄工作统计指标体系》一书中，老年社会保障统计指标主要包括老年社会保障、老年社会福利、老年社会救济、老年社会服务及老年合法权益保障五个方面。其中，老年社会保障分为老年经济保障、老年医疗保障两大部分，前者主要包括社会

[1] 王延中、龙玉其："建立更加公平可持续的养老保障制度"，载《中国党政干部论坛》2015年第12期，第19页。

[2] 世界卫生组织编、中国老龄协会译：《积极老龄化政策框架》，华龄出版社2003年版，第48页。

[3] 王延中："构建三位一体中国老年保障体系的基本构想"，载《社会保障研究》2014年第3期，第8~10页。

保障覆盖率、社会保障费用总额占国民生产总值比重、离退休人数占在职职工人数的比例、人均离退休费、离退休费占工资总额比重、离退休费拖欠率、农村享受社会养老保险老人比例、农村享受社会养老保险老人年人均金额8项指标；后者包括城镇居民医疗保险覆盖率、农村合作医疗人口覆盖率、城镇人均老年医疗保险支出、农村人均合作医疗费支出、老年患病率、老年医疗机构、老年病研究机构、老年康复机构等内容，其中在老年机构方面又分别涉及医院数量、医务人员数、床位数、门诊人次等具体指标。❶

李宝库主编的《新世纪老龄工作实用全书》中分别对老年社会保障指标进行了分类和细化。书中将老年社会保障分为老年经济保障、老年社会福利和老年社会保障的综合指标3项内容，其中老年经济保障中包含老年社会保险、老年医疗保障两方面，具体包括离退休退职人数、离退休人数在在职人数比、人均离退休退职费、农村老人享受退休金人数、享受老年医疗社会保险人数、老年医疗社会保险人均费用23项指标。在老年社会福利一项中包括社会福利院、敬老院、老年病医院、农村“五保”老人、城镇孤寡老人、老年社会救济6个方面，具体包括社会福利院数、老年病医院病床数、获得定期救济老年人数等28项指标。❷与全国老龄办的老龄工作指标体系相比，本书对老年社会保障的内容更为细化，具体指标也更加明确。

上述文献是目前对老年社会保障测评体系最为全面、细致的描述，其中涉及的具体指标为本书三级指标的确定提供了很好的借鉴和参考。但不足的是，文献中仅对具体指标进行了简单列举，对各项指标的代表性、数据是否可得及如何获得、各项指标的权重如何分配等问题较少涉及。

---

❶ 全国老龄工作委员会办公室、中国老龄协会编：《老龄工作统计指标体系》，中国人口出版社2004年版，第157~163页。

❷ 李宝库主编：《新世纪老龄工作实用全书》，华龄出版社2002年版，第596~603页。

2.3 指标体系研究范式与常见指标体系借鉴

2.3.1 指标体系研究的一般理论和方法

鉴于指标体系研究在老年学领域的探索性和前沿性，本书还从梳理社会指标研究的发展脉络开始，挖掘研究者在特定社会背景下对指标体系建立初期的研究思路和方法。并在此基础上，充分借鉴当前得到广泛使用的指标体系及其研究方法，探索适合老龄事业发展的指标体系研究方法。

2.3.1.1 指标体系研究的一般理论问题

社会指标及社会指标体系研究始于美国，社会指标（Social Indicator）一词最早出现于1964年，由学者布鲁斯·拉西特提出。1966年，雷蒙德·鲍尔等人编辑出版的《社会指标》论文集成为社会指标问题研究的早期经典专著。该书认为，社会指标是一种“量的数据”，是一套统计数据系统，用于描述社会的重要方面，判断社会目标的实现程度，作为评价社会发展是“越来越好还是越来越坏”的尺度。[1]1969年美国卫生、教育和福利部（Health Education and Welfare Department，HEW）在其《社会报告纲要》一书中对社会指标的定义是“一种直接服务于标准利益的统计量，它有助于对一个社会主要方面的状况作出简明、综合与均衡的判断”。还有学者指出，社会指标既是代理物又是测度物，作为代理物，社会指标是将抽象的或不可测度的社会概念转化成能对此概念进行考察和分析的可操作的术语；作为测度物，社会指标是有关理论上可计量的信息。[2]

---

[1] Raymond A. Bauer, Social Indicators, The M.I.T. Press, U.S.A., 1966.转引自袁方主编：《社会指标与社会发展评价》，中国劳动出版社1995年版，第28页。

[2] Michael Carley, Social Meaurement and Social Indicators,Georgeallen& Unwin Ltd, Great Britain, 1981. 转引自袁方主编：《社会指标与社会发展评价》，中国劳动出版社1995年版，第30页。

从以上文献可以看出，无论是从政府部门报告还是学术文献均认为，社会指标是一种有价值取向的数据，即必须能够说明事情“是在变好还是变坏”，以及变化的程度。这一思想为本论文构建指标体系的研究目的及评价标准明确了指导原则。

中国社会指标体系研究始于20世纪80年代，尽管起步较晚，但发展迅速。袁方（1995）认为，社会指标是“在更宏观的层次上，以整个社会全方位的角度，从社会现象间的相互联系入手，对整个社会现象进行计量与评价”，并在其书中指出，从形式上看，社会指标是一种有价值取向的数据；从内容上看，社会指标反映的主要是社会过程的“产出”，而不是“投入”；从功能上看，社会指标是一套具有描述功能、分析功能、评价功能和预测功能的统计数据系统。[1]郑杭生（1998）等人结合国内外学者对社会指标的定义，总结出社会指标有以下特点：具体性、计量性、替代性、易于解释性、时间性、理论与实际的结合性等，并对社会指标的功能作了较为细致的论述。[2]

梳理国内关于社会指标研究的文献后发现，早期相关研究为指标体系研究的基础问题作了较好总结和概括，这是任何指标体系研究中必不可少的。如社会指标的价值标准取向、研究目的和内容、功能分析等为后来的指标体系研究打下了良好的理论基础。

在研究方法上，受当时统计数据和统计分析方法专业技术的限制，对指标体系的分析多是传统的描述分析、或简单的对比分析和增长率分析，对指标体系结果反映的结构和深层次原因分析不够深入。为了弥补上述不足，本书在对社会指标研究的基本理论问题进行梳理后，对目前使用最为广泛、统计分析方法较为成熟的指标体系构建方法进行文献整理和总结。

---

[1] 袁方主编：《社会指标与社会发展评价》，中国劳动出版社1995年版，第31~33页。

[2] 郑杭生、李强、李路路：《社会指标研究》，中国人民大学出版社1989年版，第27~32页。

2.3.1.2 指标体系的构建方法述评

构建指标体系是指标体系研究中的核心环节，也是具体操作的关键步骤之一。一般来说，指标体系的构建方法分为以下几个步骤：建立指标体系、对各项指标无量纲化处理、对各级各项指标赋权及应用指数合成方法等。苏为华（2000）在其博士论文《多指标综合评价理论与方法问题研究》中，将综合评价指标体系构建过程分为理论准备、指标体系初选、指标体系完善及指标体系使用四个过程，其中每一过程又细分为若干操作方法。[1]田辉（2008）在其博士论文中将人类可持续发展指数的构建分为构建意义、构建宗旨、构造原则及构造方法等四项内容描述分析。[2]

总结上述指标体系构建方法，指标体系的构建一般分为以下三个步骤：指标体系的初选、指标体系的检验与结构优化、综合评价方法的运用。这三个步骤在指标体系研究中已基本达成共识，具体分析中视研究对象的特点略有不同。本节结合实际案例，通过对上述文献的梳理和分析，探索适合构建中国老龄事业发展指标体系的研究方法。

指标选取的方法。苏为华（2000）将综合评价指标体系建立分为初选与完善两个步骤，其中初选方法主要有分析法、综合法、交叉法、指标属性分组法等，并对各种方法的基本定义和适用条件进行了阐释。在初选方法中最常用的是分析法。一般来说，以评价指标选取的方法性质为依据，可以有定性和定量两大类。中国人民大学中国调查评价中心（2007）将定性选取评价指标的原则概括为目的明确、综合全面、切实可行、稳定性强和协调一致五个方面。定量方法主要包括逐步判别分析法、极小广义方差法、系统聚类法、主成分分析法、

---

[1] 苏为华：《多指标综合评价理论与方法问题研究》，厦门大学2000年博士学位论文。

[2] 田辉：《人类可持续发展指数（HSDI）构建及其应用研究》，南京理工大学2008年博士学位论文。

极大不相关法等。

综合评价方法的应用。综合评价方法包括指标的无量纲化、赋权、指数构造方法。无量纲化，是把不同计量单位的指标数值改造成可以直接汇总的同度量化值。它是构建指标体系的基本步骤之一。选取何种无量纲方法直接影响评价结果的准确性。邱东（1991）认为，无量纲化函数的选取，一般要求严格单调、取值区间明确、结果直观、意义明确、尽量不受指标正向或逆向形式的影响。常用的无量纲方法包括广义指数法、广义线性功效系数法、非线性函数法、分段函数法等。

通过对指标体系相关文献的梳理后发现，社会指标研究的应用领域广泛、评价对象复杂、评价方法多样；现有指标体系研究的实际运用和分析为中国老龄事业发展指标体系的研究提供了很好的研究思路和方法借鉴。但是也存在一些不足，如理论发展与实践应用之间存在脱节；更加关注评价方法的复杂性，忽视科学性和客观性；缺乏实证检验。

有鉴于此，本书遵循老龄事业特有的发展规律，充分借鉴国内外应对人口老龄化挑战的战略框架，结合我国老龄事业发展的具体状况，以老龄事业为研究对象，选取较为合适的研究方法，尝试构建中国老龄事业发展指标体系，并根据实证结果对指标体系和研究方法进行检验。在具体指标建立过程中，确定指标选取的原则，如代表性强、逻辑关系紧密、科学性、可操作性强等。在研究方法上，综合运用文献研究法、比较分析法、定性和定量相结合的方法。最后，通过算术平均合成模型合成中国老龄事业发展综合指数。

2.3.2 人类发展指数（HDI）相关借鉴

在明确指标体系研究的基础理论问题和构建思路之后，本书还将对人类发展指数和中国发展指数这两大指标体系，从理论借鉴、构建思路和方法、具体分析和应用等方面进行深入挖掘和分析，以期对本书有所借鉴。

人类发展指数（Human Development Index，HDI）是衡量人类发展水平应用最广、影响最大的指数，是联合国开发计划署（United Nations Development Programme，UNDP）在《1990年人文发展报告》中首次提出的。在报告中指出，人类发展是一个“人们的需求不断增加的过程”，而对于任何一种发展水平来说，人们都有三个基本需求，即获得健康生活水平的需求、获得文化知识的需求及提高生活质量的需求。在上述三种人类发展最基本需求的基础上，UNDP从健康、教育和收入三个维度构建了综合测量人类发展水平的指数，这三个维度分别代表了人类的三个基本选择：长寿健康的生活、知识的获取和获得体面生活所需要的资源。

人类发展指数确定的基本思想是以人为中心、以实现发展权利为目标的发展体系，依据阿玛蒂亚·森提出的可行能力为核心，将人置于发展分析的中心地位，认为发展的本质是扩大人的可行能力，即人们做自己想做的事情及实现自己想实现的状态的能力，主要包括健康、教育、体面的生活等内容。HDI不仅概括了人类发展最基本的目标，也体现了人类发展最重要的维度。

人类发展指数具体由五个单项指标构成，其中寿命维度直接用出生时的预期寿命度量；知识通过教育的实现程度度量，而教育的实现程度分别用成人识字率和小学、中学及高等学校的综合入学率来表示；收入用购买力平价调整的实际人均GDP来计算。最后，HDI指数值由三个维度的算术平均值计算而得。

从上述理论分析我们可以看出，HDI从提出的背景、核心理念、评价标准等方面对中国老龄事业发展指标体系的构建都有很强的参考性。首先，HDI立足于以人的发展为目标，这与当前我国科学发展观的宏观发展战略是一致的。老龄事业作为社会事业的组成部分，在老龄化社会的时代背景下，也是以包括老年人在内的全体人员的发展为目标的。为了突出老龄事业发展的特殊性，我们还要深入思考的是，老年人群与其他年龄人群有哪些异同？其生存与发展的目标有哪些特点？这些问题的答案，是构建中国老龄事业发展指标体系的理论前提。其次，HDI基于需求的角度衡量人类发展的水平，即健康、知识和提高生活质量的需求。那么，从这个角度出发，我们可以追问老年人有哪些最基本的需求？以此作为评价老龄事业发展的核心维度。再次，HDI在明确人类需求的基础上，强调满足这些需求的能力的实现。否则，再基本的需求也仅仅是“需要”，在人类发展的过程中缺乏实际的衡量标准。同理，人口年龄结构老龄化作为人类发展的重要成果，老龄事业的发展成就主要体现在老年人群哪些能力的提高？我们又如何从中提炼出最具代表性的能力？通过对上述问题的追问和解释，逐渐厘清了中国老龄事业发展指标体系的研究思路，为进一步评价中国老龄事业的发展水平奠定理论基础。

2.3.3 中国发展指数（RCDI）相关借鉴

由于侧重于世界范围内人类发展水平比较，HDI必须考虑数据的国际可比性和可获得性，也就不可避免地在解释特定国家的具体问题时存在一定不足。为了立足我国国情，更真实地反映我国各地区社会、经济、环境发展状况及差异的特点，中国人民大学中国调查评价中心编制了“中国发展指数”（Ruc China Development Index，RCDI）。RCDI从2007年开始，已经连续发布10年，旨在弥补GDP指标的片面性，全面测量国家与地区发展，是目前国内较为权威的评价我国人文社会综合发展水平的指标体系。

RCDI综合考虑了我国经济、社会、健康、环保、教育等方面的地区发展状况和差异，利用联合国编制HDI的思路，对HDI的编制方法和指标体系进行了改进，以期为制定宏观社会经济发展政策、促进各地区的协调可持续发展提供政策依据。RCDI指出，由于我国幅员辽阔，社会经济发展的地区差异较大，有些地区在经济迅猛发展的同时，居民健康和社会文化水平并未能同步发展。HDI的三个测评维度已经无法满足我国的研究和实践需要。因此，RCDI从健康、生活水平、就业和社会发展、交通、居住状况和环保等多个方面对我国各地区的发展水平进行了测量，从而使指标体系更加完善、全面，指数解释力更强，也更加符合我国的实际发展状况。[1]

在充分论证和借鉴相关研究的基础上，RCDI最后由健康指数、教育指数、生活质量指数和环境指数4个要素指数构成，共15个单项指标。其中前3个指数都直接或间接地借鉴了HDI的编制思路，环境指数是新引入的，它是对社会、生态环境、经济增长之间关系的直观反映，以实现对社会发展和环境保护的监测。

2.4 对现有研究的反思和进一步研究的必要性

老龄事业研究是人类进入老龄化时代以来，对不同层次老龄问题的现实思考。现有老龄事业发展指标体系研究成果主要集中在老龄事业发展总体评价指标体系、老龄事业发展单维度测评体系及政府工作文件对老龄事业发展状况的评价等内容，在评价我国老龄事业的发展状况、指导老龄工作方面起到了非常积极的作用。不论是对全国还是地方老龄事业发展指标体系构建，在老年学或统计学学科都开辟了新的研究领域，对老龄事业发展的评价是一个有益的尝试。总体来看，现有研究文献具有以下特征：

第一，目前国内外对老龄事业发展的评价研究在学术界相对欠缺，缺乏一个代表性的指数综合衡量。现有研究成果对构建老龄事业发展指标体系的理论基础表述不多，需要进一步挖掘和探讨。从现有研究看，较少涉及与经济、社会协调发展的宏观发展内容，体现不出老龄事业的战略性。同时，老龄事业是一个多维概念，老龄事业发展的各个方面应存在互相制约、互相制约的紧密联系。相关文献多从老年健康、老年人生活质量、老年参与等单一角度出发，得出某一方面的结论，对各个核心要素的逻辑联系很少提及。部分对老龄事业发展

---

[1] 袁卫、彭非：《中国人民大学中国发展报告2007》，中国人民大学出版社2008年版，第9页。

各项内容分析评价的相关研究并未对各项内容重要程度进行排序，难以实现中国老龄事业发展的整体评价。

第二，老龄事业发展的相关政府工作文件中发展目标和基本原则的规定为老龄事业发展指标体系的理论框架提供了指导思想；老龄事业发展主要内容的描述和对各分项内容的测量维度，为老龄事业发展要素指标和具体指标的设定提供了研究思路和参考依据。但是，政策性规定较多，涉及某一测量维度的具体指标相对分散，难以形成一个统一的评价体系，无法实现总体评价全国老龄事业的发展水平。统一评价标准的缺位，也使得指标数量过多和缺乏综合性指标的矛盾同时存在。

第三，全球老龄观察指数和老龄社会发展指数两个指标体系把老龄事业发展指标体系的研究视野拓宽到世界范围内，把老龄事业的研究内容扩大到整个社会发展层面，在实证研究方面有了较大突破，为本书构建中国老龄事业发展指标体系提供了可资借鉴的研究思路。但是，由于研究视角和研究重点不同，中国老龄事业发展的实证评价还需要根据目前我国老龄事业发展的现实国情和可得性数据深入探讨。

随着人口老龄化趋势的新变化，对老龄事业进行准确测评的相关研究已迫在眉睫，不仅是对以往老龄事业发展问题研究的总结和深化，而且对以后老龄事业的发展方向也有较强的指导作用。本书突破以往较为单一的研究视角，从国际与国内相结合、宏观与微观相结合、共性与特性相结合等不同的研究视角尝试构建中国老龄事业发展指标体系并对其进行合理评价。从国际和国内结合角度出发，结合中国老龄事业的特殊性，最后确定老龄事业发展测评可以集中在以下四个方面：老年健康水平、老年人口生活质量、老年社会参与水平和老年社会保障水平。从宏观和微观结合的角度出发，健康预期寿命的延长、老年社会参与程度、老年社会保障水平的提高及老年生活质量的提高是老龄事业发展的集中体现。同时，借鉴HDI、RCDI理论依据的提出、指标选取及指数构造的研究思路，以国家统计局公开统计数据为基础，遵循代表性、可操作性、敏感性等原则，对全国及各省区老龄事业发展状况进行综合评价。

3　老龄事业发展的两个基本问题

任何一项社会指标的研究都是围绕其讨论的核心议题展开的，明确老龄事业的基本概念和摸清目前我国老龄事业的发展现状是建立中国老龄事业发展指标体系、评价老龄事业发展水平的基础。本章主要围绕老龄事业发展的两个基本问题展开，一是老龄事业的概念界定，包括老龄事业的定义、涵盖内容、性质及其相关概念辨析等，目的在于为老龄事业指标体系构建奠定理论基础。二是对我国老龄事业的发展现状进行基本判断，客观评价我国老龄事业发展水平提供现实依据。

3.1　老龄事业的概念体系

对老龄事业的概念进行清晰界定，明确老龄事业应包含的主要内容是研究老龄事业相关问题的前提。目前学界针对老龄事业的定义和内容还没有形成统一认识。本书将从老龄事业的含义、主要内容、性质等方面进行细致分析。

3.1.1　老龄事业的含义

本节主要从老龄事业的提法、老龄事业概念的国内外研究评述及老龄事业的定义三个方面对“老龄事业”一词进行阐释。

3.1.1.1　老龄事业的提法

“老龄事业”一词目前被社会各界广泛提及。通过对老龄事业相关概念的文献梳理后发现，目前通常把1982年建立老龄工作机构记为我国老龄事业的开端。《中国老龄工作年鉴》编委会在前言中指出：

“我国老龄事业从1982年到2002年，走过了20年的发展历程。”[1]然而，笔者查阅了1982年及相近年份的主要文献（主要包括学术研究文献、老龄工作组织机构的文件、党和国家领导人关于老龄工作的论述、老龄工作法规政策等相关文件）后发现，其中并未提到老龄事业。但是，这段期间，在党和国家领导人讲话和致词中多次提到“老年事业”。1984年8月17日王震同志在第一次全国老龄工作会议上的致词中提到：“老年事业，或者叫老龄工作，是个新兴的大有作为的事业。”“老年事业是我国建设社会主义事业的一个组成部分，全社会都要关心、重视这个新兴的事业，使我国对全人类作出应有的贡献。”[2]

准确地说，“老龄事业”初次提出时间是1988年。1988年10月19日聂荣臻同志在接见中国老龄问题全国委员会领导时的讲话中首次提到“老龄事业”。[3]在1988~1993年这段时期内，老龄事业和老年事业的概念被交替使用。其中，陈丕显同志1990年在《中华老年报》报社社务委员会会议上的讲话中指出：“我国的老年事业是一个新兴事业，还处于开拓阶段。”[4]陈俊生同志1991年在庆祝“国际老人节”座谈会上的讲话中指出：“希望各级党委和政府从战略的高度，进一步关心、支持老龄事业，把人口老龄化这一关系到国计民生的大事抓起来。”[5]1993年11月26日，李贵鲜在中国老龄问题对策研讨会的讲话中提到，时任总书记江泽民提出“重视老龄工作，发展老龄事业”。自此后，“老龄事业”的概念被广泛使用。

通过对“老龄事业”这一名称提出的历史脉络梳理，我们不难

[1] 全国老龄工作委员会办公室、中国老龄协会编：《中国老龄工作年鉴（1982-2002）》，华龄出版社2004年版，前言。

[2] 同上书，第40页。

[3] 同上书，第50页。

[4] 同上书，第56页。

[5] 同上书，第62页。

发现，1982年我国政府正式参加联合国世界老龄大会，1983年成立中国老龄问题全国委员会这一常设机构，是国内对人口老龄化正式认识的标志性事件，具有里程碑的积极意义，但当时认识还处于起步阶段。由“老年事业”到“老龄事业”概念的转变，表明我国对人口老龄化的认识在逐步深化，对于人口老龄化带来的一系列经济、社会、文化等方面的影响也引起了更多政府的关注。[1]

3.1.1.2 国内外关于老龄事业的研究述评

目前对老龄事业及其发展研究的文献较少。其中对老龄事业的概念进行较为明确界定的著作是邬沧萍教授主编的《老年学概论》。邬沧萍教授等（2006）在其书中指出：“凡是从事、参与解决老龄问题的各项管理和服务工作都属于老龄工作。老龄工作在本质上是人类的崇高事业，所以人们常把许多老龄工作称为老龄事业。”[2]该定义从老龄问题入手，以问题为导向指出了老龄事业的根本任务，将解决老龄问题与发展老龄事业有机结合起来，为老龄事业研究提供了很好的研究思路。

中国人民大学老年学研究所所长杜鹏教授（2006）在其书中对老龄事业的定义是：“老龄事业常常是指老龄工作中具有全局性和战略意义的工作，需要长期的规划和不断完善的工作。”[3]从这一定义中可以看出，该定义从宏观角度出发，突出强调老龄事业的战略性和全局性。这是在以往定义中没有出现的。

华中师范大学李旭初、刘兴策（2009）两位教授在《新编老年学

[1] 全国老龄工作委员会办公室、中国老龄协会编：《中国老龄工作年鉴（1982-2002）》，华龄出版社2004年版，第68页。

[2] 邬沧萍、姜向群主编：《老年学概论》，中国人民大学出版社2006年版，第12页。

[3] 杜鹏：《人口老龄化与老龄问题——高级公务员读本》，中国人口出版社2006年版，第4页。

词典》中对老龄事业的解释是："老龄事业，包括养老保障体系的构建、老年医疗保健、为老社会服务、老年文化教育、老年人参与社会发展、老年人合法权益保障等涉及老年人的事业。"[1]此定义初步对老龄事业的具体内容作了规定，即老龄事业包括养老保障体系、老年医疗保健、为老社会服务、老年文化教育、老年人参与社会发展、老年人合法权益保障六大方面。

原中国老龄协会会长李宝库（2002）指出："发展老龄事业，是一个庞大的系统工程。在这个工程中，包括政策和法规、保障和福利，精神和文化生活，设施和服务，组织机构和队伍以及科学研究等诸多方面，这些方面构成了老龄事业的基础。"[2]他不仅明确指出老龄事业包括政策和法规、保障和福利，精神和文化生活等内容，还首次将老龄事业的基本内容和老龄事业的发展状况相结合，为评价老龄事业发展奠定了理论基础。但是，上述内容还需要进一步界定，比如"政策和法规"是指所有涉及老年人的法律法规还是仅由老龄工作部门制定的政策法规？"设施和服务"是专门为老年人而建的福利服务设施还是所有惠及到老年人的基础设施？这些问题还有待明确。

国家应对人口老龄化战略研究、老龄事业发展指标体系研究课题组认为，老龄事业是一项综合性的社会事业，是为了应对人口老龄化所产生或将要产生的经济社会问题，由国家机关和其他社会组织所举办的以满足公民年老以后物质文化需要为目标的社会建设和公共服务活动。老龄事业包含多方面的内容，包括建立养老和医疗社会保障、开展养老和医疗服务、促进老年人社会参与、开展老年人学习与社会活动、创设家庭和社会支持环境等。同时，作为一项事业发展的必备要素，老龄工作机制、经费、设施、制度等为老龄事业的发展提供基

[1] 李旭初、刘兴策主编：《新编老年学词典》，武汉大学出版社2009年版，第279页。

[2] 李宝库主编：《新世纪老龄工作实用全书》，华龄出版社2002年版，第465页。

本保障。[1]

总体来看，现有对老龄事业的概念界定是国内老年学领域专家学者最早对老龄事业的相关研究，为解决老龄问题、发展老龄事业提供了不同的研究思路和方法，具有较高的权威性和开拓性。在现有研究的基础上，我们发现，关于老龄事业的核心概念还存在较大的研究空间，如老龄事业包含的主要内容、老龄事业与老龄工作的关系、老龄事业的本质属性等问题有待于深入挖掘和探讨。

3.1.1.3 老龄事业的再定义

结合老龄事业相关概念的文献回顾和梳理，本书进一步对老龄事业进行定义：老龄事业是指国家为应对人口老龄化挑战，由政府主导、全社会共同参与，提高老年人整体福利水平的社会建设和社会服务事业。

由定义可以看出，老龄事业的概念中包括政府主导、全社会共同参与、老年人福利水平等核心要素，本书对这些核心要素一一进行解释。

（1）政府主导。老龄问题是人口年龄结构性的社会问题，必须由政府从宏观上统筹规划，协调社会各方面共同解决。政府主导指的是，政府通过制定各项法律法规、方针政策、发展规划，加大投入，整合资源主体，推动老龄事业发展。主要体现在以下三个方面：第一，根据人口老龄化和社会发展的实际，制定和实施老龄事业发展规划和一系列老龄政策法规，并负责监督各项政策的实施使之不断完善，成为符合实际、可操作性强、互相配套的科学体系。第二，将老龄事业经费纳入政府财政预算，确保老龄事业的财政投入，并建立老龄事业经费投入的增长机制。第三，发挥政府的典型示范作用，在经验摸索和树立先进典型的实践活动中推动老龄事业的发展。

---

[1] 国家应对人口老龄化战略研究、老龄事业发展指标体系研究课题组：《老龄事业发展指标体系研究》，华龄出版社2014年版，第4~48页。

（2）全社会共同参与。老龄事业涉及经济、文化、社会发展的方方面面，不可能完全由政府包办，必须由全社会共同参与。这里的“社会”指代的是相对于政府而言的社会组织，是狭义的社会组织的概念，即直接和老年人相关的社会组织，包括老年服务企业、为老服务公益组织、老年人组织等。社会参与，主要是指在政府制定优惠扶持政策并适当投入的条件下，各种有关社会组织投入资金，建设服务设施和服务网络，生产老年消费用品，为老年人提供各种社会服务和消费产品。中国老龄事业发展“十二五”规划中强调，健全党政主导、老龄委协调、部门尽责、社会参与、全民关怀的大老龄工作格局。❶人口老龄化程度的加深、社会保障制度的不尽完善及老龄产业市场的不健全，使得在全社会共同参与老龄事业发展方面面临诸多挑战，如为老服务企业的积极性不高、老年人的消费意识不强、老年服务公益组织的资金来源不足、老年人组织缺乏管理等。

（3）老年人福利水平。作为一种服务政策和服务措施，社会福利的目的在于提高广大社会成员的物质和精神生活水平，使之得到更多的物质和精神享受。根据字面含义和一般性理解，社会福利是指改善全体社会成员物质和文化生活，提高其生活质量。在我国，社会福利既包括有国家和社会举办的以全体社会成员为对象的公益性事业，如教育、科学、文化、体育、卫生等，也包括由国家和社会举办的以某一特定群体为对象的专门性福利事业，如福利企业、养老院、孤儿院等，还包括国家发放的各种福利性补贴等。❷作为社会福利制度的重要内容，老年人福利是由政府和社会为达到法定年龄的老年人提供的各类福利，包括老年人文体娱乐福利、健康保健福利、托老院福利

❶ “国务院关于印发中国老龄事业发展‘十二五’规划的通知”，载http://www.scio.gov.cn/zggk/gqbg/2011/Document/1014340/1014340.htm，2011-9-17。

❷ 张琪主编：《社会保障概论》，中国劳动社会保障出版社2013年第2版，第238页。

及长寿老人福利等。[1]本书认为，老年人的福利水平可以集中概括为老年人口健康水平、老年人口保障水平、老年人口参与水平等内容。

与原有的老龄事业概念相比，新定义具有以下四个方面的特点：

首先，强调发展老龄事业要站在经济社会可持续发展的战略高度，这也决定了构建老龄事业发展指标体系要从宏观的角度出发，着重于老年人生活质量提高和社会发展的总体成果评价，侧重应对人口老龄化战略目标的实现程度，而不仅仅局限于老龄工作取得的成就。

其次，强调老龄事业的主体是政府，即由政府主导、全社会共同参与。随着人口老龄化程度的加深和老龄问题的复杂多样，老龄事业由且只能由政府主导，一是政府可以根据国家的经济社会发展战略统筹安排老龄事业的发展，二是老龄事业涉及经济、政治、文化等很多方面，社会组织或单位承担的都只是老龄事业的一个侧面，只有政府才能协调各个部分的利益关系。因此，评价老龄事业的发展水平应主要侧重政府的职能和提供公共服务的能力。

再次，该定义明确了老龄事业的本质属性，即老龄事业是社会事业的一部分，具有社会事业的一般属性。一般来说，社会事业从事的是社会建设和社会服务事业，具有一定的公益性。老龄事业也应该具有公益服务的特点。随着人口年龄结构向老年型社会转变，其对经济、社会发展的影响日益深入和久远，老龄事业应成为除了教育、科技、文化之外一项重要的社会事业。

最后，该定义把老龄事业从“解决老龄问题”入手转变为“对老年福利水平的提高”，以突出满足老年人的生存与发展为目标，从被动地“对老龄问题的解决”到主动地“实现老年人的生存与发展”，转变了应对人口老龄化对策的发展思路，提升了老龄事业的发展目标，同时也为指标体系的构建提供了探寻理论依据的切入点。

---

[1] 章晓懿主编：《社会保障概论》，上海交通大学出版社2010年版，第331页。

3.1.2 老龄事业的主要内容

现有对我国老龄事业发展的内容研究主要集中在政府文件及老龄工作部门的经验总结。本书在针对以上内容细致分析的基础上，对老龄事业涵盖的主要内容进行提炼总结。

3.1.2.1 现有中国老龄事业内容的概括

中国政府文件中涉及的老龄事业主要内容。现行老龄政策文件体现了我国老龄事业发展的指导思想和主要原则，是构建老龄事业发展指标体系的重要依据。其中涉及的老龄事业及其发展的相关内容，可为本书提供有益的参考。《中国老龄事业的发展》白皮书是2006年12月由中华人民共和国国务院新闻办公室发布的，从制度建设、政策保障、机构建设、资金投入、覆盖面、服务机构和人员数量、项目开展情况等方面展示了老龄事业涵盖的养老保障、医疗保健、为老服务、文化教育、社会参与、权益保障六个方面的发展成果。❶

《中国老龄工作七年发展纲要（1994—2000年）》《中国老龄事业发展“十五”规划》《中国老龄事业发展“十一五”规划》及《中国老龄事业发展“十二五”规划》是中国老龄事业发展阶段性成果的集中体现，主要从老年社会保障、老龄事业基础设施建设、老年精神文化生活、老年人权益保障、老年人社会参与6个领域展现了中国老龄事业的发展历程，并强调通过完善制度和工作机制、加大财政投入、提高服务质量、开展研究和加强老年服务人才队伍建设等一系列途径来促进老龄事业各领域的发展。这些规划和报告指出了我国老龄事业各个领域的发展状况，其在老龄事业框架和发展成果评价方面为我们研究老龄事业发展指标体系奠定了基础。

仔细研究上述文件发现，关于老龄事业内容的研究有以下特点：

---

❶ 《中国老龄事业的发展》白皮书，载http://www.gov.cn/zhengce/2006-12/12/content_2618568.htm，2006-12-12。

第一，总体来说，现有老龄事业的内容主要基于我国社会事业发展的现实国情，从保障、服务、参与等角度，认为老龄事业应涵盖老年社会保障、老龄事业基础设施建设、为老社会服务、老年精神文化生活、老年人权益保障、老年人社会参与、老年产业等方面。本书将之作为建立指标体系的主要参考依据。

第二，仔细研读现行老龄事业发展的社会政策后发现，各项文件中对老龄事业主体内容的规定既有紧密联系又不完全相同。以《中国老龄事业的发展》白皮书和《中国老龄事业发展“十一五”规划》为例，前者主要包括养老保障体系、老年医疗保健、为老社会服务、老年文化教育、老年人参与社会发展和老年人合法权益保障等内容，后者则分为老年社会保障、老龄事业基础设施建设、老龄产业、老年精神文化生活、老年人权益保障和老年人社会参与等内容。然而，各项内容的逻辑关系如何，通过这几项内容是否可以描述老龄事业的整体发展等问题在上述文献中没有提及，本书认为，为回答上述问题，需要一个统一的理论框架。

第三，具体到单项内容方面，老年社会保障是政府文件中对各项老龄事业表述最为细致的重要内容。如在《中国老龄事业的发展》白皮书中以养老保障、医疗保健、为老服务三项内容为分项内容，《中国老龄事业发展“十二五”规划》中则将之细化为养老保障、医疗保障、社会救助及社会福利等。

第四，在老龄事业发展评价方面，每一项内容各包含哪些指标、各项指标的层次如何确定等缺乏统一认识，如老年社会保障、为老社会服务、老年精神文化生活等内容如何细化、细化的标准如何，在上述文献中均未明确指出。

中国实际老龄工作部门中涉及的老龄事业主要内容。老龄工作委员办公室是实际从事老龄工作的政府部门，它从本职工作出发，在总结中国老龄事业的发展成就时涌现了一批较为经典的老龄文献，其中不乏对老龄事业涵盖内容的经验总结。全国老龄工作委员会办公室2003年在总结老龄事业的主要成就时主要从以下12个方面进行阐述：政府和民间组织相结合的老龄工作体系逐步建立；老龄政策法规体系基本确立；政府、社会、家庭和个人相结合的养老、医疗保障制度逐步完善；以社区为基础的老年服务事业迅速发展；老年维权工作得到加强；老年教育事业迅速发展；老年精神文化生活日益丰富；老年参与社会发展渠道不断拓宽；老龄产业开始崛起；老龄科学研究成果丰硕；社会敬老氛围日益浓厚；老龄领域的国际交往与合作不断扩大。[1]（全国老龄工作委员会办公室，2003）

李宝库主编的《新世纪老龄工作实用全书》是指导老龄工作、促进老龄事业发展的又一部力作。书中对老年社会保障制度、老年人权益与法规、老龄工作、老年文化与老年教育、老龄科学研究、老干部工作等主要内容进行了详细阐述。并指出，发展老龄事业包括许多方面，其中政策和法规、保障和福利、精神和文化生活、设施和服务、组织结构和队伍及科学研究等构成了老龄事业的基础。[2]

《跨世纪的中国民政事业——中国老龄事业卷（1982-2002年）》一书记录了中国老龄事业从起步到快速发展的曲折历程，主要从老龄机构网络、养老保障体系、老年服务设施、老年文化与教育、老年人权益保障、老龄科学研究等八个方面总结了20年来中国老龄事业取得的长足发展。[3]（李宝库，2002）

上述对老龄事业研究的总结和概括代表了当前社会各界对老龄事业的最新认识，也较为权威，为老龄事业发展指标体系研究起到了规划性地指导作用。由以上文献看出，与政府文件不同的是，从老龄

[1] 全国老龄工作委员会办公室：《老龄工作干部读本》，华龄出版社2003年版，第78~83页。

[2] 李宝库主编：《新世纪老龄工作实用全书》，华龄出版社2002年版，第596~603页。

[3] 李宝库主编：《跨世纪的中国民政事业——中国老龄事业卷（1982-2002年）》，中国社会出版社2002年版，第51~56页。

工作部门提出的老龄事业主要内容，除了养老保障体系、老年服务体系、老年文化与教育、老年人权益保障和老年社会参与等基础内容外，更加强调老龄工作的重要性，还增加了老龄科学研究、各国交流与合作等内容。

可以看出，老龄工作经典文献在各分项内容和具体测量维度上，描述较少，且各指标分类并不尽一致。在人口快速老龄化发展新常态下，需要从更高的战略角度出发，对老龄事业的内容进行清晰界定。只有如此，才能为构建中国老龄事业发展指标体系提供一个较为清晰的理论框架。

3.1.2.2 本书对老龄事业主要内容的界定

通过对现有中国老龄事业发展内容的概括和总结，本书认为，老龄事业的主要内容应当包括老年社会保障（经济和医疗）、老年福利服务、老年社会救助、老年社会活动与权益、老龄事业投入五个方面。其中，将《中国老龄事业的发展》白皮书和《中国老龄事业发展“十一五”规划》分别提到的养老保障体系和老年医疗保健合成为老年社会保障，将为老社会服务与老龄事业基础设施建设合成为老年福利服务，将老年文化教育、老年精神文化生活、老年社会参与合成为老年社会活动与权益等。该界定对现有相关老龄事业内容进行了有效聚焦，对于构建老龄事业发展的指标体系具有重要指导意义。具体解释如下。

（1）老年社会保障。作为一种社会稳定机制，社会保障制度是保障全体社会成员基本生存需要的手段，是促进经济、社会持续协调发展的有效工具。随着老年人口规模的不断增大，老年人的养老和医疗保障成为老龄事业发展的核心内容。政府首先要从解决养老、医疗入手，制定各项保障政策，满足老年人的基本需求。2015年11月18日卫生计生委、民政部、发展改革委、财政部、人力资源社会保障部九部委联合出台的《关于推进医疗卫生与养老服务相结合的指导意见》中指出：“医疗卫生与养老服务相结合，是社会各界普遍关注的重大民生问题，是积极应对人口老龄化的长久之计，是我国经济发展新常态下重要的经济增长点。”[1]同时，发展老龄事业还应根据经济发展的进程和人口老龄化发展的特点，实现大多数人在年老退出生产劳动领域后，平均生活水平与社会总水平同步提高，促进老年人的健康与长寿。本书分别从保障范围、保障水平及资源获得性三个方面反映老年社会保障事业的发展水平。

（2）老年福利服务。老年基本生活的保障不仅仅体现在养老和医疗保障方面，在生活中得到方便、快捷的服务，享受为老年人的福利待遇，也是老龄事业发展的重要内容。建设和完善老年社会福利服务功能，就是要根据老年人的需求，发展各项设施和服务，涵盖社区基础福利设施建设、养老机构建设、社区医疗服务等多个方面。2013年9月13日《国务院关于加快发展养老服务业的若干意见》中指出，积极应对人口老龄化，加快发展养老服务业，不断满足老年人持续增长的养老服务需求，是全面建成小康社会的一项紧迫任务，有利于保障老年人权益，共享改革发展成果，有利于拉动消费、扩大就业，有利于保障和改善民生，促进社会和谐，推进经济社会持续健康发展。近年来我国养老服务业快速发展，以居家为基础、社区为依托、机构为支撑的养老服务体系初步建立，老年消费市场初步形成，老龄事业发展取得显著成就。但总体上看，养老服务和产品供给不足、市场发育不健全、城乡区域发展不平衡等问题还十分突出。[2]《民政事业发展第十三个五年规划》指出“十三五”期间，推进居家和社区养老服务、加强养老服务机构建设、促进医疗卫生和养老服务相结合、创新

[1] 卫生计生委、民政部、发展改革委、财政部、人力资源社会保障部、国土资源部、住房城乡建设部、全国老龄办、中医药局：“关于推进医疗卫生与养老服务相结合的指导意见”，载www.nhfpc.gov.cn/yzygj/s3573/201511/6cb2dd9263d243fd8a031e635a21bce5.shtml，2015-11-18。

[2] “国务院关于加快发展养老服务业的若干意见”，载www.gov.cn/zwgk/2013-09/13/content_2487704.htm，2013-9-13。

医疗服务投融资机制及探索建立长期照护保障体系等重点发展养老服务。同时，民政部正在进行相关规划，将在全国社区普及老年人日间照料中心，积极推动老年福利由救助型向普惠型发展。这些新政策的陆续出台成为提高老年福利服务水平的有效举措。

（3）老年社会救助。相比其他年龄群体来说，老年人在社会群体中的弱势地位比较突出。确保有困难的老年人得到及时社会救助是目前老龄事业发展最突出的任务，也是应对人口老龄化与和谐社会建设的集中体现。老年社会救助制度是通过款物接济和扶助的方式帮助老年人摆脱生存危机、避免其因特殊生活困难和可能遇到的风险无法正常生活。社会救助本属于广义社会保障的范畴，如把老年社会救助放在社会保障内容的一部分，一方面，不能充分体现出老年群体由于贫困、残疾、丧失劳动能力和生活自理能力等对社会救助的强烈需求；另一方面，老年社会救助不只是经济上的补贴，还包括医疗救助、照料服务等多方面内容。所以，单列老年社会救助这一内容是很有必要的。当前社会救助对象主要包括生活不能自理或部分不能自理的城乡“三无”对象、特殊困难老人、高龄和空巢老人、“五保户”等。

（4）老年社会活动与权益。本书将老年人精神文化、社会参与、权益维护等内容集中概括为老年社会活动与权益。三者之间存在互利互补的关系，老年人精神文化生活丰富，有助于培养更加积极、健康的心态，更多参与社会活动，同时也可更好维护自身的合法权益。如果说老年社会救助确保了最低层老年人基本的生存需要，老年社会保障和老年福利服务为多数老年人得到普遍的生活保障和服务提供了保证，那么老年社会活动与权益则为有能力、有意愿的老年人提供了参与社会、实现自我价值的途径。

（5）老龄事业投入。完善的工作机构和专业化的工作队伍，是发展老龄事业的组织保证。经过多年的不断探索和调整，我国初步建立了协调各涉老部门、制定重大方针政策、全方位开展老龄工作的组织机构——全国老龄工作委员会。民政部原副部长李宝库指出，随着各地老龄工作机构的建立健全、工作队伍的建设及素质的提高，将会开创老龄事业发展的新局面。《中国老龄事业发展“十二五”规划》中指出，围绕涉老社会保障制度的配套衔接、老龄事业投入机制、老龄社会组织规范化建设等比较突出的矛盾和问题，加大改革创新力度。根据经济发展状况和老龄工作实际，多渠道筹资，不断加大老龄事业投入。进一步完善实施促进老龄事业发展的税收政策，政策引导与体制创新并重，调动社会资本投入老龄事业的积极性。建立多元长效投入机制。[1]

3.1.3 老龄事业的主要性质

作为社会事业的组成部分之一，老龄事业有维系社会公正、体现社会公益性的作用，具有协调性、普惠性、福利性、公益性和盈利性兼备性等特点。

（1）协调性。可持续发展理念自20世纪80年代提出以来，得到了各国政府和地区的广泛认同，纷纷出台法规政策贯彻落实。实现经济与社会的协调和可持续发展不仅是各国发展经济、增强综合国力的必要条件，也是人类社会发展的目标。老龄事业对经济社会发展的影响逐步深化，实现其与经济发展的水平协调发展，是可持续发展的应有之义。

（2）普惠性。人是社会发展的主体，满足人的全面发展的需要是社会事业的重要目标。与经济发展中效率优先原则不同的是，老龄事业的发展面向的主要是老年群体，旨在为包括老年人在内的全体社会成员的生产与生活提供支持与服务，增进全体社会成员福利。只有全体社会成员的生产和生活水平提高了，才能真正实现和谐社会、提高本地区的现代化水平。

（3）福利性。普惠性强调的是服务对象的广泛性，福利性则体

[1] “国务院关于印发中国老龄事业发展‘十二五’规划的通知”，载http://www.scio.gov.cn/zggk/gqbg/2011/Document/1014340/1014340.htm，2011-9-17。

现了服务内容的公益性。为包括老年人在内的社会成员增进福利表现在许多方面，如人民生活水平的提高、健康寿命的延长、受教育机会的实现、参与能力的提升、社会保障水平的提高、公共服务体系的完善等。老年人福利水平的提高不仅体现了经济发展水平和社会文明程度的提高，也为社会发展提供了良好的人力储备资源。

（4）公益性和盈利性兼备。目前，老龄事业发展的投资主体结构较为单一，难以实现产业效益。为了老龄事业的长期、可持续发展，必须兼顾公益性和效益性，既有福利性又有经营性，才能更好地满足社会成员的需求。因此，在促进社会成员享有基本公共服务的同时，也要注重通过强化竞争和管理等手段提高公共资源配置的效率和效益。在发展养老服务的创新养老服务投融资机制中，《民政事业发展第十三个五年规划》提出的拓宽养老服务业投融资渠道、支持符合条件的企业发行养老产业专项债券、建立合理的“使用者付费”机制等方式方法，不失为老龄事业公益性和盈利性的集中体现。

3.1.4 相关概念辨析

为了进一步加强对老龄事业理论内涵的理解，本书还将对老龄事业与社会事业、老龄事业与老龄工作、老龄事业与老龄事业发展等相关概念进行深入辨析。

3.1.4.1 老龄事业与社会事业

从公共事业角度看，老龄事业应隶属于人口与计划生育事业。随着经济发展水平的提高，社会发展的深层次矛盾也逐渐凸显出来。只有经济、社会事业的发展同步进行，才能实现整个社会的协调和可持续发展。社会事业是具有中国特色的称谓，具有一定的目标、规模和系统而对社会发展有影响的公共活动。在我国，社会事业涵盖的领域都是公共事业，体现的是公共利益。被政府公共领域广泛应用，与社会发展基本同义，其行动对象覆盖了社会所有成员，其内容涵盖了民生问题的所有方面。一般包括教育事业、医疗卫生、劳动就业、社会保障、科技事业、文化事业、人口与计划生育10个方面。

从发展角度看，老龄事业将是社会事业发展过程中新增的重要内容。随着科学发展观实践的不断深入及金融危机等国际环境的影响，社会事业的发展面临着新的机遇和挑战。由于人口老龄化进程的加快，快速老龄化将带来更加深远、不可预知的影响，因此，不论从国家发展战略角度还是从人口年龄结构角度看，老龄事业作为民政事业的一个子系统，在社会事业中的地位越来越重要。

根据国家发展改革委员会的总体要求，未来一段时间内，改善民生和加快发展社会事业将摆在更加突出的位置。我国社会事业发展的工作重点包括继续推进教育优先发展、加强医疗卫生服务体系建设、发展文化体育和旅游业、加强人口和民政工作、做好社会事业扩大投资各项工作八大任务。作为社会事业的一个组成部分，老龄事业一方面要使在人口老龄化的条件下社会不因老年人比重的增加而妨碍社会良性运行，社会能全面协调、可持续发展；另一方面还必须要越来越多、越来越老的老年人群都能提高生活质量，过积极、健康、幸福的晚年。

3.1.4.2　老龄事业与老龄工作

老龄工作与老龄事业存在密不可分的关系，因此现有文献中经常将老龄事业等同于老龄工作。1984年8月17日，王震同志在第一次全国老龄工作会议上的致词中提到："老年事业，或者叫老龄工作，是个新兴的大有作为的事业。"[1]

不可否认，老龄事业与老龄工作都强调政府的作用。1999年10月22日李岚清同志在全国老龄工作委员会第一次全体会议上的讲话中强调，必须高度重视、充分认识做好老龄工作的重要意义。并进一步指出："做好老龄工作是充分体现社会主义制度优越性的需要，是

[1] 全国老龄工作委员会办公室、中国老龄协会编：《中国老龄工作年鉴（1982-2002）》，华龄出版社2004年版，第40页。

推进社会主义精神文明建设的需要，是维护社会稳定的需要。”同时，李岚清（1999）同志还指出：“在人口老龄化发展的整个过程中，根据经济发展水平和老年人口不断增长的物质和文化需要，大力发展老龄事业，使老龄事业同社会经济协调发展是老龄工作的最终目标。”[1]可见，发展老龄事业是老龄工作的目标，二者是目的与任务的关系。

老龄事业与老龄工作在行为主体上有所不同。老龄工作主要由老龄工作部门负责并协调，老龄事业是政府主导、全社会共同参与的社会事业，如同教育、卫生事业一样，需要全社会共同努力。从广义角度来说，老龄事业包括所有涉及老年人福利的社会活动和社会服务的总称。它是以满足老年人的基本需要、提高老年人的素质、发挥老年人潜力，实现老年人的全面发展为目标的社会事业。老龄工作作为政府部门主导的行政和其他相关工作，是老龄事业的一部分。

3.1.4.3　老龄事业与老龄事业发展

从字面意义上理解，老龄事业与老龄事业发展是主体与客体的关系，无须辨别。然而在实际应用中，这两个概念经常被混淆。在明确了老龄事业的定义之后，我们还要对老龄事业的发展进行界定。如前所述，老龄事业是政府为应对人口老龄化挑战、提高老年人口生活质量提供的一项公共服务，包括老年社会保障、老年福利服务、老年社会救助、老年社会活动与权益、老龄事业投入等内容。

作为一项社会事业，老龄事业的发展是一个系统工程，不仅要在宏观层次上与经济、社会协调发展，与城乡、地区协调发展相促进，实现可持续发展；也要在中观层次上体现老年社会保障制度、老年服务体系、老年参与制度、老年法律制度等各项制度的日益完善；还要在微观层次上体现老年健康水平的提高和老年人口生活质量的改善。

---

[1] 全国老龄工作委员会办公室、中国老龄协会编：《中国老龄工作年鉴（1982-2002）》，华龄出版社2004年版，第80~81页。

那么，从指标体系研究的角度看，应该选择上述哪一个或哪几个方面的指标来作为测量与评价老龄事业发展水平的依据呢？本书认为，评价老龄事业发展要综合考虑以下方面：老龄事业发展是否与经济发展相协调？老龄事业发展是否与社会发展相协调？与其他社会事业相比，老龄事业发展最突出的特色体现在哪里？老龄事业发展的核心评价标准如何确立？由此看来，各分项内容的进步只是评价老龄事业发展的一个因子。只有同时考虑上述几个方面，才能做到客观评价中国老龄事业的发展水平，也最能体现中国老龄事业发展的真实水平。

如何对老龄事业的发展水平进行定量化的测定和评估，不仅是一个非常重要的理论问题，也是一个比较复杂的实践问题。测评中国老龄事业的发展水平应从“产出”的角度出发，尽量选用代表我国老龄事业发展成果方面的指标来作为测评老龄事业发展的依据。这是因为，社会发展的最终目标是为了增加社会产出，从而提高人类需要的满足水平，而其可测量的直接标志即是用以满足人们需求的各种社会产出的增长。本书认为，老龄事业发展的核心目标是以突出满足老年人的生存与发展为目的，提高全体社会成员需要的满足水平。选取最能代表老龄事业发展的指标，理应从反映老年人满足程度提高的角度入手，简练又直观。

3.2 中国老龄事业发展现状的基本判断

经过近30年的发展，我国老龄事业发展取得了重大成就，主要表现在：建立老龄事业发展体制机制、建立覆盖全民多种形式的养老保障制度、建立老年医疗保障和服务体系、初步形成老龄服务体系、改善敬老养老助老的社会支持环境等方面。[1]但是，在快速发展的老龄化进程中，老龄事业和老龄工作相对滞后的矛盾日益突出。主要表现

[1] 国家应对人口老龄化战略研究、老龄事业发展指标体系研究课题组：《老龄事业发展指标体系研究》，华龄出版社2004年版，第5~6页。

在：社会养老保障制度尚不完善，公益性老龄服务设施、服务网络建设滞后，老龄服务市场发育不全、供给不足，老年社会管理工作相对薄弱，侵犯老年人权益的现象仍时有发生。[1]那么，中国老龄事业的发展现状如何？又从哪些方面描述呢？本书主要根据3.1.2一节对老龄事业内容界定，从老年社会保障、老年福利服务、老年社会救助、老年社会活动与权益、老龄事业投入五个方面对中国老龄事业的发展现状进行分析。

3.2.1　老年社会保障

本节主要从养老保险制度、医疗保险制度建设、医养结合服务建设等方面对我国老年社会保障的发展现状进行细致分析。

作为老年人经济生活和医疗保健的基本保障，近年来老年社会保障制度建设取得了长足进步，建立了覆盖全民、多种形式的社会保险制度。在城镇，建立了城镇企业职工基本养老保险、城镇居民基本养老保险和机关事业单位退休制度，基本实现了社会养老保险全覆盖。在农村，探索建立了农村社会养老保险、农村部分计划生育家庭奖励扶助、农村“五保”供养、被征地农民养老保障等多种形式的养老保障制度。同时，城镇职工基本医疗保险、新型农村合作医疗、城镇居民基本医疗保险和城乡医疗救助制度构成了我国医疗保障制度的框架，为城乡老年人提供了基本的医疗保障。以社区卫生服务为基础的医疗保健服务体系，保障老年人的基本医疗需求。

以上海市为例，截至2015年年底，上海市60岁及以上老年人领取城镇基本养老金的人数共计298.10万人，占老年人口的68.4%；领取城乡居民基本养老金的人数共计46.05万人，占老年人口的10.6%；领取小城镇养老金的人数共计43.80万人，占老年人口的10.0%；领取征地养老补贴的人数共计14.53万人，占老年人口的3.3%。全市老

[1] “国务院关于印发中国老龄事业发展‘十二五’规划的通知”，载http://www.scio.gov.cn/zggk/gqbg/2011/Document/1014340/1014340.htm，2011-9-17。

年医疗机构（独立老年护理院、老年医院）共计28所；独立老年护理院床位数6 645张，比上年增加22.7%；全市共建家庭病床5.27万张；65岁及以上老年人口健康管理人数203.89万人，占同年龄组人口比重71.9%。❶

基于当前我国养老保险和医疗保险制度多头管理的老年保障发展现状，医养结合的发展思路充分考虑了老年人群特别是高龄老人养老和医疗的现实需求。2015年11月18日，卫生计生委等部门《关于推进医疗卫生与养老服务相结合指导意见的通知》中指出，重点发展医养结合型养老机构，增加养护型、医护型养老床位，提高养老服务有效供给，推动医疗卫生和养老服务资源有序共享，形成覆盖城乡、规模适宜、功能合理、综合连续的医养结合服务网络。到2017年，医养结合政策体系、标准规范和管理制度初步建立，符合需求的专业化医养结合人才培养制度基本形成，建成一批兼具医疗卫生和养老服务资质和能力的医疗卫生机构或养老机构（以下统称医养结合机构），逐步提升基层医疗卫生机构为居家老年人提供上门服务的能力，80%以上的医疗机构开设为老年人提供挂号、就医等便利服务的绿色通道，50%以上的养老机构能够以不同形式为入住老年人提供医疗卫生服务，老年人健康养老服务可及性明显提升。❷

3.2.2 老年福利服务

作为老龄事业发展的重要内容，近年来我国老年福利服务水平得到了显著提高，服务形式日益多样，服务项目更加多元和人性化。特

❶ “2015年上海市老年人口和老龄事业发展信息发布”，载http://www.shmzj.gov.cn/gb/shmzj/node4/node10/n2566/u1ai42187.html，2016-3-30。

❷ 卫生计生委、民政部、发展改革委、财政部、人力资源社会保障部、国土资源部、住房城乡建设部、全国老龄办、中医药局：“关于推进医疗卫生与养老服务相结合的指导意见”，载www.gov.cn/zhengce/content/2015-11/20/content_10328.htm，2015-11-18。

别是养老服务业快速发展，以居家为基础、社区为依托、机构为支撑的养老服务体系初步建立，老年消费市场初步形成，老龄事业发展取得显著成就。以湖南省为例，截至2014年年底，全省养老机构总数达到2 373家，养老服务总床位达到25万张，每千名老年人拥有养老床位23张，城乡居家和社区养老服务设施覆盖率分别达到36.5%和22%以上。以居家为基础、社区为依托、机构为支撑、覆盖城乡的养老服务体系基本形成。[1]

上海市老年福利服务水平居于全国领先地位，集中体现在养老机构建设，居家养老服务中心建设养老服务补贴等方面。截至2015年年底，上海市养老机构共计699家，床位数共计12.6万张（其中2015年新增1.1万张），比上年增加9.7%。全市老年人日间服务机构共计442家，服务人数共计1.5万人，比上年增加7.1%；居家养老服务中心共计163家，社区助老服务社共计202家，服务人数共计30.55万人，比上年增加3.4%，其中享受养老服务补贴的人数为13.18万人；社区老年人助餐服务点共计634个，比上年增加58个，受益人数7.27万人。

江苏省在卫生服务、高龄津贴、老年优待等方面取得了较为先进的实践经验。截至2014年年底，60岁以上老年人口达到1 579.23万人，占户籍总人口的20.57%，比全国（15.5%）约高5个百分点。全省逐步建立起“小病在社区，大病到医院，康复回社区，健康进家庭”的卫生服务新模式。全省各地全面落实尊老金制度，80周岁以上老年人都能及时领取到尊老金。为老年人乘坐城市公共汽车和轨道交通，进入政府投资主办的公园、公益性文化设施、旅游景点、公共体育健身场所提供免费或优惠、优待服务。老年教育、文化、体育事业健康发展。[2]

---

[1] “湖南发布2014年度老龄事业发展统计公报”，载http://hunanllw.mca.gov.cn/article/llxw/snllyw/201510/20151000884483.shtml，2015-10-20。

[2] “江苏省2014年老年人口信息和老龄事业发展状况报告”，载www.mca.gov.an/article/zwgk/dfxx/201508/20150800868089.shtml，2015-8-26。

总体上看，目前我国养老服务和产品供给不足、市场发育不健全、城乡区域发展不平衡等问题还十分突出。[1]基于此，养老服务体系建设工程建设被作为民政事业发展“十三五”期间“三大工程”建设列入日程。《民政事业发展第十三个五年规划》中提出，通过新建和改扩建等方式，加大主要面向失能老年人的老年养护院、社区老年人日间照料中心、农村特困人员供养机构建设，以及医养结合设施建设，到2020年实现每千名老年人拥有养老床位数达到35~40张。加大医护型、养护型床位供给，实现护理型机构床位在机构床位数的占比达到30%以上。推动养老机构配备完善基本生活护理、医疗、康复辅具等专业设备，改善设施条件，提高服务能力和质量。推动普遍建立经济困难老年人养老服务补贴、高龄津贴和护理补贴制度。鼓励有条件的地方开展政策性长期护理保险试点，推广长期护理商业保险产品。建立健全长期照护项目内涵、服务标准、质量评价等行业规范和体制机制，探索建立从居家、社区到专业机构等比较健全的专业照护服务体系，保障老年人长期护理服务需求。[2]

3.2.3 老年社会救助

伴随人口老龄化进程的不断加快，老年贫困问题日益突出。目前，我国正积极探索建立多层次、多元化、多项目的贫困老人救助体系，贯彻落实城乡最低社会保障制度。2014年全国城市低保平均标准411元/人·月，比上年增长10.1%，农村低保平均标准2 777元/人·年，比上年提高343元，增长14.1%。农村“五保”集中供养174.3万人，集中供养年平均标准为5 371元/人，比上年增长14.6%；农村“五保”分散供养354.8万人，分散供养年平均标准为

---

[1] “国务院关于加快发展养老服务业的若干意见”，载www.gov.cn/zwgk/2013-09/13/content_2487704.htm，2013-9-13。

[2] “民政事业发展第十三个五年规划”，载http://www.sdpc.gov.cn/gzdt/201607/t20160706_810528.html，2016-7-6。

4 006元/人，比上年增长14.5%。[1]

《湖南省2014年度老龄事业发展统计公报》显示，截至2014年年底，全省常住人口6 737.2万人，60岁及以上老年人口1 126.2万人，占全省常住人口总数的16.72%，80岁以上高龄老人占老年人口总数的12.35%。在人口老龄化程度、老年人口高龄化程度和老年人家庭空巢化程度、失能半失能老人占比高于全国平均水平，老龄化增速、高龄化增速和空巢化增速快于全国平均水平的现实压力下，湖南省却力争保障老年贫困群体的基本生活。2014年，30万城市低保老年人月人均救助254元，59万农村低保老年人月人均救助112元。48.4万农村“五保”老人，分散和集中供养标准分别达到2 743元/年和5 599元/年。农村“五保”老人、城市三无老人和低收入家庭中的老年人全部纳入医疗救助范围。2014年全年临时救助包括老年人在内的城乡困难家庭（特别是低保边缘家庭）43.8万户，救助资金达2.7亿元。[2]

3.2.4 老年社会活动与权益

经过多年的实践努力，我国老龄事业在老年社会活动与权益保障方面也取得了显著成就，形成了有中国特色的老年人精神文化和社会参与体系，建立健全了老年人权益保障法律体系。一方面，国家和社会重视老年人的知识、技能和经验，积极创造条件，鼓励和支持老年人融入社会，继续参与社会发展。另一方面，为提高老年人社会地位，保障老年人合法权益，国家颁布实施并修正了《中华人民共和国老年人权益保障法》，各地普遍颁布了优待老年人政策法规，积极组织大型宣传教育活动和敬老活动，努力构建良好的老年人社会支持环境。老年文化作为社会文化的组成部分，对社会发展和进步有着重要

[1] “民政事业发展第十三个五年规划”，载http://www.sdpc.gov.cn/gzdt/201607/t20160706_810528.html，2016-7-6

[2] “湖南发布2014年度老龄事业发展统计公报”，载http://hunanllw.mca.gov.cn/article/llxw/snllyw/201510/20151000884483.shtml，2015-10-20。

意义。转变传统的老年文化观、形成适应老龄化社会的、新的老年文化观是积极应对人口老龄化、实现社会和谐的重要内容。

据《2015年上海市老年人口和老龄事业发展报告》显示，老年精神文化生活方面，全市共有老年教育机构291个，参加各类老年学校学习的老年学员40.04万人；远程老年大学集中收视点共计5 486个，老年学员人数全年共计56.09万人。全市共有老年活动室6 396家，使用面积达177.87万平方米，其中标准化老年活动室5 407家。全市街道、乡镇级以上老年协会共计181个，居（村）委老年协会3 559个；老年文艺团队1.48万个，参加人数共计36.86万人；老年体育协会434个，参加人数52.22万人；老年志愿者团队9 055个，参加人数30.38万人。老年人权益维护方面，全年共办理涉老法律援助案件895件，比上年增加10.4%；受理老年人来信、来访、来电总数4.31万人次，比上年减少10.4%，其中调解处理4.23万人次。❶

在良好的社会支持环境下，各级政府对老龄事业关注热度逐渐高涨。伴随本省人口老龄化程度的快速推进，湖南省老龄事业的发展凸显了地方老龄的特色。截至2014年年底，各级法律援助机构对涉老案件遵循优先受理、优先审查、优先指派原则加紧办理，全年为老年人优惠减免法律服务费用1 200多万元。全省共有老年（老干部）大学277所，在校学员25.44 万人；有各类老年合唱团、艺术团3 823个，常年参加活动的老年团员25.1万人；有各类体育活动场地11 058个，经常性参加体育活动的老年人500多万人次。❷

3.2.5 老龄事业投入

老龄事业投入是政府和社会各界对涉及老龄事业发展在人力、物

❶ “2015年上海市老年人口和老龄事业发展信息发布”，载http://www.shmzj.gov.cn/gb/shmzj/node4/node10/n2566/u1ai42187.html，2016-3-30。

❷ “湖南发布2014年度老龄事业发展统计公报”，载http://hunanllw.mca.gov.cn/article/llxw/snllyw/201510/20151000884483.shtml，2015-10-20。

力、财力方面的总投入。目前，全国已基本建立起各级老龄工作委员会及其办事机构，村（居）民委员会建有老年人协会，初步形成从中央到地方的工作网络。❶民政部《2014年社会服务发展统计公报》显示，截至2014年年底，全国共有老龄事业单位2 558个，老年法律援助中心2.1万个，老年维权协调组织8.0万个，老年学校5.4万个、在校学习人员733.1万人，各类老年活动室34.9万个。❷同时，健全的老龄工作机构体系和老龄事业发展体制机制也为近10年来我国老龄事业的快速发展提供了良好的制度保障。

纵观老龄事业的发展历程，我国老龄事业的发展在取得巨大成就的同时，也存在一些问题，主要表现在以下三个方面：第一，从老龄事业的发展定位看，一些人片面认为老龄问题就是老年人问题，对人口老龄化带来的诸多政治经济社会深远影响认识不足，对老龄社会可能出现的一系列重大变化缺乏战略判断。第二，从老龄工作角度看，老龄事业涉及内容的广泛性导致老龄工作多头管理，相关政府部门和机构协调性不够、缺乏统筹安排，容易出现重点内容多部门工作的简单叠加和部分内容"无人问津"的矛盾现象。第三，从老龄事业政策角度看，我们在制定或调整有关老龄政策时缺乏宏观协调，既有交叉重复，又有疏漏不足，缺乏与之前相关政策的衔接。❸因此当前我国老龄事业发展的迫切任务是，既要站在全局和战略的高度，将老龄事业发展规划纳入整个经济社会发展进程中去；又要立足统筹发展的视角，正确处理好老龄事业内外部、中长期等多层次、全方位的复杂关系。

---

❶ 国家应对人口老龄化战略研究、老龄事业发展指标体系研究课题组：《老龄事业发展指标体系研究》，华龄出版社2014年版，第5页。

❷ "民政部发布2014年社会服务发展统计公报"，载http://news.xinhuanet.com/politics/2015-06/10/c_127901431.htm，2015-6-10。

❸ 国家应对人口老龄化战略研究、老龄事业发展指标体系研究课题组：《老龄事业发展指标体系研究》，华龄出版社2004年版，第6页。

3.3 小 结

准确地说，“老龄事业”初次提出时间是1988年。本章在对老龄事业概念梳理的基础上，充分结合现有文献对老龄事业合理内核的规定，弥补其中不足，对老龄事业的基本概念进行再定义并初步解释。

首先，老龄事业是指国家为应对人口老龄化挑战，由政府主导、全社会共同参与，提高老年人整体福利水平的社会建设和社会服务事业。该定义强调发展老龄事业要站在经济社会可持续发展的战略高度，强调老龄事业的主体是政府，认为老龄事业发展的终极目标是老年福利水平的提高。这在一定程度上对老龄事业的含义赋予了新的内容，为进一步分析我国老龄事业发展指标体系提供了研究基础。

中国老龄事业的主要内容应包括老年社会保障（经济和医疗）、老年福利服务、老年社会救助、老年社会活动与权益、老龄事业投入等方面。老龄事业的主要性质具有协调性、普惠性、福利性、公益和盈利兼备性等特点。

其次，本章根据老龄事业的主要内容对我国当前老龄事业的发展现状进行研判。覆盖全民、多种形式的养老保险和医疗保险制度为老年人提供了基本的经济生活和医疗保障。医养结合的养老模式自首次在养老和医疗服务供给、服务资源共享、服务网络建设等方面具有极大的发展空间。以养老服务体系为代表的老年福利服务体系日益健全，在卫生服务、高龄津贴、老年优待等方面取得了长足进步，老年长期照护服务体系建设的现实需求较为迫切。多层次、多元化、多项目的贫困老人救助体系日益完善。我国老龄事业在老年社会活动与权益保障方面也取得了显著成就，形成了有中国特色的老年人精神文化和社会参与体系，建立健全了老年人权益保障法律体系。健全的老龄工作机构体系和老龄事业发展体制机制也为近10年来我国老龄事业的快速发展提供了良好的制度保障。

我国老龄事业的发展在取得巨大成就的同时，也存在一些问题，如老龄事业发展定位层次较低、老龄工作相关部门协调性不够、老龄政策体系需要完善等，需要我们站在全局和战略的高度，立足统筹发展的视角，为实现老龄事业和经济社会的可持续发展献计献策。

4 构建中国老龄事业发展指标体系的理论依据

理论是对社会复杂现象的抽象概括。从指标设计和指数构造的角度来说，确立老龄事业发展的理论基础是指标体系构建的必要前提。任何一项社会指标内容的确定，绝不是根据主观愿望随意设计的，而是要根据不同的研究目的、研究对象的概念和特征，依从一定的理论基础，结合当时的社会背景综合考虑确定的。只有这样，才能反映所研究对象的实际情况，也才能在实际操作中得到应用。“从现有的统计指标和经验指标进行系统梳理，并致力使之逻辑化、体系化，使每个指标有更多的理论支持，并提高其解释力”[1]是指标体系研究的发展方向（袁方，1995）。中国老龄事业发展指标体系构建的理论依据，是一个多维度、多层次的知识体系。本章首先参考《积极老龄化政策框架》和《2002年马德里老龄问题国际行动计划》的重要内容，提出构建中国老龄事业发展指标体系的理论支柱。其次，分别从老年健康、老年参与、老年保障和老年人口生活质量4个方面挖掘老龄事业发展指标体系中各级指标选取的理论依据，并尝试对不同层次的单维度理论依据与总的理论框架的逻辑关系进行分析。

4.1 国际老龄行动计划对指标体系的理论借鉴

国际老龄行动计划不仅从战略发展的高度提出了应对人口老龄化的指导原则，也在老年人个体及制度设计方面提出了解决老龄问题的

[1] 袁方主编：《社会指标与社会发展评价》，中国劳动出版社1995年版，第74页。

思路。本书尝试对国际老龄行动计划进行深入挖掘，为构建中国老龄事业发展指标体系提供更具指导性的理论框架。

4.1.1 《积极老龄化政策框架》对理论框架的借鉴

4.1.1.1 积极老龄化的提出和主要内容

“积极老龄化”的概念是1999年世界卫生组织首次提出的。2000年联合国大会决定于2002年举行第二次世界老龄大会，此决定将积极老龄化的观念进一步推向世界。2002年4月，世界卫生组织向第二届世界老龄大会正式提交一份“积极老龄化”的书面建议书，经过与会各国的广泛讨论，最终被写进大会的《政治宣言》和《行动计划》中。大会之后，世界卫生组织出版了《积极老龄化政策框架》，为老龄政策提供了一个全新的视角，为发展全球、国家和地方人口老龄化战略提供了一个框架。

积极老龄化的提出旨在应对个体老龄化和人口老龄化，它以老年人健康长寿和保持高生活质量为目标。它是在健康老龄化、生产性老龄化和成功老龄化等基础上精炼出的新概念。[1]根据世界卫生组织对积极老龄化的概念界定，积极老龄化主要包含三个要素，即健康、参与、保障，最终目的是提高老年人的生活质量。健康、参与和保障三个方面也是积极老龄化政策框架的三个基本支柱。[2]其中，健康不仅仅是躯体没有疾病或不适，还包括心理健康和精神状态良好、及对社会的良好适应，是身体、精神及社会适应三者相互结合的完好状态。参与是体现积极老龄化的核心因素，即参与社会、经济、文化、精神和公民事务等多方面的公共事务，而不仅仅指参加体力劳动。目前，大多数老年人仍能保持独立，并继续为家庭、社区和国家作出贡献。

---

[1] 邬沧萍：“把积极应对人口老龄化作为基本国策”，载《群言》2013年第8期，第15~16页。

[2] 世界卫生组织编、中国老龄协会译：《积极老龄化政策框架》，华龄出版社2003年版，第47页。

保障是体现老龄化社会文明程度的一个重要指标，它要求政府对残疾、空巢、高龄等无法维持基本日常生活的老年群体予以充分保障和保护，也是对弱势群体基本人权的尊重。生活质量作为衡量老年客观生活水平和主观生活满意度的主要指标，是健康、参与和保障三个方面是否完善的集中反映，也是积极老龄化实现程度的标尺之一。

《积极老龄化政策框架》在以下三个方面有重大突破：第一，试图扭转人们对老年人的消极观念，充分肯定老年人作为宝贵的人力资源所发挥的积极作用，提醒人们充分认识自己在一生中体力、社会及精神方面的潜能。第二，从“以需要为基础”转变为“以权利为基础”，[1]在承认老年人人权和老年人原则的前提下，鼓励人们按照自己的需求、愿望和能力去参与社会。第三，保证为需要帮助的老年人提供保护，从而使所有进入老年的人，包括那些虚弱、残疾和需要照料的人，都能提高健康预期寿命和生活质量。

4.1.1.2 积极老龄化与老龄事业的紧密联系

在我国，积极应对人口老龄化是积极老龄化中国化的创新版和升级版，作为一项基本国策不仅切实可行，还是可持续发展的客观要求。[2]作为世界上老年人口最多的国家，我国人口老龄化带来的挑战尤为严峻。自2006年3月在《中华人民共和国经济和社会发展第十一个五年计划纲要》正式文件中首次提出以来，积极应对人口老龄化已多次出现在《关于全面加强人口和计划生育问题的决定》《国务院办公厅转发卫生计生委等部门关于推进医疗卫生与养老服务相结合指导意见的通知》等政府文件中，目前已成为我国应对人口老龄化的最高战略选择。2011年11月《国务院关于印发国家人口发展“十二五”规

---

[1] 世界卫生组织编、中国老龄协会译：《积极老龄化政策框架》，华龄出版社2003年版，第11页。

[2] 邬沧萍：“积极应对人口老龄化理论诠释”，载《老龄科学研究》2013年第1期，第4页。

划的通知》中指出："人口结构性矛盾成为影响经济社会发展的重大问题。我国老年人口比重不断提高，人口抚养比开始上升，区域间、城乡间人口发展不平衡，人口结构性矛盾对经济社会发展的影响日益深刻。"[1]2013年9月出台的《国务院关于加快发展养老服务业的若干意见》中指出："积极应对人口老龄化，加快发展养老服务业，不断满足老年人持续增长的养老服务需求，是全面建成小康社会的一项紧迫任务，有利于保障老年人权益，共享改革发展成果，有利于拉动消费、扩大就业，有利于保障和改善民生，促进社会和谐，推进经济社会持续健康发展。"[2]

党的十八大报告中首次将积极应对人口老龄化与老龄事业发展结合，提出"积极应对人口老龄化，大力推进老龄事业和老龄产业"。本书认为，积极老龄化与老龄事业在目标和主要内容上是契合的，主要表现在以下三个方面：

第一，中国老龄事业的目标不仅仅是满足老年人的基本日常生活需求，在获得基本生活条件下，还要提高老年人的生活质量。这与积极老龄化的目标是完全一致的。

第二，在我国老龄事业发展目标中，实现"六个老有"，即老有所养、老有所医、老有所教、老有所学、老有所为、老有所乐是核心内容。[3]这六项内容充分结合了我国老龄事业发展的具体国情，创造性地将敬老、养老的优良传统与发挥老年人力资源的积极作用相结合，与积极老龄化提出的健康、参与、保障及生活质量等内容有异曲同工之妙。从"六个老有"的主要内容可以看出，老有所教、老有所

[1] "国务院关于印发国家人口发展'十二五'规划的通知"，载http://www.gov.cn/zhengce/content/2012-04/10/content_6496.htm，2011-11-23。

[2] "国务院关于加快发展养老服务业的若干意见"，载http://www.gov.cn/zhengce/content/2013-09/13/content_7213.htm，2013-9-13。

[3] "中共中央 国务院关于加强老龄工作的决定"，载http://law.baidu.com/pages/chinalawinfo/3/20/f72ce100b34464b70fbed6e8581cc654_0.html，2000-8-19。

学、老有所为三个方面与积极老龄化中的参与内容紧密相关；老有所养和老有所医不仅是老年社会保障内容的体现，也是健康水平的综合反映。老有所乐则与生活质量最为接近。

第三，强调老年人和社会的双赢发展，即确保老年人有参与社会发展的权利和社会提供老年人参与的环境支持两方面相互补充，相互影响。在我国，老年人参与主要包括继续发挥专长、参与经济建设，参加社会活动，参与社区管理，参加体育锻炼，参与文娱活动，参加学习培训等内容。由此可见，上述几个方面的参与不仅可以提高老年人自身的健康水平和自我发展能力，对社会发展也起到一定的促进作用。

总之，《积极老龄化政策框架》对构建中国老龄事业发展指标体系有以下借鉴意义：首先，其在发展目标上与老龄事业是契合的，都强调老年人和社会的共同发展，可以作为指标体系构建的指导原则。其次，积极老龄化不仅为各国制定老龄事业与社会发展的综合发展战略提供了一种新的思路，其所涉及的内容也更为具体，主要体现在健康、参与、保障三大支柱上，核心目标是提高老年人的生活质量。因此，本书将积极老龄化作为评价老龄事业发展的理论框架依据，健康、参与、保障及生活质量则是评价中国老龄事业发展的主要方面。

4.1.2 《马德里行动计划》对评价标准的借鉴

社会发展的终极目的，是在不断发展经济的前提下，提高全体社会成员的生活质量。那么，人类进入到老龄社会以后，社会发展的目标与前期社会发展阶段相比，有什么特点？应该确立什么样的价值标准，以评价各国老龄事业的发展？为了回答上述问题，本节将对国际老龄行动计划中一项重要内容——《马德里》进行细致分析。

4.1.2.1 《马德里行动计划》及其三个优先发展方向

作为一项政策工具，《马德里行动计划》的目标在于确保全世界所有人都能够有保障、有尊严地步入老年，并作为享有充分权利的公民参与其社会。本书认为，《马德里行动计划》作为国际社会对人口老龄化相关问题研究的集大成者，对于树立正确的老龄意识、积极应对人口老龄化的战略决策和指导各国老龄实践活动，从而促进包括老年人在内的所有人的全面发展有很强的指导意义。

《马德里行动计划》不仅为各国实施应对老龄化政策提供了一个政策框架，还提出了包含三个优先方向的行动建议，即老年人与发展、促进老年人的健康和福祉以及确保有利的和支助性环境。第一优先政策是使老年人必须充分参与发展过程并平等地分享它的好处；第二个优先是通过个人保持健康的生活方式，政府创造支持环境将健康和福利带入老年；第三个优先是为社会发展创造一个能动的环境。[1]

4.1.2.2 《马德里行动计划》中的评价标准

在上述原则和认识的指导下，《马德里行动计划》还进一步提出，按照社会发展、老年人生活品质方面和维系一生幸福的各种制度的持续性方面的改善程度来衡量成败。这三个方面分别从宏观上社会发展、微观上老年人生活质量的提高及维持上述两方面可持续环境的支持，作为评价各项老龄政策和行动是否成功的标准，简单明了，但同时又高度概括了应对人口老龄化战略的核心内容。

本书认为，第一，《马德里行动计划》中提出的三个优先方向涵盖了老年人的发展、健康和福利以及必要的环境支持等重要内容，集中体现了应对老龄化战略对策的指导思想。第二，《马德里行动计划》将社会发展、老年人生活质量的提高和各种制度的完善程度三者相结合，共同作为衡量老龄政策制定和执行是否成功、实现老龄化各项目标是否实现的重要依据，具有高度概括性。

作为国家级多学科老龄问题综合研究机构，中国老龄科学研究

[1] “联合国2002年马德里老龄问题国际行动计划”，转引自杜鹏主编：《人口老龄化与老龄问题——高级公务员读本》，中国人口出版社2006年版，第184~213页。

中心是中国老龄人口与有关老龄问题信息收集、研究和传播的机构，其在老年学领域的成果对推进我国人口老龄化研究起到了至关重要的作用。2009~2010年中国老龄科学研究中心出版了包括《中国老龄事业五年回顾》《老年社会工作实务》等在内的七套系列丛书。其中张恺悌主编的《中国老龄事业五年回顾》是对中国执行《马德里行动计划》情况的评估，为进一步了解中国老龄事业和老龄工作发展状况、推动中国老龄事业的全面发展作出了突出贡献。书中指出，中国政府在落实《马德里行动计划》“老年人和发展”优先方向上，5年来开展了老年人积极参与社会和发展、消除贫困、社会保障、工作与劳动队伍的老龄化问题、农村发展、教育和培训的机会、世代之间的团结等方面的工作。其中重点开展了两个方面的工作：一是保障老年人基本生活，提高老年人生活质量；二是鼓励和支持老年人融入社会，继续保持或采取活跃和健康的生活方式。[1]

综上所述，本书在借鉴《积极老龄化政策框架》的基础上，结合我国人口老龄化的发展现状和老龄事业发展的现实背景，认为中国老龄事业发展指标体系由健康、参与、生活质量和保障4个要素构成。同时，充分挖掘《马德里行动计划》中关于老龄问题的行动建议及优先发展方向，将老年人口健康水平的提高、参与和共享社会发展水平的提高、老年人生活质量的提高和老年保障制度的完善作为评价我国老龄事业发展的价值标准。

4.2 老年期的健康理论

健康对老年人尤其重要。一是老年人更容易引发身体、心理等病变，且这些病变的不可逆性更强；二是疾病除了给老年人带来身体上的疼痛或不方便之外，还会造成更为严重的后果，如失去个人自主

[1] 张恺悌主编：《中国老龄事业五年回顾》，中国社会出版社2009年版，第10~11页。

性、失去经济上的保障等。

2015年10月29日中国共产党第十八届中央委员会第五次全体会议通过了《中国共产党第十八届中央委员会第五次全体会议公报》（以下简称《公报》）。《公报》中提出“推进建设健康中国”和“积极开展应对人口老龄化行动”。[1]这是我国在推进全民健康和应对人口老龄化领域的最新战略选择，对于推进老年健康具有较高的指导意义。有学者指出：“十三五”期间，我国老龄化发展迅速，老龄化程度将快速提高，老年人群的慢性病发病率明显高于普通人群，快速老龄化和高龄化对养老保险、医疗保险、社会救助及老年人文化生活等方面提出更高要求，需要我们在医疗资源配置、医疗保障体系建设及健康服务等多个环节作出适合老年人口健康需求的制度安排。[2]

自20世纪60年代末开始，在西方发达国家出现了一股关于健康寿命的研究潮流，健康老龄化的概念受到普遍重视，并已成为当今国际关注的热点。1987年3月在开罗召开的世界卫生大会把健康老龄化的决定因素列为老龄研究项目的主要课题；1990年9月世界卫生组织在哥本哈根召开的世界老龄大会上，把健康老龄化作为应对人口老龄化的一项发展战略，1993年7月第15届国际老年学会议更把“科学为健康老龄化服务”定为大会主题。此后，尽管不同国家和地区在人口老龄化的时间、速度、规模、水平上有着个性差异，[3]但“健康老龄化”的重要性在全球范围内已经达成共识。此外，《积极老龄化政策框架》中将健康作为应对人口老龄化各种挑战的三大政策支柱之一，其中相关描述值得我们深入挖掘和探讨。

---

❶ 新华社：“中国共产党第十八届中央委员会第五次全体会议公报”，载http://news.xinhuanet.com/politics/2015-10/29/c_1116983078.htm，2015-10-29。

❷ 王勇、林晓红、周双超：“健康中国建设中人口问题与对策建议”，载《人口与计划生育》2016年第1期，第35页。

❸ 原新：“国际社会应对老龄化的经验和启示”，载《老龄科学研究》2015年第3期，第40页。

4.2.1 健康老龄化

1990年9月在丹麦召开的第40次世界卫生组织欧洲地区会议正式提出“健康老龄化”的口号。在定性方面，健康老龄化不仅体现为寿命长度，更重要的是寿命质量的提高，即身心健康、社会尊严、生活欢乐和实现价值。在定量方面，健康老龄化注重老年群体中大部分人的健康寿命。健康的群体老龄化的社会意义在乎更多的老年人更长时间地独立生活和参与社会经济发展，并大大减轻由于病伤和功能障碍带来的对家庭和社会的照料负担。近年来，有关健康老龄化的研究趋向更加明显，通过在中国知网中对主题“健康老龄化”一词的研究检索发现，从1994年以来共有学术论文1 222篇，其中发表在期刊上的论文有709篇，硕士论文102篇，博士论文21篇。从历年的研究数据来看，有关健康老龄化的研究内容不断扩展，在数量上呈逐渐上升的趋势，尤其是2007年之后学术界对“健康老龄化”的关注程度增长态势更加明显。[1]

作为应对人口老龄化提出的战略对策，健康老龄化有鲜明的时代特点。首先，从发展目标来看，健康老龄化追求的是老年群体中的大多数都达到健康长寿的境界，而不以追求个体高寿为目标。其次，从发展维度来说，健康老龄化的着眼点不限于寿命的延长，而更关注生命的质量，从而达到“躯体、精神和社会的完美状态”，实现健康寿命的延长和生活自理能力的完善双重量化目标。再次，从实现条件来说，经过人类共同的努力，健康老龄化是可以实现的。医学研究结果表明，目前许多人的衰老都是病理性衰老，由于某些器官或组织的障碍不能安享天年。但是，通过医疗技术的进步及预防保健意识的加强，健康老龄化力争使大多数老年人都能按正常衰老规律发展，以求在活着时身体是健康的，功能是正常的，生活是自理的。

---

[1] 耿爱生、杨文娴：“我国老年保障研究中的‘健康老龄化’研究趋向及其价值”，载《社会保障研究》2014年第2期，第61页。

健康老龄化的提出对促进我国老龄事业的发展有重大的战略意义，就像著名老年学家邬沧萍所言："健康的老龄化是老有所养、老有所医、老有所为、老有所学和老有所乐的自然基础。"[1]第一，健康老龄化不仅着眼于老年人的健康，更加关注全民健康，这就要求不仅全社会要重视健康的生活方式，更要注意生命各个时期的预防保健，要加强全民健身运动。可以说，健康老龄化是社会全面发展的一个重要组成部分。第二，健康老龄化提倡的两个核心理念——提高全民健康水平和老年人的健康水平，对于促进经济发展也是很有意义的，前者有利于提高劳动生产率，后者有利于开发老年劳动资源、发挥老年人的知识和经验潜能，这两点都对提高物质生产水平有很大的促进作用。第三，长久以来，我国一直遵循的是家庭养老制度，健康老龄化对于我国的精神赡养和代际关系的完善也有很大的促进作用。

经过近70年世界不同国家和地区专家学者的研究探索，健康老龄化研究涉及的专业领域更加宽泛，研究内容也日益深入。其中，如何实现健康老龄化成为各国政府关注的热点问题，这也是关系到老龄事业发展指标体系合理性和应用性的重大问题。国内学者从宏观层面探讨健康老龄化实现路径的文献不多。王学义（2002）在其《健康老龄化：人口老龄化的对策》一文中指出，要实现健康老龄化：要注意满足老龄人口作为一个特殊群体的特殊需求，如健康需求、精神需求、经济保障需求、生活照料需求等；要有针对性地重点解决一些具体问题，如老年社会参与、老年人力资源开发、老年教育、老年服务和护理等，切实促进老年人在生理、心理上的健康和社会功能的积极发挥；要努力创新老年政策来提高我国的健康老龄化程度，其创新的核心是满足老年基本需求、鼓励老年人多向发展。[2]本书认为，以上观

---

[1] 邬沧萍："创建一个健康的老龄社会——中国迎接21世纪老龄化的正确选择"，载《人口研究》1997年第1期，第4页。

[2] 王学义："健康老龄化：人口老龄化的对策"，载《西南民族学院学报（哲学社会科学版》2002年第12期，第131页。

点在明确健康老龄化社会中老年人口特殊需求的同时，将老年健康与社会参与、老年服务置于一个大的健康老龄化框架内，对评价我国老龄事业发展在健康方面的成就具有重要意义。

4.2.2 积极老龄化

积极老龄化政策已经成为全球应对人口老龄化、保障经济社会协调发展的重要对策。正如学者所说："积极老龄化理论超出了一般理论体系的范畴，而发展成为包含从理论到政策计划、再到社会行动的系统集成……它不仅包含着一般针对人口老龄化问题的理论所不可缺少的观点和思想，而且提出了这一理论的社会应用——解决人口老龄化问题——的具体政策框架、战略，在此基础上，又进一步提出了落实积极老龄化政策框架的三个支柱的社会行动。"[1]如果说"健康老龄化"强调的重点是人在进入老年之后，尽可能长久地保持在生理、心理、智能等方面良好的状态，那么，"积极老龄化"是指老年人要积极面对老年生活，不仅保持身心健康状态，而且作为家庭和社会的重要资源，要融入社会，参与社会发展。各国政府应将老龄事业发展规划纳入国家经济发展规划中，合理配置资源。

关于积极老龄化的观点在4.1.1已有较为细致的表述，本节强调的是积极老龄化对于老年健康的指导性和借鉴性。积极老龄化可以理解为，在人口老龄化的过程中，积极促进老年人口中身心健康、参与社会和获得保障的比重增大，从而有利于经济发展和社会进步。其中健康作为积极老龄化的三大支柱之一，不仅是老年人实现更好社会参与的前提条件，也减少了不少医疗、照料等多种负担。

在健康方面，《积极老龄化政策框架》提出以下四点政策建议。第一，阻止和降低因过重残疾、慢性疾病和早死造成的负担。具体包括提高贫困和生活困难群体的健康状况、让低收入老年人有更多机会

---

[1] 宋全成、崔瑞宁："人口高速老龄化的理论应对——从健康老龄化到积极老龄化"，载《山东社会科学》2013年第4期，第41页。

接受有效治疗、创建适合老年人的照料中心、通过适当的预防措施建设可以避免的听力损伤、保证所有人获取清洁水源、安全食品和清新空气的平等机会等内容。第二，降低与主要疾病相关的风险因素，增强终身健康的保护因素，具体体现在烟草、体力活动、健康饮食、营养等方面。第三，建立一套高质量并适合老年人的健康和社会服务的统一体制。第四，为非正式照料者和正式照料者提供教育和培训等。[1]由以上建议可以看出，《积极老龄化政策框架》中关于健康的政策建议在老年贫困、老年照料中心、老年健康服务体制和老年教育等方面对老龄事业发展指标体系构建具有较高的借鉴价值。

4.3 老年人口生活质量理论

随着我国人口老龄化程度的不断加深，国内对老年人群和老龄问题的关注日益增强，随之而来的老年人口生活质量研究也成为有关部门和学术界关注的焦点和热点。邬沧萍教授（2002）在其《提高对老年人生活质量的科学认识》一文中首次对老年人生活质量提出了非常明确的定义，即老年人对自己的物质生活、精神文化生活、身心健康、自身素质、享有的权利和权益以及生存环境等方面的客观状况和主观感受所作的总评价。针对如何提高老年人生活质量的战略对策，邬老师提出，要“用终生福利、终生健康、终生教育等新制度来保证老年群体的生活质量”。[2]这是老年人口生活质量评价指标体系研究的基础和前提。

生活质量是一个复杂多维综合的概念，是对社会成员个体自身的生活状况和生活满意度的综合评价，内涵广泛，包括物质生活、精神生活、生活环境、个人素质等多个方面，因而生活质量可以从不同的

---

[1] 世界卫生组织编、中国老龄协会译：《积极老龄化政策框架》，华龄出版社2003年版，第49~53页。

[2] 邬沧萍：“提高对老年人生活质量的科学认识”，载《人口研究》2002年第5期，第3页。

角度用不同的指标来描述和衡量。老年人口生活质量研究不仅对于老年人个体有着极其重要的现实意义，也是经济发展水平和社会发达程度的主要体现。本节主要从理论层面对生活质量指标体系深入分析，以期对老年人口生活质量研究有所借鉴。

4.3.1 物质生活质量指数

物质生活质量指数PQLI（Physical Quality of Index，PQLI）是为测度物质福利的水平而开发的一个综合指标，1975年由美国海外开发委员会提出，旨在测度世界最贫困国家在满足人们基本需要方面所取得的成就，并于1977年作为测度贫困居民生活质量的方法正式公布。

PQLI由婴儿死亡率、预期寿命和识字率三个指标组成，分别代表了当时社会普遍关心的问题，是“基本需要”的核心构成要素，反映了社会在满足基本需要方面的许多特征，是社会发展成就的综合体现。计算方法上，PQLI是识字率指数、婴儿死亡率指数和预期寿命指数三者的算术平均值，计算简单，易于理解。但同时，PQLI也受到了学术界不同程度的质疑。第一，社会福利的内容极其广泛，仅用3项指标难以反映一个国家或地区的全部社会福利状况；第二，在构成PQLI的3个指标中，反映健康状况的有2个指标，对于反映健康的指标权重过高。

PQLI对本书构建老龄事业发展指标体系具有很强的理论借鉴意义。首先，从字面意义上理解，物质生活质量指数指出，物质生活是生活质量的核心内容，脱离了物质生活的基本保证，生活质量无从谈起。其次，PQLI强调，健康对生活质量的影响重大，分别用婴儿死亡率和人口平均预期寿命来计算PQLI的高低，换句话说，这2项指标即可代表代表人们生活质量水平的高低。最后，与人类发展指数类似的是，PQLI也是以“人的基本需求”作为测评的出发点，主旨目的在于测度人们基本需要的满足程度。结合本书的研究目的，对老龄事业发展的测评效果来说，必须要考虑的重要因素应包括老年人口的基本需求是否得到满足，在多大程度上得到了满足。

4.3.2 ASHA指数

ASHA是美国社会健康协会（American Social Health Association，ASHA）机构的缩写，ASHA指数即是以该组织命名的一个综合评价指标，用来反映一国、尤其是发展中国家的社会经济发展水平以及在满足人民基本需要方面所取得的成就。与PQLI不同的是，ASHA指数不仅反映了“满足人民基本需求方面的成果”，同时对社会经济发展水平进行了测量。

ASHA指数由就业率、识字率、平均预期寿命、人均GNP增长率、人口出生率、婴儿死亡率6个指标组成。仅用6个指标来反映一国社会经济发展状况和生活质量，简明扼要，易懂易算，且这些指标在有健全统计制度的国家都能从常规年度统计中获得，也便于国际间的比较研究。但也有学者认为，ASHA指数没有加权，结果也更加偏重社会指标。

通过上述对两大生活质量指数的综合分析后发现，PQLI指数和ASHA指数在一定程度上对各国专家学者测评人口生活质量研究具有一定的参考意义。然而，由于指数建立的针对性、各国人口状况和经济社会发展水平的的差异性，上述指数在具体运用方面有很大的局限性。

鉴于此，构建中国老龄事业发展指标体系还应充分考虑我国的基本国情和人口老龄化的发展趋势，才能更加客观、准确地反映老龄事业发展的真实水平。

4.4 老年参与和社会支持理论

4.4.1 活动理论

活动理论由美国学者罗伯特·哈维格斯特（R.Havighurst）通过对卡萨斯市300个健康、年龄在50~90岁中产阶级的白人，通过6年的定期谈话——的调查分析后形成的。[1]其核心思想认为，老年人应积极参与社会。只有参与，才能使老年人重新认识自我，保持生命的活力。具体内容上，活动理论的要点可以归纳以下三个方面：第一，老年期角色与成年期不同，老年期的角色属非强制性的，更加符合个人意愿。第二，非强制性角色有助于改善老年人的精神状态。第三，非强制性角色的数量与老年人精神状态呈现正相关关系。从以上要点可以看出，活动理论阐明了一种逻辑关系，即生活满意度源于清晰的自我认识，自我认识源于新的角色，新的角色源于参与社会的程度。

活动理论认为，自我认识是个体对自身能力及社会反映的一种综合评价。进入老年期以后，角色中断，社会地位下降，构成老年人的孤独，加深其老龄化程度。因此，活动理论主张重新认识自我，通过新的参与、新的角色以改善老年人因社会角色中断引发的情绪低落。

活动理论在很大程度上与我国社会的价值体系是一致的，都强调参与、活动与社会的认同。“老有所为”“老有所乐”即是在提倡老年人积极发挥个人才能的同时，鼓励老年人充分享受这一过程，提升自己的精神生活质量。这是活动理论在我国的具体运用，是对活动理论的一种升华。我国提出“老有所为”是从尊老敬老的传统文化出发的，新时期这一思想须同“健康老龄化”“积极老龄化”“成功老龄化”的现代理念结合起来，使它成为应对人口老龄化的新思维。[2]本书一直强调的是，发展老龄事业要站在宏观角度，实现其与经济社会的协调发展，实现老年人个体和社会的双赢发展。老年人积极参与社会正是实现上述目的的有效途径，不仅通过参与社会完善自我，也为经济社会发展积累了宝贵的人力资源。

从本质上来看，“老有所为”应以老年人为中心，同时强调老年人群内部的差异性和独立性，本着“多元化”的原则，促进其自我价

---

[1] 邬沧萍主编：《社会老年学》，中国人民大学出版社1999年版，第273页。

[2] 邬沧萍、杨庆芳：“‘老有所为’是我国积极应对人口老龄化的客观要求”，载《人口与发展》2011年第6期，第34页。

值和社会价值的统筹发展。从实现路径来看，杜鹏、王菲（2011）主要基于以下四个层面探讨“老有所为”在中国的框架构建。政策层面：不断完善法律法规，为“老有所为”提供制度保证。社会层面：发挥社会组织的补充和资源整合作用，为“老有所为”提供良好的外部环境。家庭层面：在精神上和生活上鼓励和支持老年人，为“老有所为”提供必要的社会网络和心理支持。个体层面：坚持以老年人为主导，发挥老年人自身的主观能动性。[1]

4.4.2 生命历程的观点与生命周期理论

越来越多的研究结果表明，世界各地区个体增龄过程中，非传染性疾病成为发病、致残和致死的主要原因，尤其到了中年（45岁）及以后的时期，大部分死亡和疾病是由于非传染性疾病所致。[2]一些慢性疾病如糖尿病和心脏病的初始危险在童年早期就开始了。吸烟、缺乏体育活动、不适宜的饮食等在成年时期形成的危险因素，可能将老年人置于更佳危险的状态。基于此，《积极老龄化政策框架》提出，以生命全程观点看待老龄化，倡导在生命各阶段进行干预，创建支持性的优良环境和参加健康的选择。

与生命历程观点倾向从老年个体纵向角度看待老龄化相比，生命周期理论在强调个体衰老纵向演变的同时，引入了老年群体所处的社会经济环境的横向研究视角，其主要思想是老龄化出现在从出生到死亡的整个过程，尝试在衰老过程问题上从宏观和微观层面分析社会学和心理学的观点，试图将历史、社会结构和个人经历等多个层面的影响融入到理论模式中。在理论上，试图解释衰老是如何与社会条件、历史、文化意义和社会结构的位置相联系，如何受这些因素影响的；

---

[1] 杜鹏、王菲：“‘老有所为’在中国的发展：政策变迁和框架构建”，载《人口与发展》2011年第6期，第38页。

[2] 世界卫生组织编、中国老龄协会译：《积极老龄化政策框架》，华龄出版社2003年版，第12~13页。

时间、时期和同批人是如何控制个人和社会群体衰老过程的。在内容和方法上则尝试把包括生物、心理、生理和社会变动的多学科个人—环境的视野。

生命周期的观点认为，发展并不局限于一生中一定的阶段，而是一个发生在一生、活力很强的过程，因此要考虑到一生中角色的多样性和变化性。人类发展很难与平稳增量的发展或变化相比较，而是一个相互作用、非线性的发展过程，其特点是角色的得到和丧失、延续和间断会同时出现。如老年人可能会有一些记忆衰退的经历，但仍可以非常有创造力。就本书而言，上述理论观点的借鉴之处在于，第一，一定时期内，构建中国老龄事业发展指标体系的出发点和落脚点都是“老年人的全面发展”，生命全程的观点可以立体呈现老年群体全面发展的现状、并对其中可能存在的问题及成因进行较为全面分析。第二，具体到研究过程中，构建中国老龄事业发展指标体系需要综合考虑，不同社会发展时期大陆地区31个省级行政区在经济发展水平、人口老龄化水平、老年群体需求、老龄发展重点内容等方面的地区差异。

4.4.3　可持续发展观

可持续发展是20世纪80年代提出的一个新的发展观。它的提出是应时代的变迁、社会经济发展的需要而产生的，是1987年由布伦特兰夫人向世界环境与发展委员会（World Commission Enviroment and Development，WCED）提出来的。

可持续发展的核心思想是，健康的经济发展应建立在生态可持续能力、社会公正和人民积极参与自身发展决策的基础上。它所追求的目标是：既要使人类的各种需要得到满足，个人得到充分发展；又要保护资源和生态环境，不对后代人的生存和发展构成威胁。具体表现为，在经济发展之外突出生态可持续性和社会总体发展的可持续性，使社会标准、生态标准更好地与经济发展水平的真正提高相互融合。2002年中共十六大首次把“可持续发展能力不断增强”作为全面建设小康社会的目标之一。2003年1月国务院印发公布的《中国21世纪初可持续发展行动纲要》中指出，我国21世纪初可持续发展的总体目标是："可持续发展能力不断增强，经济结构调整取得显著成效，人口总量得到有效控制，生态环境明显改善，资源利用率显著提高，促进人与自然的和谐，推动整个社会走上生产发展、生活富裕、生态良好的文明发展道路。"❶

衡量人类发展最具代表性的指标是联合国开发计划署公布的人类发展指数。作为测量一个国家发展的多维综合指数，HDI反映的是一个国家在居民健康、寿命、教育和生活质量标准方面取得的成就。❷

综合以上分析可以得出，第一，老龄事业发展应涵盖的基本内容不仅包括老年人与社会的双赢发展，还强调物质与自然的协调发展，体现出经济发展、健康改善及参与能力提高有机结合的思想。第二，建立老龄事业发展指标体系不仅要用老年人口健康指标和生活质量指标描述并解释社会发展，还要发挥指标体系的预测功能，用相关指标规范老龄事业的整体发展。第三，在一个健康的老龄社会中，需要充分开发并利用老年人力资源，发挥老年人才的积极性和能动性，这就必然涉及老年社会参与的相关指标。

4.5 老年保障理论

21世纪的中国，人口老龄化将贯穿始终。现有研究预测表明，21世纪中国人口老龄化具有速度比较快、水平比较高、累进增长和城乡、地区分布不平衡等特点。人口老龄化不仅对经济发展、科技进步、文化生活、制度改革有很大影响，对社会保障、社会服务和社会管理的影响也与日俱增。在人口老龄化和高龄化来势迅猛的客观环境

❶ "国务院关于印发中国21世纪初可持续发展行动纲要的通知"，载https://www.gov.cn/zwgk/2005-08/12/content_22186.htm，2003-1-14。

❷ 李晶：《人类发展的测度方法研究——对HDI的反思与改进》，中国财政经济出版社2009年版，第10页。

和“未富先老”的社会背景下，解决庞大的老年群体的基本保障问题，是每个社会成成员及其家庭的重大责任，是整个社会良性运行和发展的基本前提。基于此，老年价值理论和老年人共享社会发展成果的观点，对于提高老年个体的社会参与度和保障老年群体的基本生活有重要的指导意义。

4.5.1 老年价值理论

国内外研究表明，科学的、良好的精神文化生活是老年人生活质量和健康状况的前提和根本保证。提高老年人的精神文化生活质量是我国政府应对老龄问题的一项战略性决策。一方面，随着老年人健康水平的提高、寿命的延长及参与意识的加强，越来越多的老年人为了实现自我价值和社会价值，积极投入到全面实现小康社会建设之中。他们不仅为社会经济的发展作出贡献，也在精神上对社会的发展提供智力支持。另一方面，从需求角度看，随着社会经济的发展和老年人物质条件的日益完善，老年人的精神文化生活问题将逐渐成为老龄问题和老龄社会中的主要矛盾。[1]不论是老年人对社会的贡献还是老年个体的现实精神需求，都可以理解为老年人与社会关系的问题，归结为老年价值方面的相关思想。

从群体角度看，老年人价值主要表现为社会价值。第一，老年人具有文化传承和稳定社会的作用。文化是维系民族和国家的根本，老年人在其一生中继承文化、传播文化，最终成为民族文化的人格形象。当老年人将其思想、观念告诉后代时，他就是在传播文化。因此，老年人对社会价值和人生价值的理解，常常成为衡量社会文明程度的标尺。改革开放30多年，中国老年文化经历了由强制退休年龄向弹性退休年龄认识的转变、由单一养老模式观向多元养老模式观的转变、由把老年人作为沉重社会负担到把老年人视为人才宝库的转变，

[1] 邬沧萍、姚远：“老龄社会的一项重大战略选择”，载《求是》2002年第2期，第51~52页。

制定弹性退休年龄制度有利于老年智力资源潜能的开发。[1]第二，老年人具有示范社会的作用。老年人的贡献和价值是否得到承认，其基本生活能否得到社会保护都直接影响着后代人对当时社会的看法。老年人的示范作用是保持社会继承和推动社会发展的重要条件。从个体角度看，老年人价值则表现为人生价值。老年人价值的实现即是社会价值和人生价值的完美统一。

研究老年人价值问题，其主旨在于人生价值的实现，这主要涉及两方面的问题：主动参与和社会支持。其中主动参与包括培养参与意识、客观认识自己、树立正确的人生观等，这与上节提到的老年参与比较类似，在此不再赘述。社会支持具体包括两点：一是提供必要条件，如经费投入、人力支持、部门协调等；二是营造利于老年人参与社会的社会环境。

4.5.2 老年人共享社会发展成果的观点

从人口学角度来说，1999年人类社会进入全面老龄化时代。联合国把此年定为国际老年人年，并将“建立一个不分年龄、人人共享的社会”定为国际老年人年的主题。这一主题的提出，是人类社会老龄化的实践经验上升为力量及老年学多学科研究成果的集中体现，实质在于为提高世界各国老年人的地位、作用及其生活质量提供理论依据和行动纲领。其具体含义包含以下三个方面：第一，在一个日趋老龄化的社会里，老年人既是发展的参与者，也是发展的受益者。第二，一个不分年龄人人共享的社会应该是多代人融洽的，各年龄段的人应维护其共同的利益。第三，一个不分年龄人人共享的社会还应当致力于创造能适应人口老龄化和有利于健康生活方式的环境。[2]

---

[1] 任兰兰：“改革开放30年来中国老年文化观的六大转变”，载《学术论坛》2009年第11期，第152页。

[2] 穆光宗：“国际老年人主题的诠释”，载《人口研究》1999年第1期，第32页。

在老年人具体可以共享哪些社会发展成果方面，南开大学李建民教授提出，就老年人而言，社会制度与环境的完善、科学技术（特别是医疗和健康技术）的发展及收入水平和生活质量的提高等方面的发展成果最终可以归结为老年阶段生活质量的不断提高，使老年人能够健康、尊严、自主、有为地度过人生的老年阶段。[1]

关注人口老龄化，发展老龄事业，使全体老年人共享经济社会发展成果，是全面建设小康社会的应有之义，关系到国民经济能否持续、快速、健康发展。著名学者邬沧萍教授提出，“建立一个不分年龄、人人共享的社会”主要体现在共融、共建、共享等方面。其中，共融是前提，它指的是多代人融合在一起，协调、尊重、和谐共处。这是一个社会实现社会继承和创新的前提。共建是共享的必然要求。所有社会成员（不分代际），享受各种社会发展成果权利的同时，也有参与共建的义务。共享是目标，是努力的方向。[2]同时，邬老师还站在国家发展基本国策的高度把“建立一个不分年龄、人人共享的社会”这一主题与积极应对人口老龄化结合起来。他在“积极应对人口老龄化理论诠释”一文中提出，“积极应对人口老龄化”应把“共享”作为解决老年人当务之急的优先目标。同时指出，我国积极应对人口老龄化要在积极老龄化三根支柱下加三块基石，即发展、和谐、共享。其中“发展”是指提高劳动生产率和社会文明进步等，“和谐”是构建和谐社会，“共享”主要是指构建“不分年龄，人人共享的社会”。[3]

综合以上分析发现，不论是世界各国遵循的《积极老龄化政策

---

[1] 李建民：“老年人与社会经济发展成果的共享”，载《人口研究》1999年第1期，第30页。

[2] 邬沧萍：“把‘不分年龄、人人共享’的认识提高到理论的高度”，载《人口研究》1999年第1期，第26~27页。

[3] 邬沧萍：“积极应对人口老龄化理论诠释”，载《老龄科学研究》2013年第1期，第13页。

框架》还是我国“老有所为”方针，健康、参与、保障、生活质量等关键词高频率出现在不同层次、不同面向的理论观点当中，一方面反映出全球应对人口老龄化挑战的共同指向，另一方面揭示出四个方面紧密的逻辑关系，为老龄事业发展指标体系提供了相对清晰的理论框架。

4.6 小 结

《积极老龄化政策框架》为各国制定老龄事业与社会发展的综合战略提供了一种新的思路，以健康、参与和保障为三大支柱，旨在提高老年人的生活质量，其在发展目标和主要内容上与我国的老龄事业是契合的，可作为评价老龄事业发展的理论框架依据。《马德里行动计划》作为国际社会对人口老龄化相关问题研究的集中成果，将社会发展、老年人生活质量的提高和各种制度的完善程度三者相结合，共同作为衡量老龄政策制定和执行是否成功、实现老龄化各项目标是否实现的重要依据。本书充分挖掘《马德里行动计划》中关于老龄问题的行动建议及优先发展方向，将老年人口健康水平的提高、参与和共享社会发展水平的提高、老年人生活质量的提高和老年保障制度的完善作为评价我国老龄事业发展的价值标准。

在老年健康方面，健康老龄化不仅着眼于老年人的健康，更加关注全民健康；不仅关注老年人寿命延长，还关注老年群体寿命质量的提高，即身心健康、社会尊严、生活欢乐和实现价值。《积极老龄化政策框架》中关于健康的政策建议在老年贫困、老年照料中心、老年健康服务体制和老年教育等方面对老龄事业发展指标体系构建具有较高的借鉴价值。

在老年参与和保障方面，发展老龄事业要站在宏观角度，实现其与经济社会的协调发展，实现老年人个体和社会的双赢发展。老年人积极参与社会正是实现上述目的的有效途径，不仅通过参与社会完善自我，也为经济社会发展积累宝贵的人力资源。老年价值理论和老年人共享社会发展成果的观点，对于提高老年个体的社会参与度和保障老年群体的基本生活有重要的指导意义。

一定时期内，构建中国老龄事业发展指标体系的出发点和落脚点都是“老年人的全面发展”，生命全程的观点可以立体呈现老年群体全面发展的现状、并对其中可能存在的问题及成因进行较为全面分析。具体到研究过程中，构建中国老龄事业发展指标体系需要综合考虑，不同社会发展时期大陆地区31个省级行政区在经济发展水平、人口老龄化水平、老年群体需求、老龄发展重点内容等方面的地区差异。

5 中国老龄事业发展指标体系的构建

在明确老龄事业发展指标体系的理论依据之后，本章主要对中国老龄事业发展指标体系进行构建。构建老龄事业发展指标体系的思路是：以我国经济社会发展的现实水平和人口老龄化的发展状况为现实背景，借鉴HDI理论依据的提出、指标选取及指数构造的研究思路，以“积极老龄化政策框架”为理论框架，参考《马德里行动计划》后续行动中对三个优先方向的具体衡量，紧密围绕我国老龄事业发展的主要内容，从健康、生活质量、参与及保障四个要素出发，构建老龄事业发展指标体系，以便对我国老龄事业发展的社会保障、社会参与、精神文化、权益保障等内容进行综合评价。具体包括指标体系构建的原则和功能、指标体系的初选、对各项指标的检验及指标体系的结构优化、指标体系的优越性分析等。

5.1 构建原则和功能

5.1.1 构建原则

在指标体系的构建原则方面，现有文献为本书提供了较好的参考依据。中国人民大学赵彦云教授提出对我国经济社会发展规划指标体系的设计原则包括：以经济社会发展规划主体内容为指导，以未来发展趋势为参考；有统计和量化的基础；地区之间要在基本框架上保持一致可比；指标名称和计算方法要科学规范。[1]在构造中国发展指

[1] 赵彦云：“我国‘十五’经济社会发展指标体系研究”，载《经济理论与经济管理》2000年第6期，第11页。

数时，中国人民大学袁卫、彭非教授指出，评价结论要直观、通俗、易于接受；评价方法要充分体现出指数的综合全面性，强调均衡发展的特性；指标体系选用指标不宜过多，各指标最好有较强综合性等特点。[1]综合以上核心观点，本书认为，在构建中国老龄事业发展指标体系时，需遵循以下原则：

（1）代表性。老龄事业发展是一个庞大的系统工程，不仅涵盖养老、医疗、为老服务、精神文化、权益保障及社会参与等内容，还涉及政府、家庭、社区、企业及老年个体等多方责任主体，并因此影响经济、政治、人口、社会、文化等各方面的发展。如何从众多的指标中选取最能反映老龄事业发展的代表性指标，是构建本指标体系的第一要义。

（2）可操作性。可操作性是指标体系能否得到实际运用的关键环节，它要求指标体系中每一个指标都是可操作的，主要涉及数据可获得性内容，因为只有根据各项指标的具体数值才能计算出老龄事业的实际发展水平。目前在评价实践中常常遇到指标数据收集的困难，如得不到相关统计数据，通常的做法是删除此项指标，这就极大降低了评价结论的科学性。本书认为，如遇到此种问题，正确的做法应是尽力寻找替代指标，在对原有指标和替代指标进行科学论证之后，再按照指标选取的思路对替代指标进行验证。

（3）敏感性。指标体系构建的主要目的是对老龄事业的发展状况进行评价，评价结果是为了找出差距、改进工作，从而提出针对性较强的对策建议。指标的敏感性不仅要求对评价结论作出合理性解释，而且对于如何改进实际工作应具有较强的指导性。

（4）互斥性。简洁明了是指标体系在操作过程中能否得到有效运用的重要保证，在构建指标体系时要充分考虑类别之间、指标之间

[1] 袁卫、彭非："中国发展指数的编制研究"，载《中国人民大学学报》2007年第2期，第2页。

的互斥性。如何实现指标代表性和互斥性之间的平衡要根据具体研究内容和目的而定。总之，用尽量少的指标客观反映出老龄事业发展的核心内容是本书构建老龄事业发展指标体系的主要目的。

5.1.2 指标体系的功能

社会指标的功能是指标体系研究的基础理论问题之一。中国社会科学院朱庆芳、吴寒光教授（2001）认为，社会指标一般有以下功能：描述、解释、评价、监测和预测等。[1]中国人民大学郑杭生、李强、李路路教授（1989）将社会指标的功能概括为反映社会现象，监测社会过程，预测和计划社会发展，衡量、比较或评价社会状况等。[2]本书在综合上述内容的基础上，结合老龄事业的发展规律及特点，将老龄事业发展的指标体系功能概括为以下四点：

（1）评价全国及各地区老龄事业发展水平。老龄事业发展涉及面广、内容复杂，可以从多个方面反映其面貌。构建指标体系的目的是通过最重要、最具代表性的指标对中国老龄事业的核心内容进行客观描述，如实反映中国老龄事业的总体状况。作为指标的本质属性，评价老龄事业的发展水平及实现程度是指标体系的突出要点。通过比较和分析，可以针对不同地区的老龄事业发展进程作出适当的判断和评价。

（2）分析老龄事业发展中存在的问题及导致问题的原因。在对老龄事业发展状况进行客观描述的基础上，分析老龄事业发展现状及存在的问题；并对各省级行政区老龄事业发展水平的差异进行现状分析和解释产生差异的原因。

（3）预测老龄事业的发展趋势。根据现有的统计数据资料，在对

---

❶ 朱庆芳、吴寒光：《社会指标体系》，中国社会科学出版社2001年版，第5~6页。

❷ 郑杭生、李强、李路路：《社会指标研究》，中国人民大学出版社1989年版，第40~48页。

我国经济和社会发展、人口老龄化趋势预测的基础上，探索老龄事业发展的变化规律，从而对未来时期老龄事业的可能变化趋势作出预测。

5.2 具体体系的建立

5.2.1 指标初选

评价指标选取的方法有定性和定量两种，目前在多指标综合评价中选取指标最常用的是定性方法。随着统计技术和方法的推广，定量方法得到日益广泛的应用。苏为华（2000）认为，综合评价指标体系的初选方法可分为分析法、综合法、交叉法、指标属性分组法等多种方法，其中分析法是构造综合评价指标体系最基本、最常用的方法。[1]

本书从《积极老龄化政策框架》提出的三大支柱出发，遵循定性选取指标的基本原则，结合统计部门公开发表的经济社会指标，运用分析法，对老龄事业发展指标体系进行初步选取。第一步，首先将中国老龄事业发展指标体系划分为健康、生活质量、参与和保障4个子系统；第二步，分别对每一个子系统进行细分，用不同的二级指标指代。经过上述步骤，中国老龄事业发展初级指标体系具体包括。

（1）健康指数：无残疾预期寿命、老年人口预期寿命；

（2）生活质量指数：人均GDP、城镇居民可支配收入、农村居民人均纯收入、最低生活保障金标准、人均离休退休退职费、人均退休人员福利费、城镇最低生活保障覆盖率；

（3）参与指数：老年人口文盲率、老年人口识字率、大专以上文化程度老年人口比例、老年人口在业率、每万名老人拥有老年人文教体组织数、每万名老人拥有老年人协会数；

（4）保障指数：年末城镇老年福利机构老年人入住率、年末农

[1] 苏为华：《多指标综合评价理论与方法问题研究》，厦门大学2000年博士学位论文。

村老年福利机构老年人入住率、每万名老人拥有城市老年福利机构床位数、每万名老人拥有农村老年福利机构床位数、每万名老人拥有社区卫生服务中心（站）数、每万名老人拥有家庭病床数、每万名老人拥有康复医院数、年末参保离休退休退职人数占老年人口比例、年末农村领取养老保险人数占农村老年人口比例、每万名老人获得老年法律援助/救助案件数、每万名老人拥有老龄机构经费、每万名老人拥有老年家庭病床数。

5.2.2 指标检验和结构优化

为充分体现老龄事业发展的系统性和宏观性特点，初选指标体系侧重研究老龄事业发展的总体评价目标与各个子系统概念的划分，强调目的性、全面性、可行性，而对各项指标的代表性要求较低。因此，对指标体系进行初选以后，还需要对指标体系进行检验和结构优化。一般来说，统计指标体系的检验主要从体系的准确性、可行性入手，不仅要注重完整性，还要注重各项指标的代表性，在保证体系完整性、合理性的同时，尽量减少指标个数。

就检验内容而言，主要分为对指标体系中单个指标检验和对指标体系的整体检验。单个指标的检验内容主要包括逻辑检验和实践检验，即单个指标的代表性检验、合理性检验、数据源的可行性检验、指标数值的真实性和准确性检验等，具体方法有关联性检验、方向性检验、关键点检验等。对指标体系的整体检验内容包括单个指标之间的协调性检验、全面性检验等，检验方法有极小广义方差法、极大不相关法、专家法等。[1]

本书充分考虑老龄事业的特点，将定性检验方法、定量方法中的关联性检验方法、极小广义方差法相结合，分别对单个指标和指标体系进行检验，并对指标体系进行结构优化，最终确定中国老龄事业发

[1] 苏为华：《多指标综合评价理论与方法问题研究》，厦门大学2000年博士学位论文。

展指标体系包括4个要素指数，共15个指标，具体包括健康指数、生活质量指数、参与指数和保障指数，涉及老年人口的健康水平、生活质量、受教育水平、养老保障、医疗保健、为老服务、文教体活动、权益保障等方面（见表5-1）。由于统计年鉴指标更替和数据发布延迟等原因，中国老龄事业发展指标体系中2015年与2005年部分指标有所调整，具体解释见5.2.3。

表5-1　中国老龄事业发展指标体系框架

一级指标	二级指标	单位	数据来源
健康指数	健康预期寿命	岁	中国人口统计年鉴、2005年1%抽样调查
生活质量指数	人均GDP	元	中国统计年鉴
	城镇居民可支配收入	元	中国统计年鉴
	农村居民人均纯收入	元	中国统计年鉴
	最低生活保障金标准	元	中国社会经济统计年鉴
	人均离休、退休、退职费	元	中国劳动统计年鉴
参与指数	老年人识字率	%	2005年1%抽样调查
	大专以上老年人口比例	%	2005年1%抽样调查
	老年学校在校率	%	中国民政统计年鉴
	每万名老人拥有老年人协会数	个	中国民政统计年鉴
保障指数	老年人基本养老保险覆盖率	%	中国劳动统计年鉴
	农村老年人社会养老保险覆盖率	%	中国劳动统计年鉴
	每万名老人拥有老年家庭病床数	个	中国民政统计年鉴
	每万名老人获得老年人法律援助件数	件	中国民政统计年鉴
	每万名老人拥有老龄工作机构经费	元	中国民政统计年鉴

5.2.3　指标阐释

本节重点对中国老龄事业发展指标体系中四大评价维度的含义，包含哪些具体指标，各项指标如何测量及数据来源于何处等内容进行分析。

5.2.3.1 健康指数

诺贝尔奖获得者经济学家阿玛蒂亚·森认为，健康是一种能力，它既是发展的目标（人们是否能够拥有健康是衡量发展的标准），又是发展的手段（通过健康人们能够获得一些好的发展机会）。[1]随着人口老龄化程度的不断加剧，健康状况是老年人口生活质量的核心内容之一，是社会文明程度和社会经济发展水平的标志，也是反映医疗卫生事业的发展以及预测国家和家庭在养老和医疗方面支出的重要指标。[2]

从现有文献看，关于老年健康水平的测评主要包括老年健康水平的评价意义和评价指标等内容，涉及指标有生理指标和心理指标、日常生活功能评价、社会完好性评价、老年保健效益指数、平均预期健康期、平均预期带病期、平均预期生活自理期、死亡率、患病率、发病率等多项。北京大学刘菊芬博士结合两次残疾人抽样调查（1987年，2006年）和中国城乡老年人口抽样调查（2000年，2006年）等全国范围调查数据，采用沙利文（Sullivan）方法对我国老年人口的健康预期寿命进行了多维度研究。[3]

与HDI健康维度中选取平均预期寿命指标不同的是，本书在健康分项指数中选取的是健康预期寿命指标。健康预期寿命具有良好健康状态的生命寿期及个体能在如此舒适状态下生活的平均预期时间长度，不仅可以反映反映生命的数量，也可反映生命的质量。它是老年人群体健康水平的集中体现，在一定程度上也可以反映出其生活质量的高低，是正向指标。

---

[1] 转引自明艳：《我国人口健康状况及影响因素研究——基于死亡/患病指标的分析》，中国人民大学2006年博士学位论文。

[2] 杜鹏、李强："1994~2004年中国老年人的生活自理预期寿命及其变化"，载《人口研究》2006年第5期，第9页。

[3] 刘菊芬：《20世纪80年代以来我国老年人口健康状况变化趋势——基于健康预期寿命的视角》，北京大学2009年博士学位论文。

关于健康预期寿命的计算，张文娟、杜鹏（2009）[1]、乔晓春（2009）、[2]顾大男、曾毅、柳玉芝（2001）[3]等分别进行了详细解释。常用的计算方法有沙利文法、双递减法、多状态生命表法。其中沙利文法具有估算方法简单、数据相对容易获得，且可以消除年龄结构的影响等优点被广泛采用。本书引用北京大学人口所刘菊芬博士学位论文中“老年人口无残疾预期寿命”指标的计算值作为2005年健康指数具体指标数值。

基于数据可获取性和指标的代表性考虑，2015年，健康指数由80岁及以上高龄老年人口占60岁及以上老年人口的比例和100岁及以上百岁老人占60岁及以上老年人口比例两个指标构成，具体数值详见2015年《中国民政统计年鉴》表C-2-24老龄人口情况。

5.2.3.2　生活质量指数

生活质量是社会发展和社会进步的重要标志。提高人民生活质量，实现人的全面发展是社会发展的基本出发点，同时也是最终目的。[4]美国学者加尔布雷斯首次提出“生活质量”的概念。他指出，经济价值只是各种社会价值中的一种。除此之外，价值还应当包括社会的平等、生态的平衡、都市的整洁，以及美、尊严、生活的乐趣等。其中，经济价值以外的其他价值，称为文化价值。而把经济价值

---

❶ 张文娟、杜鹏：“中国老年人健康预期寿命变化的地区差异：扩张还是压缩？”，载《人口研究》2009年第5期，第70页。

❷ 乔晓春：“健康寿命研究的介绍与评述”，载《人口与发展》2009年第2期，第57~60页。

❸ 顾大男、曾毅、柳玉芝：“健康预期寿命计算方法述评”，载《市场与人口分析》2001年第4期，第10~15页。

❹ 周长城主编：《主观生活质量：指标构建及其评价》，社会科学文献出版社2008年版，第13页。

和文化价值综合起来用一个价值指标来表示，就是“生活质量”。❶随后，生活质量理论研究逐步深入，同时衍生诸多测评生活质量的研究方法。

与此同时，老年人口生活质量研究受到众多学者的日益重视，其中刘渝琳对老年人口生活质量指标体系进行了深入、细致的研究。她通过UML模型（Unified Modeling Language）将我国老年人口生活质量分为健康生活质量、物质生活质量、家庭生活质量、精神生活质量和环境生活质量五个方面。❷

与老年人口生活质量指标体系不同的是，本书更加侧重老年人生活水平的高低。主要原因在于：第一，生活水平是反映包括老龄事业发展在内的经济、社会综合发展的核心指标，生活水平的提高离不开国民生产总值的增长，同时生活水平也是生活质量状况的集中体现。第二，通过文献研究发现，老年人口生活质量研究的重点多是从微观角度即老年人角度出发，本书则更加侧重于从宏观角度评价老龄事业的发展水平，生活质量仅是老龄事业发展的一个方面。

在生活质量指数中，本书首先引入人均GDP这一指标，它一方面在宏观上反映一个国家或地区的经济发展水平，另一方面可以反映出老年人平均生活水平的高低。人均GDP是一个综合性指标，更多突出全国大陆地区31个省级行政区在经济方面的发展水平。在我国，受城乡二元经济结构的影响，城乡居民收入差异较大。为了更全面反映我国当前的社会背景，本书同时选取城镇居民可支配收入和农村居民人均纯收入2项指标作为人均GDP指标的有效补充。

由于身体机能下降、退出生产劳动领域难以获得劳动收入和社会保障制度的缺失等原因，老年人贫困现象较为突出，而消除贫困成

❶ [美]加尔布雷斯：《富裕社会》，转引自夏海勇：“生活质量研究：检视与评价”，载《市场与人口分析》2002年第1期，第69页。

❷ 刘渝琳：《养老质量测评——中国老年人口生活质量评价与保障制度》，商务印书馆2007年版，第14页。

为解决老年人问题、制定老龄政策的首要任务之一。在《马德里行动计划》中明确提出："必须采取的第一步是将老龄问题和老年人的关切纳入国家发展框架和消除贫困战略的主流。"同时，优先关注消除贫困政策，也可以改善老年人、特别是贫穷和被忽视的人口群体的健康状况。但是，由于贫困率计算方法复杂，目前仍没有比较统一的计算方法，老年人贫困率由于数据限制也仅能从现有统计数据中进行推算，与真实水平有一定偏差。鉴于此，本书选取各地区城市最低社会保障金和人均离退休费用作为综合反映老年人生活质量的2项指标。

随着时间的推移和经济社会环境的变化，统计指标也在不断调整。2005年"人均离退休费用"指标及其具体数值在《中国劳动统计年鉴》可以获得。但是，2015年该年鉴中此项指标已被删除。为了真实反映老年人口生活质量的客观情况，2015年将"人均离退休费用"指标替换为"企业退休人员离退休金"，具体数值以2014年各地区公布的企业退休人员养老金为基础，并根据10%的年增长率粗算所得。

5.2.3.3　参与指数

继美国著名社会学家、芝加哥大学的欧内斯特·W.伯吉斯（Ernestw Burgess）首次将社会参与概念引入老年研究领域之后，[1]老年人的社会参与一直是政府和社会关注的焦点。

1991年，第46届联合国大会提出"联合国老年人原则"，为国际社会应对人口老龄化战略对策提出了重要框架，具体概括为：独立、参与、照顾、自我实现和尊严。在这五项原则中，参与作为其中主要内容，与独立、自我实现和尊严均有密切联系。2012年7月联合国大会第63届会议第二次老龄问题世界大会秘书长报告中指出，把老龄问题的观点纳入发展计划就有可能改善终生进修教育、改善营养、

[1] ［美］戴维·L.德克尔著，沈健译：《老年社会学》，天津人民出版社1986年版，第5页。

或是在年轻时采取健康的生活方式以改善老年时更好的生活质量。可见，老年人社会参与是改善自身状况、提高独立能力、提高健康水平和生活质量的重要保证。在我国，老年人积极参与社会，也有利于发挥老年人力资源的作用，促进小康社会与和谐社会建设。

教育是每个社会成员积极参与社会发展和提高个人生活质量的重要途径。现有研究结论显示，我国老年人文化程度较低，较低的识字和算术能力不仅限制了其谋生能力，也影响他们的健康和福利水平。本书参考人类发展指数中教育指数的选取方法，分别选取老年人识字率和大专及以上学历占老年人总数的比例2项指标，并将老年人识字率的2/3与大专及以上学历占老年人总数比例的1/3统一合成为教育指标，这两项指标的数据可以由2005年1%抽样调查中对“各地区分性别、受教育程度的老年人口”汇总数据获得。

充分发挥老年人的参与作用，需依从一定的社会组织。老年人协会不仅是老年人参与各项社会活动的重要组织，其数量的多寡也在一定程度上反映出老年人参与社会的程度。本书选取每万名老人拥有老年人协会数作为老年人参与的又一项重要指标，数据可从2005年《中国民政统计年鉴》中获得。

根据近年来不同地区老龄工作部门的调研统计及中国老年人参与的特点发现，老年活动站/中心/室作为老年人社会参与的基层组织，有着广泛的老年群众基础。“年末参加老年活动中心人次数”不仅代表一定时期老年人社会参与的真实状况，在一定程度上也可以反映老龄事业在参与方面的发展水平。因此，2015年本指标体系中添加“年末参加老年活动中心人次数”作为老年人社会参与的重要指标，具体数据参见2015年《中国民政统计年鉴》表C-2-24。同时，由于2015年1%抽样调查尚未公布，老年人识字率和大专及以上学历占老年人总数的比例2项指标数据无从获得。因此，2015年参与指数具体由老年学校在校率、每万名老人拥有老年人协会数及年末参加老年活动中心人次数3项指标构成。

5.2.3.4 保障指数

《积极老龄化政策框架》目的之一就是使老年人得到充分保障以及在需要帮助时得到照料和保护。该计划充分肯定了老年人在遇到贫困、残疾、照料等困难时获得帮助以及退出劳动生产领域后获得经济保障的权利，也向各级政府提出了保障老年人日常生活的基本要求。

2015年4月24日第十二届全国人民代表大会常务委员会第十四次会议第二次修正通过的《中华人民共和国老年人权益保障法》，是保障老年人合法权益，发展老龄事业，弘扬中华民族敬老、养老、助老美德而制定的法律。其中，在第一章总则第三条中指出，“国家保障老年人依法享有的权益。老年人有从国家和社会获得物质帮助的权利，有享受社会服务和社会优待的权利，有参与社会发展和共享发展成果的权利”，并强调“积极应对人口老龄化是国家的一项长期战略任务”。[1]

在本书中，除了健康、生活质量和参与以外，老龄事业发展还包含老年社会保障，主要包括社会保障、医疗保障、法律保障、机构保障等内容，具体由老年人基本养老保险覆盖率、农村老年人社会养老保险覆盖率、每万名老人拥有家庭病床、每万名老人获得法律援助和每万名老人老龄机构经费5个指标代表。其中，老年人基本养老保险覆盖率是指年末参保离休、退休、退职人数占老年人口的比例，农村老年人社会养老保险覆盖率是指年末农村领取养老金人数占老年人口的比例，家庭病床指数反映的是每万名老人拥有家庭病床数，法律援助指数反映的是每万名老人获得法律援助/救助案件数，老龄机构经费指数反映的是每万名老人人均老龄工作机构（机关）经费。

近年来，作为社会事业发展重点的民生工程，社会保障事业尤其是农村居民的养老保障事业取得了较大的进展。2009年9月1日，国

---

[1] “中华人民共和国老年人权益保障法（2015年修正）”，载http://www.cncaprc.gov.cn/contents/12/174717.html，2016-6-2。

务院印发《关于开展新型农村社会养老保险制度试点的指导意见》，标志着我国农村社会养老保险制度建设进入一个崭新时期。2014年2月国务院《关于建立统一的城乡居民基本养老保险制度的意见》对于逐步缩小城乡差距，缓和社会矛盾，维护社会公平意义重大。因此，2005年指标体系中老年人基本养老保险覆盖率、农村老年人社会养老保险覆盖率2项指标由城镇职工养老保险覆盖率和城乡居民社会养老保险覆盖率替代。与2005年指标体系中将5项单个指标同等权重处理不同的是，2015年将合成为城镇职工养老保险覆盖率和城乡居民社会养老保险覆盖率合成一个指标后，再与其他3项指标取同等权重，在一定程度上对养老保障有所弱化，力求更为真实反映老龄事业在保障方面的客观情况。

2005年《中国民政统计年鉴》中每万名老人拥有家庭病床数、老龄机构经费两项指标在2015年该年鉴中调整，缺乏相关数据。因此，2015年本指标体系遴选出每万名老人拥有老年医院床位数和高龄津贴享受比率2项指标作为替代指标。2015年保障指数具体由养老保险覆盖率（由2项指标城镇职工养老保险覆盖率和城乡居民社会养老保险覆盖率合成）、每万名老人拥有老年医院床位数、每万名老人获得老年法律援助件数、高龄津贴享受比率4项指标构成。

5.3　综合评价方法的分析和选择

在构建完指标体系之后，对每一个评价指标按照一定的方法进行标准化，变成对评价对象测量的一个“量化值”及指标功效函数值，然后再依据一定的合成模型加权合成得到总评价值，是多指标综合评价的基本思路。一般来说，综合评价方法研究包括以下步骤：无量纲处理、权数设计及指数合成。本节主要对以上步骤进行详细阐述。

5.3.1　无量纲处理

老龄事业发展涉及的范围很广，各项指标的计量单位不可能一致，一般在构造综合评价指数时，先对不同单位的各项指标进行无量纲处理，或者称为指标转换。

无量纲化，就是把不同计量单位的指标数值改造成可以直接汇总的同度量化值。在多指标综合评价方法中，功效函数评价法因具有不考虑指标间的相关作用、对无量纲方法没有限制、评价结果确定、指标阈值明确等优点，在指标体系研究中得到越来越广泛应用。常用的功效函数有线性功效函数、指数型功效函数、对数型功效函数及幂函数型功效函数。那么，选择各项函数的依据是什么呢？苏为华（2000）在其博士论文中指出，无量纲化函数类型及具体形式的选择，主要依据指标的数值变动对评价对象价值水平变动的贡献关系来判断。[1]

对于大多数指标来说，一般都有"边际效益递减"规律，即当指标数值增加（或减少）到一定程度后，再要增加（或减少）就越来越困难。对于这种情况，如果评价函数的一阶导数与二阶导数都大于0，则选用指数型功效函数是可行的。在中国老龄事业发展指标体系中，15个指标实际值的等量变化在不同发展阶段上表示的意义不同。当某个指标值到一定程度后，再要增加（或减少）就越来越困难，符合边际效益递减规律。因此，本书在充分结合定性方法的严格单调、取值区间明确、结果直观、意义明确、不受指标正逆表现形式影响等原则的基础上，运用指数型功效函数模型对15个具体指标进行无量纲处理。

指数型功效函数模型的数学形式是：

$$d = Ae^{(x-x^s)/(x^h-x^s)B}$$

其中，d为单项评价指标的评价值（功效分值），x为单项指标的实际值，x^s为下限值，x^h为上限值。A、B为待定参数。

当$x=x^s$时，表示达到最小值，定$d=60$，则$A=60$。

[1] 苏为华：《多指标综合评价理论与方法问题研究》，厦门大学2000年博士学位论文。

当$x=x^h$时，表示达到最大值，取$d=100$，则$B=-\ln 0.6$。

因此，指数功效函数模型可以写成：

$$d = 60e^{-(x-x^s)/(x^h-x^s)\ln 0.6}$$

对于中国老龄事业发展指数各项阈值的确定，本书作如下处理：分别以2005年、2015年各项统计年鉴中15个指标实际值的最大值为上限值，最小值为下限值。根据指数功效函数模型，对我国老龄事业发展各项指数进行编制。代入实际数据，得到中国老龄事业发展各项指标功效值，值域在60～100分，取值越大，表明相应指标的发展水平越高，反之亦然。

5.3.2 权数设计

各项指标对老龄事业发展的重要程度是不同的，即使同一个指标在不同时期、对不同地区的指示作用也是不同的。权数是反映各项指标对研究对象相对重要程度的一个量值。如何科学构造权数是建立综合评价指标体系中最关键的一个问题，直接影响评价结果的准确性和可行性。

权数的构造方法有很多，主要分为两大类：主观赋权法和客观赋权法。主观赋权法是根据研究人员的主观价值判断确定指标权数的方法，主要有专家评判法、层次分析法等。客观赋权法是根据指标的原始信息经统计或数学处理后获得权数的一种方法，主要有因子分析法、主成分分析法、相关法、回归法等。

那么，在何种情况下运用何种构造方法更为恰当呢？运用统计分析方法得出的结论是否就更加客观？或者因为主观赋权法遵从了研究人员的主观定性，结果会显得更加随意？实际上，主观赋权法和客观赋权法各有利弊，在实际运用过程中要根据具体研究内容而定。判断一组权数的合理与否并不能根据其是否采用主观构权，而应该看其是否准确反映了评价对象的真实程度。只要是构权方法能反映出真实结果，不论是主观赋权还是客观赋权在本质上应该都是客观的。综合各评价方法的优劣及老龄事业发展的特点，本书以咨询目前国内最具权威的老年学专家为优势，并以老龄工作部门的实践经验和需求为参考，采用主观赋权法，最后认为健康、生活质量、参与和保障4个单项指数是等权的。

5.3.3　指数合成

如何将各项指标的单项评价值合成总的评价值，以得到中国老龄事业发展指数，是本书的主要研究目的之一。在合成综合指数的过程中，选取科学合理的合成模型是必不可少的基本步骤。不同合成模型代表了不同的评价思想，从而对最终结果产生较大影响。在多指标综合评价实践中，应用最多的是算术平均合成模型。

算术平均合成模型的基本原理是将各指标功效值算术平均，计算方法简单，不受指标个数的影响。同时将综合评价值合成为各项单项指标功效值的平均数，使单项指标值的物理意义与总评价值的物理意义完全统一，更加强调各单项指标的均衡性发展。其计算公式如下：

$$d=\sum_{i=1}^{n}d_iw_i$$

其中，d为老龄事业发展综合指数，w_i为各评价指标归一化后的权数，d_i为单个指标的评价值，n为评价指标的个数。

与各单项指数的取值区间相同的是，综合指数的值域也在60~100分，取值越大，表明相应地区的老龄事业发展水平越高，反之亦然。

5.3.4　数据支持

能否获得有效数据历来是指标体系研究的难点问题之一。根据联合国《马德里行动计划》后续报告中对各国老龄行动进行归纳总结后发现，统计数据的缺乏已经成为评价老龄政策实施效果的主要障碍，导致无法在全球范围内实现对老龄事业发展的总体评价。2003年7月17日联合国大会第58届大会上，联合国秘书长关于“第二次老龄问题世界大会的后续行动”报告中指出：“尽管利益有关者进行的关于作为贯穿各个领域的主题的老龄化问题对话大大增加了，但是由于缺乏数据，仍未制定指标，将老龄化问题纳入发展进程受到限制。”[1]在2004年7月21日第59届大会上，秘书长关于“第二次老龄问题世界大会的后续行动”报告中指出，由于缺乏充足的数据来了解老年人的医疗和保健需要、社会融合、就业和在提供和接受家庭和社区帮助中的作用，仍难以制定和执行合理的政策和方案。[2]由此可见，联合国后续行动报告不仅展示了各国在应对老龄化挑战时取得的成就和存在的问题，也指出统计数据缺失越来越成为评价各国老龄政策和行动计划的主要问题。

在前面构建老龄事业发展指标体系的基本原则时，本书提到，数据是否可得是指标体系可操作的关键步骤。那么，客观评价我国的老龄事业发展状况是否可行？能否获得足够的数据支持？本书认为，充分挖掘现有统计部门公开的统计数据，对全国及各地区进行老龄事业发展评价是可行的。

在数据支持方面，中国老龄事业发展方面的相关统计数据较为充足，这些数据来源主要包括：2005年1%抽样调查关于老年人口部分的统计数据，2015年、2005年《中国民政统计年鉴》中关于老龄事业发展状况的部门统计，2015年、2005年《中国统计年鉴》人均GDP、城乡居民收入的统计数据，2005年《中国劳动统计年鉴》关于社会保障的部门统计，在一定程度上可以满足对老龄事业发展进行评价的数据支持。此外，分地区来看，北京市、上海市、浙江省、湖南省等对本地区老年人口和老龄事业发展状况进行年度跟踪统计，为比较各地区的老龄事业发展提供了有益的补充。

---

[1] “联合国大会第58届会议第二次老龄问题世界大会的后续行动报告”，载www.un.org/Chinese/esa/ageing/pdf/Ares58134.pdf，2004-1-26。

[2] “联合国大会第61届会议第二次老龄问题世界大会的后续行动报告”，载www.un.org/Chinese/esa/ageing/pdf/Ares61142.pdf，2007-1-30。

可喜的是，中国人民大学老年所负责设计、中国人民大学中国调查与数据中心负责具体实施的中国老年社会追踪调查（China Longitudinal Aging Social Survey，CLASS）2014年正式启动，这是一个全国性、连续性的大型社会调查项目。CLASS项目分别于2011年和2012年进行了两次试调查，2014年在全国28个省市区、134个县区、462个村/居第一次开展的基线调查，共完成的居民问卷为11 511份。此外，在每个调查的SSU还会完成一份社区问卷，共计462份。[1]以后每两年追踪一次，内容包括老年人的健康状况与照料需求、经济状况与社会保障、就业情况、家庭养老资源、社区的养老设施、社区服务、养老规划与养老方式选择以及老化态度。希望在以后研究中通过此项数据开发和合作，为本指标体系合理性提供进一步佐证。

5.4 中国老龄事业发展指标体系的合理性分析

如前所述，本书在构建原则、指标设计、综合评价方法上尽量采取科学、客观的研究方法，力争实现评价结果的客观性和真实性。那么，本指标体系的合理性体现在哪里？或者与其他指标体系相比，有哪些优越性呢？为了进一步说明指标体系的合理性，本书还将对指标内容和体系功能进行深入分析，并将中国老龄事业发展指标体系与现有最为权威的两大指标体系——联合国人类发展指数和中国发展指数进行比较。

5.4.1 指标体系综合性较强

指标是构成指标体系的基础，是指数合成的必要前提。根据何种依据选取指标，每一个指标的确定，都影响着老龄事业发展的评价结果。与现有相关指标体系相比，本指标体系在指标设计上更为恰当，指标体系综合性较强。

---

[1] “《中国老年社会追踪调查（CLASS）》报告发布”，载www.cssn.cn/dybg/gqdy_qgcj/201603/t20160307_2900363.shtml，2016-3-7。

首先，从指标内容来看，本书提出的中国老龄事业发展指标体系是从产出的角度出发，尽量选用代表中国老龄事业发展成果的指标。因此，它不仅可以评价老龄事业的发展水平、分析老龄事业的发展态势、预测老龄事业发展趋向，也可以用来进行老龄事业影响因素的分析。如果将产出指标和投入指标混在一起，则不能将老龄事业发展成果与老龄事业相关投入进行准确测定，无法体现老龄事业发展的真实状况。

其次，从选取方法来看，本书运用目标分析法对中国老龄事业发展指标体系的各项指标进行逐层选取和检验，即各项指标是按照老龄事业发展成果的四个评价维度分别展开的。因此，它不仅反映老龄事业发展的总体成果，也分别反映四个主要维度的发展情况。这有利于对老龄事业发展不同侧面的发展水平、发展态势、影响因素等内容进行更深入的比较分析。

再次，从可操作性看，各项指标的可操作性是指标体系能否得到实际运用的关键步骤。本书在指标体系构建过程中多次强调具体指标的可操作性功能，也力图完成对各项指标的数据可得。本书充分挖掘现有国家统计部门公布的统计数据，绝大部分指标可以从《中国统计年鉴》《中国民政年鉴》《中国劳动统计年鉴》等处获得，不但简单易得，而且权威性高。

最后，从系统性来看，本书以2005年、2015年为时间点，深入挖掘国家统计局公布的权威数据，使得同一时期不同区域的老龄事业水平或同一区域不同时期的老龄事业发展水平具有可比性，这在以往相关研究中是无法实现的。

总之，无论是从指标内容的恰当性、体系功能的多样性还是可操作性方面来看，本书提出的中国老龄事业发展综合评价指标体系都更为合理。

5.4.2　与相关发展指标体系的比较

为了进一步说明本指标体系的合理性，将中国老龄事业发展指标体系与现有社会发展相关指标体系进行指标比较也是很有必要的。

5.4.2.1 与联合国HDI的比较

联合国HDI由健康指数、教育指数和生活水平指数3类指数、5个单项指标构成，其中健康指数包括出生预期寿命、婴儿死亡率，教育指数根据成人识字率（占2/3权重）和小学、中学和大学综合入学率（占1/3权重）计算，生活水平指数根据人均国民生产总值计算。每个指标根据公式：

指数=（实际值－最小值）/（最大值－最小值）

计算得出分项指数。3个分项指数简单平均即得到人类发展指数。

将中国老龄事业发展指数与HDI对比来看，首先，中国老龄事业发展指数在指标设计原则和4项指标维度确定方面充分借鉴和学习了HDI的研究思路。其次，中国老龄事业发展指数在结合我国老龄事业发展现实国情的基础上，在具体指标选取、评价方法应用方面与HDI既有相似之处又不完全一致，下面就两大指标体系的评价维度指数及具体指标设计进行比较分析。

健康指数由突出老年人身体机能特点的健康预期寿命代替。

生活质量指数除了保留原来人均国民生产总值外，追加了城镇居民年人均纯收入、农村居民年人均纯收入、城市最低生活保障金、人均离退休费4项指标。前2项指标是为了突出我国当前城乡二元结构的特点。在人均GDP和人均纯收入的对比下，人均离退休费用是突出老年人生活水平的有效补充。同时，多项研究成果（乔晓春、张恺悌等，2005[1]；王德文、张恺悌，2005[2]）表明，老年人贫困发生率较高。本书选取城市最低生活保障金作为老年人最低生活水平的客观

[1] 乔晓春、张恺悌、孙陆军、张玲：“对中国老年贫困人口的估计”，载《人口研究》2005年第2期，第8~15页。

[2] 王德文、张恺悌：“中国老年人口的生活状况与贫困发生率估计”，载《中国人口科学》2005年第1期，第61~66页。

反映。

由于退出生产劳动领域，传统观念将老年人视为社会的负担，是脆弱的、需要照顾的。但是，随着对人口老龄化认识程度的加深，老年人参与日益受到社会各界的重视。在参与指数中，中国老龄事业发展指数将HDI中成人识字率转换为老年人识字率，综合入学率替换为老年人中大专以上文化程度占老年人口比例，两项指标仍然按2/3、1/3的权重合成为教育指数。同时，还追加了老年大学在校率指标。之所以强调教育在参与指数中的重要作用，是因为老年人受教育水平提高了，其参与社会的能力和途径也更加宽泛，同时对提高老年人自身的健康水平、生活水平都有较大程度的帮助。除了上述4项指标外，参与指数中还包括每万名老人拥有老年人协会数指标作为老年人参与社会的重要考评依据。

与人类发展指数构成区别最大的是，中国老龄事业发展指数增加了保障指数一项。在积极老龄化的政策框架下，保障同健康、参与共同构成应对人口老龄化策略的主要内容。在中国老龄事业发展指数中，保障指数中的保障指的是广义范围内的保障，除包括社会保障领域的养老保障、医疗保障等基本社会保险项目外，还包括收入方面的基本保障（在生活质量指数中有所体现）、法律方面的权益保障（在参与指数中有所体现）、工作机构方面的社会支持等内容。具体指标主要有基本养老保险覆盖率、农村社会养老保险覆盖率、每万名老人拥有老年家庭病床数、每万名老人获得老年人法律援助件数、每万名老人拥有老龄工作机构经费投入。

5.4.2.2 与中国人民大学RCDI的比较

本书除了对中国老龄事业发展指数和联合国HDI进行指标比较之外，还将中国老龄事业发展指数与中国人民大学中国发展指数（RCDI）的各项指标进行比较。表5-2分别列出了构成这两大指标体系的4个分项指数和15个具体指标。

表5-2　中国老龄事业发展指数与中国发展指数的指标比较

中国老龄事业发展指数		中国发展指数	
健康指数	健康预期寿命	健康指数	出生预期寿命
	/		婴儿死亡率
	/		每万人平均病床数
生活质量指数	人均GDP	生活水平指数	人均GDP
	城镇居民年人均纯收入		农村居民年人均纯收入
	农村居民年人均纯收入		城乡居民年人均消费比
	城市最低生活保障金		城镇居民恩格尔系数
	人均离退休费		/
参与指数	老年人识字率	教育指数	成人文盲率
	大专以上文化程度老年人口比例		大专以上文化程度人口比例
	老年大学在校率		/
	每万名老人拥有老年人协会数		/
保障指数	老年人基本养老保险覆盖率	社会环境指数	城镇登记失业率
	农村老年人社会养老保险覆盖率		第三产业增加值占比例
	每万名老人拥有老年家庭病床数		人均道路面积
	每万名老人获得老年人法律援助件数		城镇居民人均居住面积
	每万名老人拥有老龄工作机构经费投入		省会城市空气质量达到并好于二级的天数
	/		人均环境污染治理投资额

资料来源：中国发展指数具体指标引自中国人民大学中国调查评价中心："中国发展指数的编制研究"，载《中国人民大学学报》2007年第2期，第3页。

由表5-2看出，在健康指数中，RCDI增加了每万人平均病床数这一指标。随着人民生活水平的提高，对健康素质要求更高。每万人病床数一定程度上反映出人民健康保障的可及性。

在生活质量指数中，中国老龄事业发展指数和RCDI都强调了城乡收入差异的因素。鉴于两大指数不同的研究内容，中国发展指数重点评价城乡居民的贫富差距和城乡区域的均衡发展，中国老龄事业发展指数则更加关注老年人生活水平的提高，分别用人均离退休费用和最低生活保障金作为衡量指标。

中国老龄事业发展指数借鉴了RCDI中大专以上文化程度人口比例的选取思路，用老年人大专以上文化程度人口比例作为参与指数的测量指标。

保障指数和社会环境指数是两大指标体系最大的差异所在。保障指数的具体构成在5.2.3.4已有所表述。在社会环境指数中，RCDI共选取了6项指标，涉及中国经济快速发展过程中伴随的产业调整、就业、自然资源的有效利用和环境质量的提高等重要内容，基本涵盖当前我国所处社会环境的主要方面。

综合以上分析发现，第一，中国老龄事业发展指数充分借鉴和吸取了联合国HDI和中国人民大学RCDI的主要指标，反映了中国老龄事业发展必须依存的人文社会发展水平和我国经济社会发展的具体国情。第二，中国老龄事业发展指数结合老龄事业的特点，突出老龄事业发展过程中老年健康、老年社会保障的重要性，分别设计了相关指标。本书还将在后面章节中对上述指标体系进行实证验证，即在使用一系列科学的计算方法后，两大指标体系中全国及各地区的排序是否存在一定程度的相似性？以佐证老龄事业发展指标体系的合理性。

5.5 小 结

本书遵循定性选取指标的基本原则，结合统计部门公开发表的经济社会指标，运用分析法，对中国老龄事业发展指标体系进行初步选取。同时，运用关联性检验方法和极小广义方差法分别对单个指标和指标体系进行检验，并对指标体系进行结构优化，最后确定中国老龄事业发展指数由4个要素指数、15个单项指标构成。具体构成情况如下：（1）健康指数：健康预期寿命。（2）生活质量指数：人均GDP、城镇居民年人均纯收入、农村居民年人均纯收入、城市最低生活保障金、人均离退休费。（3）参与指数：老年人识字率、大专以上文化程度老年人口比例、老年学校在校率、每万名老人拥有老年人协会数。（4）保障指数：老年人基本养老保险覆盖率、农村老年人社会养老保险覆盖率、每万名老人拥有老年家庭病床数、每万名老人获得老年人法律援助件数、每万名老人拥有老龄工作机构经费。

与相关指标体系相比，本书构建的中国老龄事业发展指标体系具有坚实的理论基础；在指标体系建立过程中，经过单项指标和指标体系的检验和结构优化；在综合评价方法上分别就具体操作的每一步进行细致分析；更重要的是以现有的统计数据为基础，具有可操作性。从理想的角度看，该指标体系仍然存在一定问题，希望通过后续研究和实际应用使其进一步完善。

6 中国老龄事业发展指标体系的实证研究（Ⅰ）

——整体状况评价

2015年是全面深化改革的关键之年，也是全面推进依法治国的开局之年。面对错综复杂的国际形势和艰巨繁重的国内改革发展稳定任务，“五位一体”的总体布局和“四个全面”的战略布局是新一届领导人对当前我国经济社会发展的最高指导思想。在各项制度改革、创新任务攻坚的重要时期，把老年群体同步进入小康社会作为发展老龄事业的出发点和落脚点，把老龄事业纳入统筹推进“五位一体”总体布局和协调推进“四个全面”战略布局中，不失为发展老龄事业、积极应对人口老龄化挑战的有效举措。

本章将在前面各章分析的基础上，运用权威数据对中国老龄事业发展指标体系进行实证研究，完成对全国及各地区老龄事业发展的整体状况评价。首先，以2015年《中国民政统计年鉴》《中国劳动统计年鉴》及《中国统计年鉴》相关数据为基础，对2014年全国及各地区的老龄事业发展指数进行测算，以此评价全国及各地区老龄事业发展的综合水平。其次，以2005年1%抽样调查、《中国民政统计年鉴》《中国统计年鉴》《中国劳动统计年鉴》及《中国社会经济统计年鉴》等权威数据为基础，对2004年全国及各地区的老龄事业发展指数进行综合测算。再次，分别对2004年、2014年4个要素指数进行全国及各地区老龄事业发展内部的结构分析和纵向比较，进一步揭示老龄事业健康、参与、保障及生活质量等各个要素方面的发展特点。此外，为了验证中国老龄事业发展指数的科学性和合理性，本章还以2005年为例，将中国老龄事业发展指数与联合国人类发展指数、中国人民大学中国发展指数三大指标体系中涉及的共同指标进行比较后，对全国31个省级行政区在这三种指数的位置排序异同及原因分析，以及中国老龄事业发展指数和中国发展指数区域分类结果进行比较分析。

6.1 中国老龄事业发展现状综合分析

根据中国老龄事业发展指数的构造方法及要素指数的计算方法，本书对2014年我国各地区的老龄事业发展指数和4个单项指数进行了测算和排序（见表6-1）。中国老龄事业发展指数的数值和排序，反映了我国31个省级行政区老龄事业的综合发展水平，4个分项指数的数值及其排序则反映了各地区的老龄事业在健康、生活质量、社会参与和社会保障等方面的发展现状。

由表6-1可以看出，2014年我国老龄事业发展发展指数（以100为标准），总体处于中等以上水平。上海的老龄事业发展水平在全国居首位，其次是北京和天津的老龄事业发展总体水平也位居全国前列。甘肃、西藏和吉林是我国老龄事业发展水平最低的三个省区。

表6-1　2014年中国老龄事业发展指数及要素指数

	总指数		健康指数		生活质量指数		参与指数		保障指数	
序位	地区	指数	地区	指数	地区	指数	地区	指数	地区	指数
1	上海	83.68	海南	100.00	上海	96.79	福建	84.20	上海	85.36
2	北京	80.05	北京	80.56	北京	94.91	浙江	80.49	天津	84.30
3	天津	79.05	新疆	80.44	浙江	84.74	河北	80.12	江苏	76.50
4	浙江	75.98	广西	78.89	天津	84.59	山西	78.26	陕西	75.84
5	福建	74.21	广东	78.60	江苏	78.83	云南	76.11	重庆	74.30
6	江苏	74.19	上海	77.71	广东	73.63	北京	75.32	云南	73.58
7	海南	72.62	天津	77.06	西藏	72.69	山东	75.11	四川	73.27
8	山东	71.77	河南	74.03	山东	72.63	上海	74.86	安徽	73.17
9	广东	70.95	福建	73.25	内蒙古	72.06	贵州	72.58	青海	72.68

续表

	总指数		健康指数		生活质量指数		参与指数		保障指数	
序位	地区	指数	地区	指数	地区	指数	地区	指数	地区	指数
10	新疆	70.75	江苏	72.60	福建	71.92	湖南	72.05	黑龙江	72.63
11	山西	70.59	山东	71.90	辽宁	71.10	天津	70.27	辽宁	70.28
12	云南	70.46	安徽	71.70	湖北	67.61	四川	70.01	湖南	69.95
13	河北	70.17	湖南	70.78	河北	67.12	陕西	69.60	湖北	69.86
14	陕西	69.70	四川	70.42	重庆	66.93	甘肃	69.38	新疆	69.62
15	重庆	69.53	湖北	70.17	陕西	66.66	江苏	68.85	山西	69.43
16	湖南	69.45	重庆	69.53	山西	65.95	宁夏	67.99	北京	69.42
17	四川	69.35	浙江	69.46	青海	65.94	江西	67.83	广西	69.40
18	广西	69.13	云南	69.39	新疆	65.92	湖北	67.54	吉林	69.35
19	辽宁	68.95	山西	68.74	黑龙江	65.91	重庆	67.37	浙江	69.21
20	安徽	68.81	青海	68.61	安徽	65.57	新疆	67.02	内蒙古	67.50
21	湖北	68.79	辽宁	68.51	吉林	65.32	内蒙古	66.31	福建	67.48
22	内蒙古	68.10	黑龙江	68.13	江西	65.26	辽宁	65.90	山东	67.44
23	黑龙江	68.03	贵州	68.11	湖南	65.00	广东	65.64	江西	66.36
24	青海	67.73	江西	68.01	海南	64.86	黑龙江	65.47	甘肃	66.13
25	河南	67.13	河北	67.88	宁夏	64.44	河南	65.27	广东	65.94
26	贵州	66.97	西藏	67.45	河南	64.20	安徽	64.78	河北	65.54
27	江西	66.86	陕西	66.72	四川	63.68	广西	64.75	贵州	65.11
28	宁夏	65.79	内蒙古	66.54	广西	63.49	青海	63.70	宁夏	65.06
29	甘肃	65.72	宁夏	65.68	云南	62.75	海南	61.97	河南	65.01
30	西藏	65.68	甘肃	64.68	甘肃	62.70	吉林	60.91	海南	63.66
31	吉林	64.23	吉林	61.34	贵州	62.09	西藏	60.00	西藏	62.58
	全国	69.96	全国	71.36	全国	68.54	全国	70.98	全国	68.95

资料来源：根据《中国民政统计年鉴2015》《中国统计年鉴2015》《中国劳动统计年鉴2015》计算所得。

6.1.1 中国老龄事业发展现状评价

本节以老龄事业指数及4个要素指数为基础，对2014年我国老龄事业总体状况进行描述分析，运用四分位法对31个省（市、区）进行分类，并进一步对不同地区老龄事业发展的分布特点进行细致分析。

中国老龄事业发展总体处于中等以上水平。利用描述统计四分位数的方法，2014年总指数排序在前25%的8个省区分别是：上海、北京、天津、浙江、福建、江苏、海南、山东；排序在后25%的8个省区依次分别是：青海、河南、江西、贵州、西藏、宁夏、甘肃、吉林；剩余的15个省区则排在中间。

表6-2　2014年中国老龄事业发展指数四分位表

分位比	省级行政区	均值
25%	上海、北京、天津、浙江、福建、江苏、山东、海南	76.44
50%	广东、新疆、山西、云南、河北、湖南、重庆、陕西	70.20
75%	四川、辽宁、广西、安徽、湖北、黑龙江、内蒙古、青海	68.61
100%	河南、江西、贵州、西藏、宁夏、甘肃、吉林	66.06
–	全国平均水平	69.96

资料来源：根据2014年中国老龄事业发展指数及要素指数计算结果整理。

由表6-2看出，**全国平均水平（69.96分）处于中游靠上水平。**2014年全国一半省份以上老龄事业发展指数在70分以上，3/4的省区得分在68分以上。对比全国省份4分位的均值水平，不难看出，排在全国前1/4的省份，老龄事业发展指数比其他省份的老龄事业发展指数高出较多。排在全国2/4、3/4、4/4省份的老龄事业发展指数均值则每级降低2分左右，呈现较为明显的递减规律。

31个省（市、区）老龄事业发展水平呈阶梯状分布。以全国总体老龄事业发展指数的数值排序为依据，从2014的中国老龄事业发展指数来看，老龄事业发展水平呈阶梯状分布，上海、北京已经达到80分以上；天津、浙江2个省区在75~79分；福建、江苏、海南、山东、广东、新疆、山西、云南、河北8个省区在70~75分；陕西、重庆、湖南、四川、广西、辽宁、安徽、湖北、内蒙古、黑龙江、青海、河南、贵州、江西14个省区在66~70分；剩下4个省区的总指数值则在65分以下。

6.1.2　中国老龄事业发展水平的纵向比较

为了更好了解我国老龄事业的发展状况，本章除了对2014年全国及各省（市、区）的老龄事业发展指数进行测算外，还以2005年相关统计数据为基础，得出2004年全国及31个省（市、区）的老龄事业发展总指数及4项要素指数（具体数值见表6-3），以对近10年来中国老龄事业的发展水平进行纵向分析。

从全国老龄事业发展水平的整体状况分析，对比表6-1、表6-3可以看出，近10年来全国老龄事业发展呈上升趋势。首先，2014年老龄事业发展总指数、健康指数、生活质量指数及保障指数均比2004年高2~3分，反映出我国老龄事业总体发展水平稳步提高的特点。与2004年相比，2014年参与指数则下降2.34分，一方面反映出近10年国家对老龄事业的发展重点有所变化。另一方面可能与指标调整有关（具体指标调整在第五章已有详细介绍），具体原因有待深入探讨。其次，从各项要素指数横向角度分析，2014年参与指数与健康指数、生活质量指数及保障指数仍保持在70分左右，并无较大差异。分地区角度看，上海、北京、天津、浙江、江苏、福建等地在全国的领先地位基本没有改变，贵州、西藏、宁夏、甘肃在全国的落后地位有所微调。2004年，贵州、甘肃和西藏是我国老龄事业发展水平最低的三个省区，西藏处于全国老龄事业发展水平的末位。2014年，宁夏、甘肃、吉林则成为全国老龄事业发展水平最低的三个省区。表6-4为2004年我国老龄事业发展指数的四分位地区及每个区间的均值情况。

表6-3　2004年中国老龄事业发展指数及要素指数

	总指数		健康指数		生活质量指数		参与指数		保障指数	
序位	地区	指数	地区	指数	地区	指数	地区	指数	地区	指数
1	上海	91.35	上海	100.00	上海	94.37	北京	92.40	上海	86.89
2	北京	83.25	天津	79.11	北京	88.54	上海	84.14	北京	74.91
3	天津	77.56	北京	77.17	浙江	80.77	天津	84.05	江苏	71.86
4	浙江	75.23	辽宁	76.04	天津	79.69	福建	81.59	浙江	70.94
5	江苏	72.45	重庆	71.98	广东	75.60	山东	80.14	山西	69.93
6	福建	71.57	黑龙江	71.87	江苏	73.14	浙江	78.74	黑龙江	69.82
7	山东	71.53	新疆	71.53	西藏	73.01	吉林	78.56	山东	67.45
8	广东	70.50	江苏	71.41	福建	70.19	山西	77.50	天津	67.41
9	辽宁	70.39	湖南	71.04	山东	69.00	湖南	75.38	云南	67.37
10	山西	69.64	福建	70.89	辽宁	66.36	重庆	75.02	湖南	66.17
11	黑龙江	69.61	浙江	70.44	青海	65.66	陕西	74.69	吉林	65.98
12	重庆	69.24	安徽	69.77	重庆	65.09	广东	74.17	广西	65.94
13	湖南	69.07	山东	69.52	河北	65.00	新疆	73.96	新疆	65.75
14	吉林	68.97	湖北	69.37	云南	64.99	辽宁	73.68	辽宁	65.48
15	新疆	68.74	四川	68.79	安徽	64.63	江苏	73.39	广东	65.33
16	云南	66.90	内蒙古	68.10	宁夏	64.15	黑龙江	73.06	重庆	64.85
17	广西	66.56	江西	67.92	吉林	64.15	江西	72.94	宁夏	64.21
18	江西	66.42	山西	67.67	湖北	63.93	广西	72.56	四川	63.85
19	陕西	66.37	吉林	67.21	内蒙古	63.80	宁夏	72.06	福建	63.61
20	湖北	66.16	广东	66.93	广西	63.73	云南	71.87	内蒙古	63.31
21	河北	66.10	陕西	66.86	新疆	63.72	河南	71.85	河南	63.29
22	四川	65.98	海南	66.50	湖南	63.71	河北	71.17	河北	62.92
23	安徽	65.67	贵州	66.12	黑龙江	63.70	贵州	70.46	湖北	62.44
24	青海	65.52	河北	65.32	山西	63.47	青海	70.42	海南	62.40
25	内蒙古	65.44	青海	64.67	海南	63.43	甘肃	70.31	江西	62.14
26	河南	65.43	广西	64.02	四川	63.18	湖北	68.89	陕西	61.79
27	宁夏	65.11	河南	63.49	河南	63.09	四川	68.12	安徽	61.63
28	海南	64.91	云南	63.35	江西	62.67	海南	67.30	甘肃	61.41

续表

	总指数		健康指数		生活质量指数		参与指数		保障指数	
序位	地区	指数	地区	指数	地区	指数	地区	指数	地区	指数
29	贵州	64.86	甘肃	62.42	陕西	62.16	安徽	66.66	青海	61.32
30	甘肃	64.07	西藏	60.93	甘肃	62.14	内蒙	66.54	贵州	61.07
31	西藏	63.48	宁夏	60.00	贵州	61.78	西藏	60.00	西藏	60.00
	全国	68.46	全国	69.37	全国	66.18	全国	73.32	全国	64.98

资料来源：根据2005年1%抽样调查、《中国民政统计年鉴2005》《中国统计年鉴2005》《中国劳动统计年鉴2005》《中国社会经济统计年鉴2005》。

注：2005年《中国劳动统计年鉴》中缺少广东省年末领取农村社会保险金人数，在查阅《中国统计年鉴》《中国人口和就业年鉴》《广东统计年鉴》《广东老龄事业发展"十一五"时期发展规划》等相关文献后，依然无法获得广东省年末领取农村社会保险金人数这一基础数据。为便于全国范围内比较，本书以深圳市同类数据代替广东省。

表6-4　2004年中国老龄事业发展指数四分位表

分位比	省级行政区	均值
25%	上海、北京、天津、浙江、江苏、福建、山东、广东	76.68
50%	辽宁、山西、黑龙江、重庆、湖南、吉林、新疆、云南	69.07
75%	广西、江西、陕西、湖北、河北、四川、安徽	66.18
100%	青海、内蒙古、河南、宁夏、海南、贵州、甘肃和西藏	64.85
—	全国平均水平	68.46

资料来源：根据2004年中国老龄事业发展指数及要素指数计算结果整理。

由表6-4看出，2004年全国一半以上省份老龄事业发展指数在66分左右，3/4的省区得分在69分左右。对比2004年全国省份四分位的均值水平，2014年排在全国前1/4分位的老龄事业发展指数均值变化不大，2/4、3/4、4/4省份的老龄事业发展指数分别提高1.13分、2.43分、1.21分，对于我国老龄事业整体发展水平的提高有较大贡献。同时，通过2014年与2004年老龄事业发展指数的纵向对比发现，近10年来，排在中下游的省份追赶势头明显，尤其排在全国3/4分位的省份老龄事业的发展进步最快。

6.2 要素指数的结构分析

除了对总体情况进行评价外，对各要素指数的内部结构进行比较也是很有必要的。本节分别对2014年、2004年全国及省（市、区）健康指数、生活质量指数、参与指数及保障指数进行结构分析和纵向比较。

6.2.1 2014年要素指数的结构分析

根据测算，2014年我国老龄事业发展中四类分项指数的结果分别是：健康指数71.36分、生活质量指数68.54分、参与指数70.98分和保障指数68.95分。总体上，我国老龄事业发展各项指数区域发展基本平衡。各个要素和综合指数的变动方向一致，但各项指数又有各自不同特点。

分省（市、区）看，上海的生活质量指数和保障指数位于全国最高水平，两项指数分别达到96.79分和85.36分。福建的参与指数全国第一，数值为84.20分。海南的健康指数居全国最高，达到100.00分。如第5章指标体系构建所述，每项要素指数都是经过反复论证，且由本领域最具代表性的2~5个单项指标构成，具有较高的可信度。因此，不论是上海、还是福建或海南，其在4项要素指数的领先地位不仅代表了全国健康、生活质量、参与和保障领域的最高水平，也反映出不同省（市、区）对老龄事业发展的重视程度和支持力度。值得注意的是，北京作为全国政治、经济、文化中心，在4项要素指数仅有健康指数和生活质量指数排在全国第二，另2项要素指数优势并不突出，具体原因有待于深入挖掘。

甘肃、西藏和吉林是2014年全国老龄事业发展总指数最低的三个省区。从4个分项指数的数值来看，西藏的参与指数是60.00分，处于全国最低水平，这可能与西藏目前尚没有开办老年大学有关。作为西部代表性省份，西藏的保障指数（62.58分）也处于全国最低水平。

但同时，西藏的生活质量指数较高，居全国第7位。这主要得益于西藏地区企业退休人员的养老金水平居全国最高。贵州的生活质量指数最低，与上一位甘肃的生活质量指数差别不大，比甘肃同类指数低0.61分。值得注意的是，吉林省的健康指数（61.34分）处于全国最末位，比上一位甘肃的同类指数低3.34分，差异较大。吉林省除生活质量指数排在全国第21位和保障指数排在全国第18位之外，其参与指数也相对较低，排在全国倒数第二位。未来几年内，老年人口健康状况的改善和参与水平的提高应成为吉林省老龄事业发展的重中之重。

6.2.2 2004年要素指数的结构分析

根据2004年全国31个省（市、区）老龄事业发展总指数及各项要素指数结果分析，上海的健康指数、生活质量指数和保障指数位于全国最高水平，北京的参与指数全国第一。图6-1为2004年中国老龄事业发展指数及要素指数图，反映出2004年全国及各地区老龄事业在四个分项维度的发展水平。

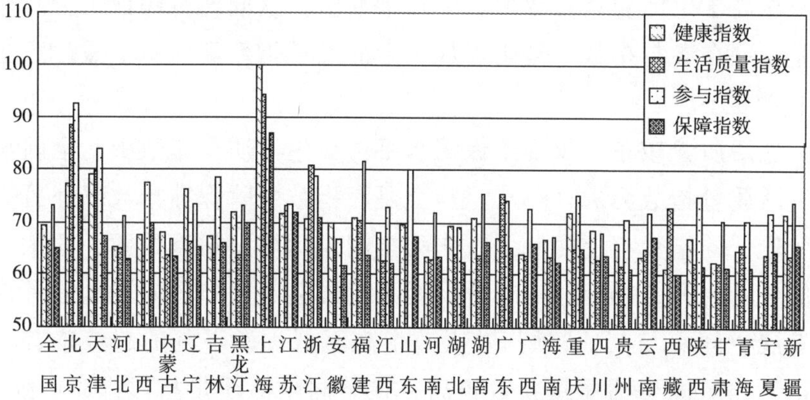

图6-1 2004年中国老龄事业发展指数及要素指数结构比较

资料来源：根据2004年中国老龄事业发展指数及要素指数计算结果整理。

参与水平最高。分四个子系统看，整体水平最高的是参与指数，全国31个省级行政区参与指数的平均水平达到73.92分。北京的参与指数达到92.40分，是全国参与水平最高的地区。上海、天津、福建、山东的参与指数值也在80分以上，其他省区依次逐渐递减，西藏则处于全国最低水平，参与指数为最低值60分。

保障水平最低。四个分项指数中，数值最低的是保障指数，全国总体水平为64.98分，分别比健康指数、生活质量指数和参与指数低4.39分、1.2分和8.33分，说明我国老龄事业在保障方面的发展最为薄弱。而保障指数最高的地区——上海仅达到86.89分，北京、江苏和浙江3个省排序靠前，保障指数分别为74.91分、71.86分和70.94分，其他大部分省区的保障指数则在60~70分。

健康水平较高，仅次于参与水平。在健康指数中，全国平均水平为69.37分，仅低于参与指数，比总指数、生活质量指数和保障指数都要高。在全国31个省级行政区的排序中，健康指数70分以上的有11个省份，参与指数70分以上的省区有25个，比同一分值下生活质量指数和保障指数的省区分别多了3个和7个。在同一序位中，健康指数值也明显高于生活质量指数值和保障指数值。这同时也印证了全国老龄事业发展在参与指数、健康指数、生活质量指数和保障指数由高至低的下降顺序。

生活质量较差，仅高于保障水平。在生活质量指数中，全国水平的生活质量指数为66.18分，是4个要素指数中除保障指数以外另一个得分较低的指数。上海和北京作为全国生活质量最高的两个地区，指数值分别为92.37分和88.54分，表明我国老年人口生活质量还有较大的发展空间。与其他3项指数大致由高至低逐渐下降的趋势略有不同的是，西藏的生活质量指数较高，在全国生活质量指数排序中列第7位，这主要归因于西藏的人均离退休金费用在全国居最高水平，各项指标值的详细分析见第7章。

6.2.3 要素指数的省际纵向比较

为了探究全国老龄事业发展指数水平和不同省（市、区）总指数排序的原因，本节对2014年、2004年4项要素指数进行纵向比较，从分地区和各项指数具体数值两个角度进行细致分析。

6.2.3.1 2004年、2014年健康指数的纵向比较

如第5章所述，由于数据限制，健康指数在2004年、2014年指标设置改动较大。2004年健康指数由健康预期寿命1项指标构成，具体数据来自北京大学刘菊芬博士根据2005年1%抽样调查及2005年《中国人口统计年鉴》计算所得。2014年健康指数由80岁及以上高龄老人占老年人口比重和100岁及以上百岁老人占老年人口比重两项指标构成，数据来自2015年《中国民政统计年鉴》。从健康指数的具体数值及健康指数与其他3项指数的横向比较看，现有指标设置是相对合理的。表6-5展现出2004~2014年健康指数的变化情况。

由表6-5可以看出，海南、北京、新建、广西、广东、上海及天津是2014年健康指数较高的地区。与2004年比较，上海、天津、北京、新疆除了具体位次上略有差异外，4个省（市、区）在全国的领先地位相对稳定，尤其新疆由2004年第7位跃升至2014年第3位。新疆维吾尔自治区作为我国5个少数民族自治区之一，在经济社会发展水平相对落后的情况下，其健康水平长期处于全国前7名，其中原因值得深入探讨。

与此同时，近10年来，宁夏、甘肃两地虽然在健康指数的具体数值上有较大提高，但其在全国的落后地位未曾改变。在全国省级排序上变化较大的有海南省、广西壮族自治区、广东省和吉林省，在全国省级排序中分别由2004年第22位、第26位、第20位和第19位，变动为2014年第1位、第4位、第5位和第31位。前3个省区提升较大，尤其海南省，不仅高龄老人比重位居全国第一，百岁老人比重也是全国最高水平。这在一定程度上反映海南省老年人口健康水平的整体提升。与海南省健康指数上升趋势相反的是，吉林省的健康指数呈下降趋势，排在2014年全国最末位，具体原因有待于深入挖掘。

表6-5　2014年、2004年健康指数的纵向比较

序位	地区	2014年	地区	2004年	序位	地区	2014年	地区	2004年
	全国	71.36	全国	69.37	16	重庆	69.53	内蒙古	68.10
1	海南	100.00	上海	100.00	17	浙江	69.46	江西	67.92
2	北京	80.56	天津	79.11	18	云南	69.39	山西	67.67
3	新疆	80.44	北京	77.17	19	山西	68.74	吉林	67.21
4	广西	78.89	辽宁	76.04	20	青海	68.61	广东	66.93
5	广东	78.60	重庆	71.98	21	辽宁	68.51	陕西	66.86
6	上海	77.71	黑龙江	71.87	22	黑龙江	68.13	海南	66.50
7	天津	77.06	新疆	71.53	23	贵州	68.11	贵州	66.12
8	河南	74.03	江苏	71.41	24	江西	68.01	河北	65.32
9	福建	73.25	湖南	71.04	25	河北	67.88	青海	64.67
10	江苏	72.60	福建	70.89	26	西藏	67.45	广西	64.02
11	山东	71.90	浙江	70.44	27	陕西	66.72	河南	63.49
12	安徽	71.70	安徽	69.77	28	内蒙古	66.54	云南	63.35
13	湖南	70.78	山东	69.52	29	宁夏	65.68	甘肃	62.42
14	四川	70.42	湖北	69.37	30	甘肃	64.68	西藏	60.93
15	湖北	70.17	四川	68.79	31	吉林	61.34	宁夏	60.00

资料来源：根据2014年、2004年中国老龄事业发展指数及要素指数计算结果整理。

从具体数值看，2004年健康指数高于75分以上的有上海、天津、北京及辽宁4个省份，2014年则增加为海南、北京、新疆等7个省份，看起来变化趋势不明显。但是，2004年，全国第4位、第5位健康指数分别是76.04分和71.98分，分值差异较大。与2004年相比，2014年在健康指数70～77分区间内，不仅增加了74分、73分、72分的分值水平，各省级下降排序的过程中，分值差异较小，下降趋势渐缓。

6.2.3.2 2014年、2004年生活质量指数的纵向比较

生活质量指数是2004~2014年4项要素指数中各项指标变动最少的指数，具体由5项指标构成，其中人均GDP、城镇居民可支配收入、农村居民人均纯收入、城市最低生活保障金均未改变，数据来源也分别根据2005年和2015年《中国统计年鉴》所得。略有调整的是，2005年《中国统计年鉴》中“人均离退休费用”指标在2015年同一年鉴中被取消，本书以“企业职工养老金”指标替代。具体差异见表6-6。

表6-6 2014年、2004年生活质量指数的纵向比较

序位	地区	2014年	地区	2004年	序位	地区	2014年	地区	2004年
	全国	68.54	全国	66.18	16	山西	65.95	宁夏	64.15
1	上海	96.79	上海	94.37	17	青海	65.94	吉林	64.15
2	北京	94.91	北京	88.54	18	新疆	65.92	湖北	63.93
3	浙江	84.74	浙江	80.77	19	黑龙江	65.91	内蒙古	63.80
4	天津	84.59	天津	79.69	20	安徽	65.57	广西	63.73
5	江苏	78.83	广东	75.60	21	吉林	65.32	新疆	63.72
6	广东	73.63	江苏	73.14	22	江西	65.26	湖南	63.71
7	西藏	72.69	西藏	73.01	23	湖南	65.00	黑龙江	63.70
8	山东	72.63	福建	70.19	24	海南	64.86	山西	63.47
9	内蒙古	72.06	山东	69.00	25	宁夏	64.44	海南	63.43
10	福建	71.92	辽宁	66.36	26	河南	64.20	四川	63.18
11	辽宁	71.10	青海	65.66	27	四川	63.68	河南	63.09
12	湖北	67.61	重庆	65.09	28	广西	63.49	江西	62.67
13	河北	67.12	河北	65.00	29	云南	62.75	陕西	62.16
14	重庆	66.93	云南	64.99	30	甘肃	62.70	甘肃	62.14
15	陕西	66.66	安徽	64.63	31	贵州	62.09	贵州	61.78

资料来源：根据2014年、2004年中国老龄事业发展指数及要素指数计算结果整理。

分地区看，2014年与2004年上海、北京、浙江、天津、江苏、广东、西藏7个省（市、区）在全国生活质量指数的排序未曾发生变化。与2004年相比，2014年除了广东和西藏地区具体数值变化不大之外，其他5个省（市、区）的生活质量指数均有3~6分的提高。与全国平均水平的变化方向和变化数值区间一致。河南、四川、广西、甘肃和贵州的生活质量指数在全国落后地位的整体排序基本未变，从各省区具体数值的变化看，这5个省（市、区）的生活质量指数也在同步提高，但提高幅度较小，集中在1~2分。

与2004年相比，2014年生活质量指数排序变化省份较大的是云南省和陕西省。由表6-6看出，云南省在全国的排序由2004年第14位下降至2014年的第29位，具体数值也有所下降。陕西省则由2004年第29位上升至2014年的第15位，指数值提高4分左右。具体原因详见第7章对单项指标的深入分析。可见，通过中国老龄事业发展指标体系构建的实证分析，可以了解不同地区老龄事业在健康、生活质量、参与和保障方面的发展现状，探寻形成各地区差异的原因，为推进我国老龄事业的协调发展提供决策依据。在我国人口老龄化水平不断提高和老龄问题日益复杂的社会背景下，各省（市、区）应立足本地实际情况，紧密围绕国家应对人口老龄化战略重点，实现经济社会发展和老龄事业发展的共同进步。

6.2.3.3 2014年、2004年参与指数的纵向比较

结合我国老年人口社会参与的实际特点，加上数据所限，2015年参与指数构成主要由三项指标构成，具体为老年学校在校率、每万名老年人口拥有老年人协会数及年末参加老年活动中心人次数，具体数据来源于2015年《中国民政统计年鉴》。表6-7展现出2014年、2004年全国及各省（市、区）参与指数的省级排序及数值变化情况。

表6-7　2014年、2004年参与指数的纵向比较

序位	地区	2014年	地区	2004年	序位	地区	2014年	地区	2004年
	全国	71.36	全国	69.37	16	宁夏	67.99	黑龙江	73.06
1	福建	84.20	北京	92.40	17	江西	67.83	江 西	72.94
2	浙江	80.49	上海	84.14	18	湖北	67.54	广 西	72.56
3	河北	80.12	天津	84.05	19	重庆	67.37	宁 夏	72.06
4	山西	78.26	福建	81.59	20	新疆	67.02	云 南	71.87
5	云南	76.11	山东	80.14	21	内蒙古	66.31	河 南	71.85
6	北京	75.32	浙江	78.74	22	辽宁	65.90	河 北	71.17
7	山东	75.11	吉林	78.56	23	广东	65.64	贵 州	70.46
8	上海	74.86	山西	77.50	24	黑龙江	65.47	青 海	70.42
9	贵州	72.58	湖南	75.38	25	河南	65.27	甘 肃	70.31
10	湖南	72.05	重庆	75.02	26	安徽	64.78	湖 北	68.89
11	天津	70.27	陕西	74.69	27	广西	64.75	四 川	68.12
12	四川	70.01	广东	74.17	28	青海	63.70	海 南	67.30
13	陕西	69.60	新疆	73.96	29	海南	61.97	安 徽	66.66
14	甘肃	69.38	辽宁	73.68	30	吉林	60.91	内蒙古	66.54
15	江苏	68.85	江苏	73.39	31	西藏	60.00	西 藏	60.00

资料来源：根据2014年、2004年中国老龄事业发展指数及要素指数计算结果整理。

通过对表6-7分析后发现，不论是各省（市、区）近10年在全国的排序还是具体数值变化，参与指数是4项要素指数中变化最大的指数，呈现出省级排序变动较多、数值下降的整体特点。具体来说，北京市由2004年第1位下降至2014年第6位，参与指数值则由92.40分下降至75.32分，下降幅度较大。上海市由2004年第2位下降至2014年第8位，参与指数值也下降近10分。福建省由2004年的第4位，提高到2014年第1位，参与指数值为84.20分，比2004年第1位北京的指数值下降8分左右。与上海、北京等发达地区参与指数下降不同的是，河北省参与指数则由2004年的71.17分提高到2014年的80.12分，在全国排序由第22位上升至第3位。排除数据误差的原因，河北省参与水平的大幅提高需要结合本省实际状况深入挖掘。同理，云南省参与指数值由2004年71.87分提高到2014年的76.11分，提高5分左右，由2004年排序第20位上升至2014年第5位。这两个省份参与指数分值的较大提高，一方面弱化了发达地区参与指数的下降趋势，另一方面对于提高全国平均水平的参与指数具有突出作用。

值得注意的是，与健康指数在全国的排列顺序类似，吉林省参与指数在全国居倒数第2位，比2004年第7位下降23位，具体数值下降近18分，是31个省（市、区）中参与指数下降幅度最大的省份。这两项指数对于吉林省在全国的整体排序具有较大影响。本书尝试以构成各项指数的单项指标为重点，结合吉林省人口老龄化水平和老龄事业发展现状进行深入探讨。

6.2.3.4 2014年、2004年保障指数的纵向比较

与2004年相比，2014年保障指数构成也略有调整，具体由养老保障覆盖率、每万名老人拥有老年医院床位数、每万名老人获得老年法律援助件数和高龄津贴享受比率4项指标组成。其中，养老保障覆盖率由城镇职工基本养老保险覆盖率和城乡居民社会养老保险覆盖率两项指标合成。具体省级排序和数值变化见表6-8。

对比2014年、2004年省级排序可以看出，各省（市、区）保障指数的变动情况较大，除了上海、江苏的领先地位较为稳定外，北京、浙江、山东、河南等地区的下降较为突出。陕西、重庆、四川、安徽及青海在全国排序的上升趋势明显。从具体数值看，除北京、上海、浙江、山东地区保障指数下降外，全国平均水平及其他27个地区的保障指数均有所提高。提高幅度高于10分以上的包括天津、安徽、广东、陕西和青海5个地区，提高幅度在6~10分的包括湖北、重庆、四川和云南4个地区，对于提高全国的保障水平具有较为突出的贡献。

表6-8 2014年、2004年保障指数的纵向比较

序位	地区	2014年	地区	2004年	序位	地区	2014年	地区	2004年
	全国	68.95	全国	64.98	16	北京	69.42	新疆	64.49
1	上海	85.36	上海	86.80	17	广西	69.40	湖北	64.47
2	天津	84.30	浙江	77.75	18	吉林	69.35	福建	64.39
3	江苏	76.50	北京	76.75	19	浙江	69.21	内蒙古	64.23
4	陕西	75.84	山西	73.43	20	内蒙古	67.50	重庆	64.00
5	重庆	74.30	黑龙江	70.68	21	福建	67.48	河北	63.97
6	云南	73.58	江苏	68.82	22	山东	67.44	宁夏	63.65
7	四川	73.27	山东	68.47	23	江西	66.36	海南	63.63
8	安徽	73.17	湖南	67.83	24	甘肃	66.13	江西	62.73
9	青海	72.68	辽宁	67.74	25	广东	65.94	四川	62.66
10	黑龙江	72.63	广西	67.74	26	河北	65.54	陕西	62.62
11	辽宁	70.28	云南	67.60	27	贵州	65.11	青海	62.47
12	湖南	69.95	天津	67.51	28	宁夏	65.06	安徽	62.43
13	湖北	69.86	吉林	66.08	29	河南	65.01	甘肃	61.64
14	新疆	69.62	广东	66.01	30	海南	63.66	西藏	60.91
15	山西	69.43	河南	64.54	31	西藏	62.58	贵州	60.81

资料来源：根据2014年、2004年中国老龄事业发展指数及要素指数计算结果整理。

6.3 要素指数的均衡分析

考察一个地区的老龄事业发展水平，可以从两个角度考虑：一是总指数得分高低；二是各分项指数的接近程度。前者表示老龄事业发展的总体水平，后者表示各分项领域的均衡发展。如果一个地区的老龄事业总体水平较高，但各分项领域之间的发展差别很大，并不是理想的发展。从我国31个省级行政区老龄事业发展指数的编制结果来

看，在一个地区内，4个分项指数得分越接近，则在4个方面的区域发展越有可能相对均衡。

6.3.1 2014年要素指数的均衡状况分析

本节以4个分项指数为变量，以均值和均衡度为测评指标，对2014年全国及31个省（市、区）的老龄事业发展指数进行均衡度分析，主要包括均值和均衡度各项指标。其中，均值指各个地区4个分项指数的平均值，均值较大表示老龄事业发展水平较高，反之则较低。均衡度为变异系数，是标准差与均值之比，数值小即被理解为分布集中，均衡度较好。

经过计算得知，全国老龄事业发展均衡度为0.018，结合31个省（市、区）老龄事业发展指数在全国排序及均衡度分析，2014年我国老龄事业的均衡发展不够理想，具有较大的改善空间，总体呈现“水平不高、均衡不够”的特点。

分地区来看，全国31个省级行政区的老龄事业同样存在发展不均衡的特点。

老龄事业发展水平较高，但均衡度也较好的地区较少，主要包括山东、江苏等省份。江苏的老龄事业发展水平在全国居第6位，均衡度为0.051，表现出在健康、生活质量、参与和保障4个方面比较良好的发展态势。山东的老龄事业发展总指数在全国排第8位，均衡度为0.039，是均衡度在0.04水平下唯一一个老龄事业发展指数排在全国前10名的省份。对于这些地区来说，目前较为紧迫的任务是，以中国老龄事业发展指标体系为参考，综合比较影响本省总体水平发展和各要素发展的决定因素，找出其中差距，取长补短，进而提高老龄事业发展的总体水平。

老龄事业发展水平最高的地区，各个要素的协调发展还有待于加强。在均衡度最差的前6个省份中，包括老龄事业发展指数水平相对较高的上海、北京、浙江、福建、海南等地区。海南的老龄事业发展总指数在全国排名第7，但其4个单项指数的发展均衡度最差，其标准差与均值之比为0.218，是全国最高值。其次为北京，均衡度为0.118。在4个分项指数中，北京市最高的生活质量指数比最低的保障指数高出25.50分，其他2项指数也存在较大差异。虽然上海的老龄事业发展属全国最高水平，但其均衡度水平排在全国倒数第3位，可见其在健康、参与、生活质量及保障4个方面的均衡发展还有待于进一步调整。对这些地区来说，如何利用自身优势，深刻总结经验教训，在发展过程中做到既快又好，以促进全国老龄事业的协调、统一发展，应成为地方政府和老龄工作部门关注的重点内容。

老龄事业发展水平较差、均衡度也不高的地区数量最多。由以上分析得知，全国多数地区老龄事业发展水平不高，均衡度也较差。在这些省份中，均衡度相对差的地区主要有西藏（0.074）、广西（0.088）。西藏自治区的老龄事业发展水平居全国倒数第2位，但其均衡度排在全国第21位。广西壮族自治区老龄事业发展总指数在全国居第18位，标准差与均值之比排在全国第27位。对于这些地区来说，找出老龄事业发展中存在的主要障碍，吸取其他省（市、区）的宝贵经验，充分利用现有的有利环境，进一步加强对老龄事业的支持力度，不失为加快本地区老龄事业发展、提高老龄事业发展水平的有效策略。

6.3.2 2004年要素指数的均衡状况分析

箱线图（Boxplot）是在统计学领域被广泛使用、表示各因素协调发展的分析方法之一，用于描述数据分布及多组数据的直观比较分析，包括简单箱线图（Simple Boxplot）和分类箱线图（Clustered Boxplot）两种。本节采用简单箱线图对2004年我国31个省级行政区的老龄事业均衡发展进行综合考察。

一般来说，箱线图较短说明4个分项指数的发展相对协调，而箱线较长的地区，则说明分项指数的发展不够协调。在箱线图中，下影线较长的地区，说明该区域总体发展水平较高，但综合发展水平不够协调；上影线较长的地区，说明该区域总体发展水平较低，但某一个方面的发展相对较高。

由图6-2可以看出，2004年，在我国31个省级行政区中，上海、北京、天津、浙江等省区是全国老龄事业发展最高的地区，明显高出其他省份。天津、黑龙江的下影线较长，说明其某一单项指数得分较低，在本区域的综合协调发展方面还存在较大的改进空间。山东、西藏、甘肃的上影线较长，说明其在某一单项指数的发展具有突出优势。此外，虽然江苏、辽宁、安徽、四川、新疆等地区的综合发展水平高低不一，但4个分项指数的得分比较接近，说明其在4个要素方面的发展相对协调。

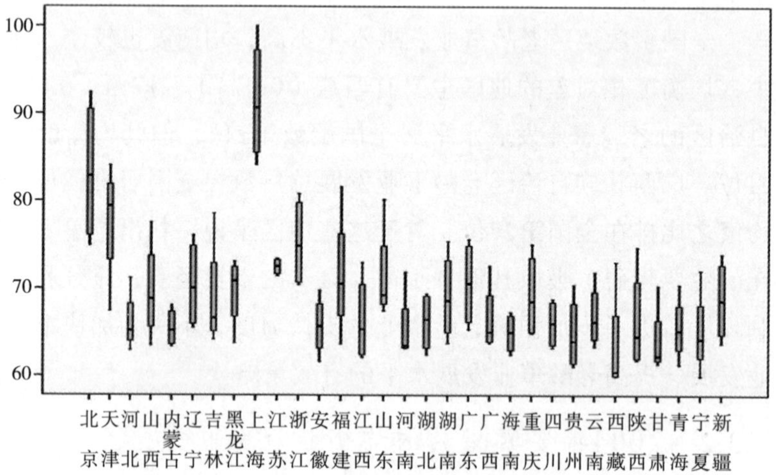

图6-2　2004年中国老龄事业发展要素指数箱线图

资料来源：根据2004年中国老龄事业发展指数及要素指数计算结果整理。

6.3.3　要素指数均衡状况的纵向比较

为了更深入分析要素指数的均衡状况和预测要素指数均衡发展的趋势，本节在得出全国及31个省（市、区）标准差和均值的基础上，利用标准差与均值之比对2014年、2004年4项要素指数的均衡状况进行纵向比较（见表6-9）。从全国平均水平看，2014年标准差与均值之比为0.018，2004年同一指标值为0.054，说明2014年要素指数的均衡发展要好于2004年，与6.2.3各项要素指数的省际纵向分析结果一致。

由表6-9看出，2014年标准差与均值之比在0.04以下的地区有8个，分别是山东、湖南、甘肃、内蒙古、辽宁、宁夏、湖北、江西。这8个省（市、区）中，除了山东省在全国排序较为靠前（第8位）外，其他地区均排在全国半数以下。江西作为全国4项要素指数均衡度最好的地区，排在全国第27位。对于落后地区来说，4个要素指数的均衡度结果并不能说明这些地区的老龄事业发展已呈现均衡发展的良好态势，而是这些地区的各项指数都比较低，因此具有均衡度较为良好的表现形式。

全国近一半地区的标准差与均值之比在0.04~0.08，共有15个，其中老龄事业发展较高的地区仅有江苏、天津、广东3个省份，其老龄事业发展总指数分别排在全国第6位、第3位和第9位。其他12个省份的老龄事业发展均属于落后地区。与均衡值在0.04以下的情况大致相同。

表6-9 2014年、2004年中国老龄事业发展的均衡度地区分类表

均衡度	2014年	2004年
0.04以下	山东、湖南、甘肃、内蒙古、辽宁、宁夏、湖北、江西	江苏、内蒙古、海南
0.04 ~ 0.08	广东、天津、西藏、云南、山西、河南、贵州、陕西、安徽、吉林、江苏、四川、青海、重庆、黑龙江	上海、浙江、广东、黑龙江、宁夏、贵州、重庆、云南、新疆、甘肃、青海、江西、辽宁、广西、湖南、河南、河北、安徽、湖北、四川
0.08 ~ 0.12	北京、上海、浙江、广西、福建、河北、新疆	北京、天津、福建、山东、山西、吉林、陕西、西藏
0.12以上	海南	—
全国平均水平	0.018	0.054

资料来源：根据2014年、2004年中国老龄事业发展指数及要素指数计算结果整理。

相比之下，2004年标准差与均值之比在0.04以下的地区仅有3个，分别是江苏、内蒙古、海南（见表6-9）。这3个省区分别排在全国31个省（市、区）第5位、第11位、第28位，基本覆盖我国老龄事业发展高、中、低三个水平。与2014年不同的是，2004年全国大部分地区的标准差与均值之比在0.04~0.08，共有20个，其中老龄事业发展较高的地区仅有江苏、山东、辽宁3个省份，其他17个省区的老龄事业发展均属于落后地区。值得注意的是，2004年海南省在全国老龄事业发展指数省级排序中居第28位，2014年跃居全国第7位，且其各项要素指数的均衡状态均不错，2014年成为全国均衡值最高的省份。其中原因值得深入探讨。

6.4 中国老龄事业发展指数与相关发展指数的实证比较

本节以2004年为例，对中国老龄事业发展指数与人类发展指数、中国发展指数三大指标体系中全国31个省（市、区）在不同发展指数中的总体排序、排序差值及排序差值分类进行比较，以验证老龄事业发展指数的合理性、科学性。鉴于三大指标体系不同的评价对象，本书仅对各地区的排列顺序进行分析，具体数值不作讨论。

6.4.1 中国老龄事业发展指数与人类发展指数的比较分析

联合国人类发展指数（HDI）由联合国开发计划署1990年首次公布，此后每年公布世界各地区人类发展成就的年度发展报告。目前，联合国人类发展指数及其年度报告已成为评价世界各国人文发展综合水平的重要依据。

6.4.1.1 总体排序

经过对比发现，2004年31个省（市、区）在中国老龄事业发展指数与人类发展指数排列顺序上除个别省份差距较大，排序大致相同（见表6-10）。

表6-10　2004年中国老龄事业发展指数与HDI的省级排序

	中国老龄事业发展指数			联合国人类发展指数	
序位	地区	排序差值	指数	地区	指数
1	上海	0	91.35	上海	83.0
2	北京	1	83.25	广东	78.5
3	天津	2	77.56	北京	77.0
4	浙江	0	75.23	浙江	76.7
5	江苏	5	72.45	天津	76.5
6	福建	0	71.57	福建	75.5
7	山东	0	71.53	山东	74.4
8	广东	-6	70.50	辽宁	73.0
9	辽宁	-1	70.39	河北	72.0
10	山西	4	69.64	江苏	71.8
11	黑龙江	0	69.61	黑龙江	71.3
12	重庆	7	69.24	海南	71.3
13	湖南	7	69.07	新疆	71.3
14	吉林	1	68.97	山西	71.1
15	新疆	-2	68.74	吉林	70.8
16	云南	13	66.90	河南	70.2
17	广西	7	66.56	陕西	69.7
18	江西	5	66.42	湖北	69.6
19	陕西	-2	66.37	重庆	68.6
20	湖北	-2	66.16	湖南	68.4
21	河北	-12	66.10	内蒙古	67.9
22	四川	4	65.98	安徽	67.9
23	安徽	-1	65.67	江西	67.9
24	青海	4	65.52	广西	67.9

续表

中国老龄事业发展指数				联合国人类发展指数	
序位	地区	排序差值	指数	地区	指数
25	内蒙古	-4	65.44	宁夏	67.1
26	河南	-10	65.43	四川	66.9
27	宁夏	-2	65.11	甘肃	64.1
28	海南	-16	64.91	青海	63.6
29	贵州	1	64.86	云南	62.3
30	甘肃	-3	64.07	贵州	58.8
31	西藏	0	63.48	西藏	50.8
	全国		68.46	全国	71.7

资料来源：联合国人类发展指数数据来自田辉：《人类可持续发展指数（HSDI）构建及其应用研究》，南京理工大学2008年博士学位论文，第61页。

注：排序差值指以联合国人类发展指数为标准，中国老龄事业发展指数31个省（市、区）的排序的升降位次。数值越大，表示位次变化越大，反之则越小。正值表示升序，负值表示降序。

在两项指数中排在前10位的有9个省份相同，只有山西省在中国老龄事业发展指数中排序第10，而在人类发展指数中排第14位。河北省在人类发展指数中位列第9，而在中国老龄事业发展指数中下降至第21位。人类发展指数是评价世界各国人文综合发展水平的有效工具，已得到世界各国的普遍认可。老龄事业既是人类发展过程中经济发展的必然产物，也是社会发展的综合体现。中国老龄事业发展指数在全国31个省级行政区的排序上与人类发展指数大致相同，正说明本指标体系的合理性。同时，鉴于不同的评价对象，各省区在具体位次上稍有差别也是合理的。

为了进一步比较2004年中国老龄事业发展指数与人类发展指数的省际差异状况，本节将不同省（市、区）排序差值进行分类，具体差异如表6-11所示。

表6-11　2004年中国老龄事业发展指数与HDI的省区排序差值分类表

排序差值	省级行政区	省区个数
差值≤5	上海、北京、天津、浙江、江苏、福建、山东、辽宁、山西、黑龙江、吉林、新疆、江西、陕西、湖北、四川、安徽、青海、内蒙古、宁夏、贵州、甘肃、西藏	23
6≤差值≤10	广东、重庆、湖南、广西	4
差值≥11	云南、河北、河南、海南	4

资料来源：根据2004年中国老龄事业发展指数及要素指数与联合国人类发展指数省级排序计算结果整理。

由表6-11看出，全国23个地区的排列变动顺序在前后5位以内，这说明联合国人类发展指数和中国老龄事业发展指数对我国31个省级行政区的测评差别不大，在一定程度上反映出中国老龄事业发展指数在指标选取、权重设计及计算方法等方面具有一定的合理性。如果中国老龄事业发展指标体系在上述任何一个方面存在问题，则各省区在两大指标体系中的排序不可能出现大范围的一致性。但必须指出，个别省份在两项指数的排列顺序相差较大。云南、河北、河南和海南排序差值在11以上，广东、重庆、湖南、广西4省的排序差值在6~10。对于这些变动顺序较大的省份，本章将在6.4.1.2着重分析。

6.4.1.2　中国老龄事业发展指数与人类发展指数的省际比较

在对全国各省区总体位次进行排序之外，本节还将对排序差值较大的省份进行分析，以从中发现影响我国经济社会总体发展和老龄事业发展的不同决定因素，为提高我国整体老龄事业发展水平提供有针对性的对策建议。对比全国各地区在老龄事业发展指数和人类发展指数的排序差值，可以发现，云南省的排序上升13位。重庆、湖南、广西也是排序向上变化比较大的省份，在中国发展指数中的位次均提前了7位。那么，这些地区的老龄事业发展主要归功于哪些因素？本节通过对2004年我国4个要素指数数值的对比发现，云南省的保障指数（67.37分）和生活质量指数较高（64.99分），分别列在全国同类指数的第9位、第14位，对提高云南省的老龄事业发展总体水平起到了重要的推动作用。

通过对中国老龄事业发展指数4项要素指数的比较后发现，重庆市的健康指数在4项指数中最高，排在全国同类指数的第5位，同时其参与指数和生活质量指数也居全国较高水平，分别排在同类指数的第10位、第12位，保障指数相对较低，排在第16位。与在人类发展指数中重庆市排名第19位相比，重庆市老龄事业发展在4个分项指数的排名均靠前，总指数值排位提前是必然的。

排序差值降序最大的是海南，其次为河北、河南、广东等省区。在中国老龄事业发展指数中，海南的总指数值为64.91分，排在全国31个省区的第28位。由表6-1看出，海南的参与指数位于全国第28位，其他3项指数排序也较为落后，分别列在生活质量指数的第25位，保障指数的第24位，健康指数的第22位。与人类发展指数中海南排名第12位相比，老龄事业发展的4个要素指数均较为落后，是造成海南省老龄事业发展指数较低、排序靠后的主要原因。

6.4.2 中国老龄事业发展指数与中国发展指数的比较分析

中国人民大学中国发展指数（RCDI）2007年由中国人民大学中国调查评价中心首次正式发布，是对当前我国各地区经济、社会发展进行综合测评的评价工具，它对于科学评价我国社会经济的发展水平及其地区差异，促进我国地区社会经济的协调可持续发展提供政策依据，具有重大的借鉴意义。

RCDI借鉴联合国编制HDI的思想，结合我国的具体国情，确定中国发展指数由健康指数、教育指数、生活质量指数和社会环境指数4个单项指数，共15个指标构成，涉及健康、教育、经济、生活水平、社会秩序、生态环境等多方面的内容。[1]经过专家反复论证和科学的

[1] 袁卫、彭非主编：《中国人民大学中国发展报告2007》，中国人民大学出版社2008年版，第9页。

计算方法，最后得出的评价结论较为全面、客观、合理，较为真实地反映了我国各省级行政区的人文社会发展水平。本节对2004年中国老龄事业发展指数与中国发展指数进行比较。

6.4.2.1　中国老龄事业发展指数与中国发展指数的总体排序

中国发展指数是对我国全方位、多层次经济社会发展等内容的客观评价。经过对比发现，31个省（市、区）在中国老龄事业发展指数与中国发展指数的排列顺序大致相同。在两项指数中排在前10位的有8个省份相同，天津、浙江、江苏在两项指数的排序完全相同，分别列第3～5位（见表6-12）。

表6-12　2004年中国老龄事业发展指数与RCDI的省级排序

	中国老龄事业发展指数			中国发展指数	
序位	地区	排序差值	指数	地区	指数
1	上海	1	91.35	北京	93.85
2	北京	-1	83.25	上海	92.41
3	天津	0	77.56	天津	84.40
4	浙江	0	75.23	浙江	82.69
5	江苏	0	72.45	江苏	80.69
6	福建	3	71.57	广东	78.80
7	山东	3	71.53	辽宁	78.15
8	广东	-2	70.50	吉林	77.79
9	辽宁	-2	70.39	福建	77.36
10	山西	3	69.64	山东	77.19
11	黑龙江	3	69.61	内蒙古	75.56
12	重庆	5	69.24	河北	75.31
13	湖南	2	69.07	山西	75.31
14	吉林	-6	68.97	黑龙江	75.08

续表

中国老龄事业发展指数				中国发展指数	
序位	地区	排序差值	指数	地区	指数
15	新疆	4	68.74	湖南	74.13
16	云南	13	66.90	河南	74.00
17	广西	4	66.56	重庆	73.99
18	江西	5	66.42	湖北	73.93
19	陕西	5	66.37	新疆	73.65
20	湖北	-2	66.16	海南	73.65
21	河北	-9	66.10	广西	73.49
22	四川	3	65.98	宁夏	73.23
23	安徽	3	65.67	江西	72.68
24	青海	3	65.52	陕西	72.01
25	内蒙古	-14	65.44	四川	71.25
26	河南	-12	65.43	安徽	70.95
27	宁夏	-5	65.11	青海	70.09
28	海南	-8	64.91	甘肃	69.63
29	贵州	1	64.86	云南	69.05
30	甘肃	-2	64.07	贵州	66.77
31	西藏	0	63.48	西藏	65.56
	全国	-	68.46	全国	75.56

资料来源：中国发展指数数据来源自中国人民大学中国调查评价中心："中国发展指数的编制研究"，载《中国人民大学学报》2007年第2期，第9~10页。

与中国老龄事业发展指数和人类发展指数对比结果一致的是，中国老龄事业指数和中国发展指数在多数地区的排序总体也相差不大，全国共有25个省（市、区）的排序差值在5以内，包括上海、北京、天津、浙江、江苏等老龄事业发展水平最高的区域（见表6-13）。

表6-13 2004年中国老龄事业发展指数与RCDI的省区排序差值分类表

排序差值	省级行政区	省区个数
差值≤5	上海、北京、天津、浙江、江苏、福建、山东、广东、辽宁、山西、黑龙江、重庆、湖南、新疆、广西、江西、陕西、湖北、四川、安徽、青海、宁夏、贵州、甘肃、西藏	25
6≤差值≤10	吉林、河北、海南	3
差值≥11	云南、河南、内蒙古	3

资料来源：根据2004年中国老龄事业发展指数与中国发展指数省级排序计算结果整理。

与人类发展指数比较结果不同的是，内蒙古自治区在中国老龄事业发展指数中的下降顺序最大。其次，河南省、河北省和海南省也是下降顺序较大的省份。

在中国老龄事业发展指数中，河南省的总指数值为65.43分，排在全国31个省区的第26位。由前文表6-3看出，河南的健康指数和生活质量指数均排在第27位，对河南省的整体老龄事业发展水平影响最大。其他两项指数河南的总体排序也不高，参与指数和保障指数均排在第21位。而在中国发展指数中，河南总指数排在第16位。除了社会环境指数排在全国同类指数的第22位外，健康指数（第15位）、生活质量指数（第16位）、教育指数（第18位）均处于全国中等水平，高于同时期河南省的老龄事业发展各项指数的排序。

6.4.2.2 中国老龄事业发展指数与中国发展指数的区域比较

在中国发展指数中，同样依据各地区4个分项指数的数值，对31个省级行政区进行聚类分析。聚类结果共分为四类，第一类（2个）：北京、上海。第二类（7个）：天津、浙江、江苏、山东、辽宁、广东、吉林。第三类（12个）：福建、内蒙古、黑龙江、山西、湖南、湖北、河北、河南、海南、广西、重庆、新疆。第四类（10个）：宁夏、江西、陕西、安徽、四川、青海、云南、甘肃、贵州、西藏。为此，本书还对中国老龄事业发展指数与RCDI进行区域比较。

对比中国老龄事业发展指数和RCDI的聚类结果比较后发现，中国发展指数的第一类与中国老龄事业发展指数的分类结果完全一致。第二类中，在中国老龄事业发展指数中共4个省市，全部属于中国发展指数中的第二类。两大指标体系地区分类差异最大的是第三类地区，中国老龄事业发展指数将第三类和第四类地区统一定义为一般区域，而中国发展指数则在第三类和第四类地区之间有较为明显的区别。总体上，中国老龄事业发展指数与中国发展指数的区域分类结果比较一致。

6.4.3 中国老龄事业发展指数与人类发展指数、中国发展指数的综合比较

通过对比全国31个省（市、区）在三大指标体系中的排序结果可以发现有以下特点。

浙江、云南、江西、湖北、青海、贵州、西藏7个省区在中国老龄事业发展指数与HDI和RCDI排序差异在数值和方向上的变化完全一致。其中，浙江在三大指标体系中均排在第4位。云南上升13位，江西、青海、贵州分别上升5、3、1位，湖北下降2位，西藏的位置没有变化，在三大指标体系中均处于全国最低水平。同时，北京、上海稳居各大指标体系的前三位，也无较大差异。这些地区涵盖全国老龄事业发展的三个区域即强势区域、优势区域、一般区域。在各大指标体系中均有排序相同的省份，这不应被理解为巧合，而是全国各省（市、区）在人文发展水平、经济社会发展水平和老龄事业发展水平的客观反映。当然，也有个别省份在三大指标体系中的排序差值较大，其中云南、河北两省在中国老龄事业发展指数与HDI和RCDI比较中均存在较大差异，本书将着重分析产生这种现象的深层次原因。

云南省在中国老龄事业发展指数中的排序比HDI和RCDI均有大幅度上升。如前所述，云南省在中国老龄事业发展总指数中排在第16位，其较高的保障指数和生活质量指数，对提高云南省的老龄事业发展总体水平起到了非常重要的作用。

在中国发展指数中，云南省排在第29位，通过对中国发展指数4项要素指数的比较后发现，云南省的生活质量指数、健康指数和教育指数均比较低，分别列在全国同类指数的第29位、第28位、第27位。同样是生活质量的比较，同一省份在两项指数的排序迥然不同，可见，各地区人均生活质量的提高并不能完全代表老年人生活质量的提高。由此看来，在结合本地区平均生活水平的基础上，追加与老年人密切相关的人均离退休费用和最低生活保障金两项指标是很有必要的。

表6-14 2004年中国老龄事业发展指数与HDI、RCDI的排序差值

序位	地区	HDI	RCDI	序位	地区	HDI	RCDI
1	上海	0	1	17	广西	7	4
2	北京	1	-1	18	江西	5	5
3	天津	2	0	19	陕西	-2	5
4	浙江	0	0	20	湖北	-2	-2
5	江苏	5	0	21	河北	-12	-9
6	福建	0	3	22	四川	4	3
7	山东	0	3	23	安徽	-1	3
8	广东	-6	-2	24	青海	3	3
9	辽宁	-1	-2	25	内蒙古	-4	-14
10	山西	4	3	26	河南	-10	-12
11	黑龙江	0	3	27	宁夏	-2	-5
12	重庆	7	5	28	海南	-16	-8
13	湖南	7	2	29	贵州	1	1
14	吉林	1	-6	30	甘肃	-3	-2
15	新疆	-2	4	31	西藏	0	0
16	云南	13	13				

资料来源：根据中国老龄事业发展指数与联合国人类发展指数省级排序和中国老龄事业发展指数与中国发展指数省级排序计算结果整理。

河北省在中国老龄事业发展指数中的排序比HDI和RCDI下降幅度都比较大，分别在两大指标体系中下降12位、9位。在中国老龄事业发展指数中，河北省4个要素指数在全国同类指数的排序均比较落后。而在中国发展指数中，河北省的健康指数、生活质量指数、教育指数和社会环境指数分别列在全国同类指数的第16位、第12位、第11位、第16位，均处于全国中游以上水平。即使按照同比测评的健康指数和生活质量指数，也分别比在中国老龄事业发展指数的排序上升8位、1位。同为健康指数，排序却相差近10位，尽管有计算方法的差异，但在一定程度上也说明全体人群的出生预期寿命延长和婴儿死亡率降低，并不能反映出人群的残疾状况和自理能力，运用健康预期寿命对总人口进行度量才能更加如实反映老年人群的健康水平和生活质量。

6.5 小 结

综合以上分析，得出本章的主要结论如下：

总体状况评价。根据中国老龄事业发展指数的构造方法及要素指数的计算方法得出，2014年我国老龄事业发展发展指数为（以100为标准）69.96分，总体水平处于中游以上水平。分地区看，上海的老龄事业发展水平在全国居首位，其次是北京和天津的老龄事业发展总体水平也具有突出优势。甘肃、西藏和吉林则是我国老龄事业发展水平最低的三个省区。从分布趋势看，31个省（市、区）老龄事业发展水平呈阶梯状分布。排在全国前1/4的省份，老龄事业发展指数比其他省份的老龄事业发展指数高出较多。排在全国2/4、3/4、4/4省份的老龄事业发展指数均值则每级降低2分左右，呈现较为明显的递减规律。

纵向角度分析，2014年全国老龄事业发展总指数比2004年老龄事业发展指数提高1.5分，反映出我国老龄事业发展水平呈上升趋势。排在中下游的省份追赶势头明显，尤其是排在全国3/4分位的省份老龄事业发展进步最快。

结构分析。分4个子系统看，我国老龄事业发展各项指数区域发展基本平衡，各个要素和综合指数的变动方向一致，但各项指数又有各自不同特点。2014年整体水平最高的是健康指数，依次是参与指数、保障指数，生活质量指数最低。与2004年要素指数排序略有不同。

在健康方面，与2004年相比，2014年各省级下降排序的过程中，分值差异较小，下降趋势渐缓。上海、天津、北京、新疆在全国的领先地位相对稳定。宁夏、甘肃两个省区虽然在健康指数的具体数值上有较大提高，但其在全国的落后地位并未改变。10年来全国省级排序上变化较大的有海南省、广西壮族自治区、广东省和吉林省。在生活质量方面，2014年上海、北京、浙江、天津、江苏、广东、西藏7个省（市、区）在全国生活质量指数的排序未曾发生变化。除了广东和西藏地区具体数值变化不大外，其他5个省（市、区）的生活质量指数均有3～6分的提高。与全国平均水平的变化方向和变化数值区间一致。排序变化省份较大的是云南省和陕西省。在参与方面，不论是各省（市、区）近10年在全国的排序还是具体数值变化看，参与指数是4项要素指数中变化最大的指数，呈现出省级排序变动较多、数值下降的整体特点。在保障方面，各省（市、区）保障指数的变动情况较大，除了上海、江苏的领先地位较为稳定外，北京、浙江、山东、河南等地区的下降较为突出。陕西、重庆、四川、安徽及青海在全国排序的上升趋势明显。

均衡分析。2014年我国老龄事业的均衡发展不够理想，具有较大的改善空间，总体呈现“水平不高、均衡不够”的特点。老龄事业发展水平较高，但均衡度也较好的地区较少，主要包括山东、江苏等省份。老龄事业发展水平最高的地区，各个要素方面的协调发展还有待于进一步加强。老龄事业发展水平较差、均衡度也不高的地区数量最多。

2004年，在我国31个省级行政区中，上海、北京、天津、浙江等省区是全国老龄事业发展最高的地区，明显高出全国其他省份。天津、黑龙江的下影线较长，说明其某一个分指数得分较低，在本区域的综合协调发展方面还存在较大的改进空间。山东、西藏、甘肃的上影线较长，说明其在某一个分指数的发展具有突出优势。

三大指标体系比较。在对三大指标体系的省级排序进行对比后发现，31个省（市、区）在中国老龄事业发展指数、人类发展指数和中国发展指数排列顺序上除个别省份差距较大，总体上排序大致相同。

在中国老龄事业发展指数与人类发展指数对比中，两大指标体系中排在前10位的有9个省份相同，全国23个省区的排列变动顺序在前后5位以内。浙江、云南、江西、湖北、青海、贵州、西藏7个省区在中国老龄事业发展指数与人类发展指数和中国发展指数排序差异在数值和方向上变化完全一致。云南省在中国老龄事业发展指数中的排序比人类发展指数和中国发展指数均有大幅度上升。河北省在中国老龄事业指数中的排序比人类发展指数和中国发展指数下降幅度都比较大。

不论以联合国人类发展指数，还是以中国发展指数对我国31个省级行政区的测评为标准，都印证了中国老龄事业发展指数在指标选取、权重设计及计算方法等各方面均较为合理、客观。

7 中国老龄事业发展指标体系的实证研究（Ⅱ）
——区域比较

我国老龄事业的发展是否有区域特点？各个区域之间的差异有多大？在哪些方面存在差异？影响各地区老龄事业发展水平的决定因素有哪些？如何更加有效地促进不同发展阶段的老龄事业发展？等等，这些问题还有待于进一步探讨和分析。本章将根据构成中国老龄事业发展指标体系的15个单项指标，分别对三大区域进行深入分析，找出影响因素，并提出针对性的对策建议。

7.1 中国老龄事业发展的区域特点

为了进一步科学判断各地区老龄事业发展的结构特征，本章采用多元统计中的聚类分析方法，以2014年、2004年4个单项指数的数值作为聚类变量，对我国31个省级行政区进行分类。

7.1.1 三大区域的划分依据

聚类分析是根据研究对象之间的相似性对研究对象进行分类，它可以对案例进行分类（Q型），也可以对变量进行分类（R型）。本章根据老龄事业发展4个分项指数针对全国31个省区进行分类，属于Q型聚类。通过聚类分析，能够根据不同地区的老龄事业发展特征，按照性质上的亲疏程度，产生多个反映老龄事业综合发展水平的分类结果。最终分类的要求是类内部的个体在特征上具有相似性，不同类间的个体特征差异较大。

聚类分析是依据各种距离来度量个体间的“亲疏”程度的。从各种距离的定义来看，所选择的每个变量都会在距离中做出“贡献”。本章采用系统聚类中（Hierarchical Cluster Analysis）中组间均联（Between-group linkage）的方法来计算距离，此方法是系统聚类中比较有效的方法。一般来说，聚类分析包括四个步骤：根据研究目的选择合适的聚类变量；计算相似性测度；选定聚类方法；对结果进行解释和验证（郭志刚，1999）。[1]在确定4个要素指数为聚类变量后，本章首先对聚类变量进行相似性检验。表7-1给出了4个变量之间的相关系数。

表7-1　2004年中国老龄事业发展指数4个变量之间的相关关系

			健康指数	生活质量指数	参与指数	保障指数
Kendall's tau_b	健康指数	Correlation Coefficient	1.000	.323（*）	.402（**）	.428（**）
		Sig.（2-tailed）	.	.011	.001	.001
		N	31	31	31	31
	生活质量指数	Correlation Coefficient	.323（*）	1.000	.319（*）	.370（**）
		Sig.（2-tailed）	.011	.	.012	.003
		N	31	31	31	31
	参与指数	Correlation Coefficient	.402（**）	.319（*）	1.000	.535（**）
		Sig.（2-tailed）	.001	.012	.	.000
		N	31	31	31	31
	保障指数	Correlation Coefficient	.428（**）	.370（**）	.535（**）	1.000
		Sig.（2-tailed）	.001	.003	.000	.
		N	31	31	31	31

* Correlation is significant at the 0.05 level（2-tailed）.

** Correlation is significant at the 0.01 level（2-tailed）.

资料来源：根据2004年中国老龄事业发展指数及要求指数计算结果整理。

[1] 郭志刚：《社会统计分析方法——SPSS软件应用》，中国人民大学出版社1999年版，第118~119页。

由表7-1看出，健康指数、生活质量指数、参与指数和保障指数这几个变量之间中度相关，因为4个变量各自代表了老龄事业发展的4个重要侧面，我们都保留。

聚类结果见图7-1。

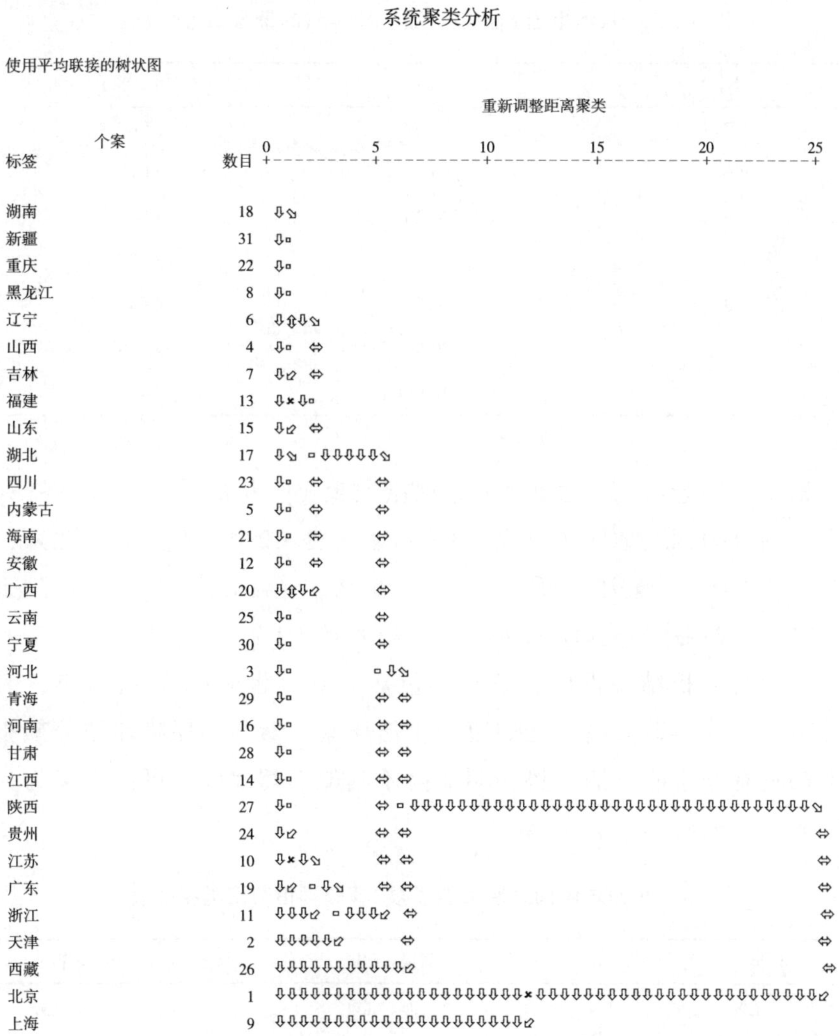

图7-1　2004年各地区老龄事业发展要素指数聚类谱系图

资料来源：根据2004年中国老龄事业发展指数及要素指数计算结果整理。

在对四个变量的相关性检验后，还需要确定分类数。在对层次聚类法的聚合系数分析后发现，由5类聚为4类时，聚合系数发生增加较大，而在由3类聚类2类时，聚合系数也发生较大变化，这表明，合理分类数在3~4（见表7-2）。

表7-2　2004年中国老龄事业层次聚类法的聚合系数分析

类数	聚合系数	变化（%）
7	1 811.50	57.66
6	766.95	51.20
5	374.29	13.42
4	324.07	36.27
3	206.55	41.48
2	120.88	25.53
1	90.02	—

根据中国老龄事业发展4个分项指数聚类分析的结果，最终将31个省区划分为四类地区（见表7-3）：第一类（2个）：上海、北京；第二类（4个）：天津、浙江、江苏、广东；第三类（24个）：除第一、二类和西藏之外其他24个省区。第四类（1个）：西藏。

由聚类分析结果得出，第一类包括上海、北京2个特大城市，其老龄事业发展指数最高，在健康、生活质量、参与和保障四类分项指数上都具有非常明显的优势，明显高于其他三类地区，可以定义为强势区域。

表7-3　2004年中国老龄事业发展4项分类指数聚类特征表

分类	省级行政区	特征
第一类地区	上海、北京	强势
第二类地区	天津、浙江、江苏、广东	优势

续表

分类	省级行政区	特征
第三类地区	福建、山东、辽宁、重庆、山西、湖南、黑龙江、吉林、新疆、云南、安徽、陕西、广西、青海、四川、湖北、宁夏、江西、河北、河南、海南、内蒙古、贵州、甘肃	一般
第四类地区	西藏	

资料来源：根据2004年中国老龄事业发展指数及要素指数计算结果整理。

第二类包括天津、浙江、江苏、广东4个省（市），总指数值在73分左右，在健康水平、生活质量、参与和保障等方面具有一定的优势，我们定义为优势区域。优势区域在总指数、健康指数、生活质量指数及保障指数方面与一类地区之间有一定的差距，与参与指数的差距相对较小。与第三类和四类地区相比，优势区域在生活质量指数明显高于三类地区的均值。总体来看，优势区域具有老龄事业发展不均衡的特点，具有一定的不稳定性和较大的发展空间。

第三类地区包括除前两类和西藏以外的其他24个省区。总体上，第三类地区的各项指数值均低于强势区域和优势区域，总指数均值在67分左右，除了在个别方面具有一定的发展潜力外，整体上老龄事业发展水平相对落后。此外，由于西藏的各项老龄事业发展均处于全国最低水平，且与其他省区差距较大，统计分析结果将其单列为一类。我们将第三类地区和西藏自治区合称为一般区域。一般区域的特点是在总指数、健康指数、生活质量指数及保障指数方面均处于较低水平，但参与指数值相对较高，与第一、二类地区差距较小。

同理，根据2015年相关数据分析和区域划分依据，2014年中国老龄事业发展也分为强势区域、优势区域和一般区域。其中，强势区域有2个，分别是上海、北京2个直辖市。优势区域包括天津、浙江、江苏和福建4个省市。一般区域则包括剩下的25个省（市、区）。

值得注意的是，本章是根据4个单项指数的数值进行分类的，而不是以总指数的数值作为分类变量，其结果展示出2014年、2004年我国31个省级行政区，在健康、生活质量、参与和保障4个单项指数上的地区分布状况，反映的是各个地区在健康、生活质量、参与和保障等方面的相似性和差异性。总指数的排序则反映了各个地区在老龄事业发展综合水平的优劣顺序。

7.1.2 2014年三大区域老龄事业的总体比较

本节首先将2014年强势区域、优势区域和一般区域的老龄事业发展总指数及4个要素指数取均值，观察上述三类区域在健康、生活质量、参与、保障等方面及老龄事业发展总体水平的差异，找出三大区域在老龄事业发展过程中存在的主要问题，并提出下一步促进各地区老龄事业发展的工作重点。

根据2014年中国老龄事业发展指数及要素指数计算得知，强势区域、优势区域和一般区域的老龄事业发展总指数分别为81.87分、75.86分和68.69分，而全国平均水平的同类指数为69.96分。全国老龄事业发展总指数值与一般区域得分值最为接近。由图7-2中看出，全国老龄事业发展总指数得分仅比一般区域均值水平稍高（比一般区域均值高1.27分），比强势区域、优势区域的均值分别低了11.91分、5.90分。这同时从区域角度证明，2014年全国老龄事业发展水平处于中等上游水平。

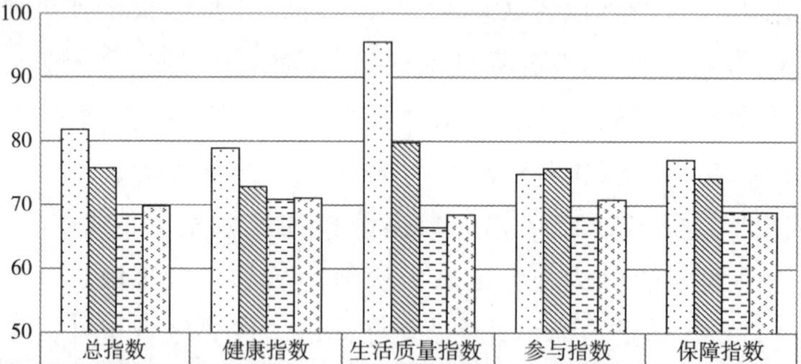

	总指数	健康指数	生活质量指数	参与指数	保障指数
强势区域	81.87	79.14	95.85	75.09	77.39
优势区域	75.86	73.09	80.02	75.95	74.37
一般区域	68.69	71.05	66.54	68.23	68.95
全国平均	69.96	71.36	68.54	70.98	68.95

图7-2 2014年中国老龄事业发展的区域比较

资料来源：根据2014年中国老龄事业发展指数及要素指数计算结果整理。

分区域角度看，强势区域在健康、生活质量、参与和保障4个方面的老龄事业发展水平均比全国水平和一般区域高出许多，其中在生活质量方面的领先优势最为突出。由图7-2看出，强势区域的均值达到95.85分，比优势区域高了15.83分，比一般区域高了29.31分，比全国水平高了27.31分。但是，某一单项的绝对优势并不能表明强势区域的老龄事业发展已经达到理想水平，下一节将分别对强势区域的内部结构和各项要素指数的协调发展进行分析，以发现强势区域的老龄事业发展存在的主要问题，并试图找出强势区域共同发展的突破口。

参与指数是4项要素指数中三大区域之间差异最小的指数，也是强势区域中要素指数数值最低的指数。以满分100分为参考依据，强势区域、优势区域、一般区域和全国平均水平的参与指数分别为75.09分、75.95分、68.23分和70.98分，说明不论哪类区域，参与水平均存在较大的提升空间。与其他要素指数值变化方向不一致的是，优势区域参与指数的均值比强势区域同类数值略高0.86分，生活质量指数是优势区域与强势区域差距最大的指数。由此可见，优势区域在参与方面具有一定的优势，而在生活质量方面与强势区域相比还存在一定的差距。如何发挥优势区域的特长，弥补其不足，应成为天津、浙江、江苏、福建等省、市发展老龄事业的重点内容。本章稍后章节还将对构成参与指数各指标功效值进行深入分析，为提高优势区域的老龄事业发展水平提出可操作性的对策建议。

不论是总指数还是分项指数，一般区域的均值水平都比强势区域、优势区域低出较多。由图7-2可以看出，一般区域的生活质量指数与强势区域差距最大，也是一般区域中要素指数均值最低的指数。同时，与优势区域相比，一般区域的保障指数和健康指数均值也低了8分以上。因此，不论从三大区域的比较来看，还是从一般区域中国老龄事业发展指数值来看，生活质量、保障和健康水平的提高应成为一般区域改变现状、加快老龄事业发展的重中之重。

分具体数值看，一般区域的保障指数均值和健康指数均值与全国平均水平最为接近，生活质量指数和参与指数分别比全国平均水平高了2分和2.76分，这说明，全国老龄事业发展的整体水平处于中等上游，主要得益于强势区域和优势区域生活质量和参与水平较高。

7.1.3　2004年三大区域老龄事业的总体比较

为了更细致分析中国老龄事业发展的区域特点，本节对2004年三大区域老龄事业发展的总体状况进行比较。图7-3为2004年全国及三大区域老龄事业发展总指数和各项要素指数的均值。由图中看出，强势区域、优势区域和一般区域的老龄事业发展总指数分别为87.30分、73.94分和67.11分，而全国水平的同类指数为68.46分。对比图7-2、图7-3发现，虽然2014年全国平均水平的总指数提高了1.5分，但是全国老龄事业发展总指数的得分值与一般区域得分值最为接近的大形势并未改变，说明我国的老龄事业发展仍具有较大的提升空间。

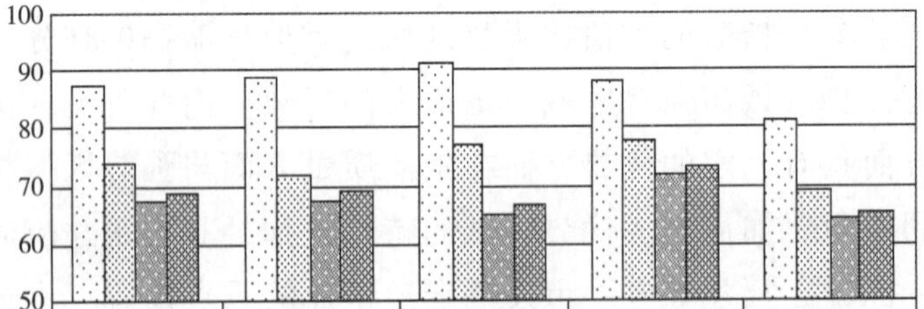

	总指数	健康	生活质量	参与	保障
强势区域	87.30	88.59	91.45	88.27	80.90
优势区域	73.94	71.97	77.30	77.59	68.88
一般区域	67.11	67.41	64.67	72.19	64.17
全国	68.46	69.37	66.18	73.32	64.98

指数

图7-3　2004年中国老龄事业发展的区域比较

资料来源：根据2004年中国老龄事业发展指数及要素指数计算结果整理。

总体来看，强势区域和优势区域在4个分项指数的变化规律一致，呈现出生活质量指数最高、保障指数最低、健康指数和参与指数居中的特点。一般区域和全国水平在4个分项指数的变化规律基本一致，参与指数最高、生活质量指数和保障指数处于较低水平，健康指数居中。同时，一般区域和全国水平在4个分项指数之间的差异比一类、二类地区同类指数之间的差异要小。这同时也验证了一般区域的老龄事业发展存在较多方面（健康、生活质量和保障）普遍落后的结论。

从分项指数均值来看，全国水平与强势区域、优势区域相比，生活质量指数的差距最大，其次是健康指数、保障指数和参与指数。从4个单项指数的协调发展来看，全国水平和一般区域在健康、生活质量、参与和保障方面的发展相对协调。强势区域和优势区域在保障方面的老龄事业发展则落后于同一区域内其他3个单项指数。

与2014年情况类似，2004年强势区域在健康、生活质量、参与和保障4个方面的老龄事业发展水平均比其他两类区域和全国水平高出许多，其中在生活质量方面的领先优势最为突出。在生活质量指数上，强势区域的均值达到91.45分，比优势区域高了14.15分，比一般区域高了26.78分，比全国水平高了25.27分。如何实现老龄事业的均衡发展和区域协调发展是“十三五”时期老龄工作的重点内容。

2004年优势区域参与指数仍然是4项要素指数中与强势区域差异最小的指数。不同的是，2004年优势区域参与指数的均值比强势区域同类数值低10.68分，比全国水平高出14.95分。其中原因是强势区域参与水平下降、优势区域参与水平赶超或是指标设计不够合理等，有待于实证检验。健康指数是优势区域与强势区域差距最大的指数。由此可见，优势区域在健康方面与强势区域相比还存在一定的差距。

根据聚类结果，第三、四类地区是我国老龄事业发展较为落后的区域。不论是总指数还是分项指数，这两类地区都比强势区域、优势区域的平均水平较低，与全国水平也有一定差距。由图7-2可以看出，一般区域的生活质量指数与强势区域差距最大。4个要素指数中保障指数的均值最低。在7.4.2和7.4.3两节，本章将对构成生活质量指数和保障指数的10个具体指标的功效值进行深入探讨和分析。

对比强势、优势和一般三大区域发现，中国老龄事业发展总指数与各项分类指数内部结构之间存在较大差异。由图7-3可以发现，在三大区域之间，生活质量指数的地区差异最大，参与指数的地区差异最小。那么，产生这些差异的原因是什么？为什么三大区域的老龄事业发展在生活质量方面的差异最大，而参与方面的差异相对较小？为了回答上述问题，本章将从要素指数的角度分别对强势区域、优势区域和一般区域的15个指标功效值进行探讨。

7.2 强势区域的老龄事业发展

在对强势区域、优势区域和一般区域的各项要素指数进行综合分析以后，本节将强势区域内部两大城市——上海和北京的要素指数和各个要素的指标功效值进行深入讨论。主要基于以下两点考虑：一是为了探寻两大城市的内部差异及产生差异的原因，为促进两个地区的共同发展提出对策建议；二是充分挖掘影响两个地区老龄事业发展的决定因素，对全国其他省份的老龄事业发展起到导向和借鉴作用。

7.2.1 强势区域的老龄事业发展整体状况

本节主要对2014年、2004年上海、北京两地的老龄事业发展指数和要素指数的整体状况进行分析，根据要素指数的具体数值总结两个地区要素指数的分布特点，为寻求两个地区老龄事业的共同发展提供决策依据。

7.2.1.1 2014年强势区域的老龄事业发展整体状况

根据2014年老龄事业发展指数的区域划分，强势区域中只有上海、北京两个地区。从总指数看，上海的老龄事业发展指数为83.68分，比北京同类指数高3.63分（见表7-4）。

表7-4 2014年强势区域的老龄事业发展指数和要素指数比较

	总指数	健康指数	生活质量指数	参与指数	保障指数
上海	83.68	77.71	96.79	74.86	85.36
北京	80.05	80.56	94.91	75.32	69.42

资料来源：参见2014年中国老龄事业发展指数及要素指数。

作为全国老龄事业发展水平最高的2个地区，上海、北京的要素指数呈现出“总体水平相当、保障指数差异较大、均衡度不高”的特点。首先，从各项要素指数的高低水平看，上海的生活质量指数和保障指数比北京同类指数高，分别高1.88分、15.94分。北京的健康指数和参与指数比上海同类指数高，分别高2.85分、0.46分。可见，上海市虽然老龄事业发展总指数排全国首位，与其他省（市、区）相比，其各分项指数却有高有低，不都是全国最高值。其次，分要素指数看，保障指数是上海、北京各项要素指数中差异最大的指数，这也是上海老龄事业发展水平高于北京的重要原因。除了保障指数差异较大外，上海、北京的健康指数、生活质量指数和参与指数差异不大。最后，从2个地区的四项要素指数均衡度分析，上海、北京是全国老龄事业发展最高的地区，却也是全国均衡度最差的两个地区。上海标准差与均值之比为0.101，北京0.118，分别比全国均衡度平均水平0.018高了0.083、0.1。

7.2.1.2 2004年强势区域的老龄事业发展整体状况

雷达图是近年来比较常用的一种分析方法，具有直观、简单等特点。从各项指数在坐标轴的位置可以看出各地区的老龄事业发展水平和健康、生活质量、参与和保障水平的高低。同时，4个要素指数与各自对应坐标轴的偏离可以反映健康、生活质量、参与和保障四个方面的协调发展程度。本节采用雷达图对2004年北京和上海两个地区的总指数和分项指数进行对比分析。

由图7-4看出，上海除了在健康指数达到全国水平最高值以外，其他三项指数还有较大的发展空间。对比两个城市来看，北京在总指数、健康指数、生活质量指数和保障指数在坐标轴上均低于上海，但在参与指数方面，北京具有较大优势。以上结论告诉我们，同为全国老龄事业发展水平最高的两个地区，北京在健康、生活质量和保障方面可以吸取上海的特长之处，同时北京的老年社会参与也可为上海的老龄事业发展发展提供可借鉴的成功经验。

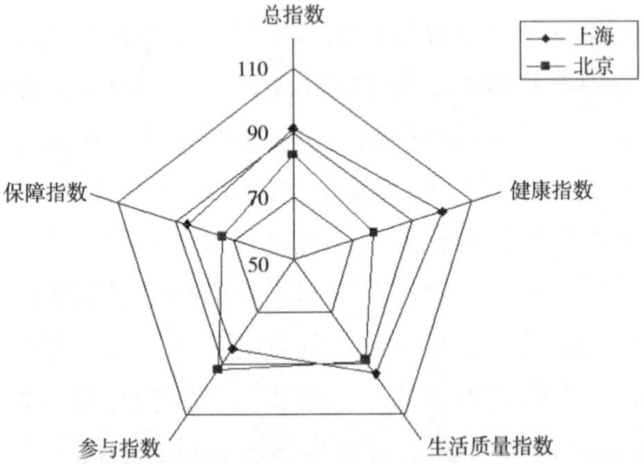

图7-4 2004年强势区域的老龄事业发展指数及要素指数比较

资料来源：根据2004年中国老龄事业发展指数及要素指数计算结果整理。

7.2.2 强势区域的健康水平

在对强势区域的老龄事业发展整体状况分析外，鉴于强势区域的突出优势，对强势区域的4项要素指数深入挖掘也是很有必要的。本节主要从构成健康指数的2个单项指标功效值（分别简称高龄老人指数和百岁老人指数）对强势区域与全国平均水平进行比较分析。同时，由于强势区域只有上海、北京两个地区，本节还分别对这两个地区的要素指数及单项指标功效值进行细致分析。功效值是将指标数据标准化处理之后的功效得分，选择功效值作为比较对象可以不受量纲和指标正向、逆向的影响，且可使比较在同一水平上进行。

7.2.2.1　2014年强势区域的健康水平

上海市是全国进入人口老龄化最早的省级行政区。根据2015年《中国民政统计年鉴》，上海市老年人口4 047 859人，其中80岁及以上高龄老人734 001人，占老年人口比重为18%；100岁及以上百岁老人2 107人，占老年人口比重为万分之5.21。北京市作为全国首善之都，老年人口为2 933 046人，其中高龄老人498 277人，占老年人口的17%；百岁老人2 016人，[1]占老年人口比重为万分之6.87。表7-5展现出2014年上海、北京、全国平均水平健康指数及构成健康指数的2个具体指标值。

表7-5　2014年强势区域的健康水平比较

	健康指数	高龄老人指数	百岁老人指数
上海	77.71	84.50	70.93
北京	80.56	85.91	75.20
强势平均	79.14	85.21	73.07
全国平均	71.36	76.63	66.09

资料来源：根据2014年中国老龄事业发展指数指标功效值的计算结果整理。

首先，从区域角度看，强势区域的健康指数为79.14分，比全国平均水平的同类指数高了8.28分。作为构成健康指数的2个单项指标，强势区域的高龄老人指数比全国平均水平高了8.58分，百岁老人指数高了6.98分。可见，与全国平均水平相比，强势区域的健康优势较为突出。其次，分地区角度看，不论是健康指数还是单项指标指数，上海均没有北京高，其中百岁老人指数比北京同类指数低了4.27分，这也是构成两个地区健康指数差异的重要原因。随着我国人口高

[1] 中华人民共和国民政部：《中国民政统计年鉴2015》，中国统计出版社2015年版。

龄化速度的加快，如何利用发达地区的优势，构建符合高龄老人甚至百岁老人需要的长期照护体系是未来几年内亟待解决的重要议题。再次，从构成健康指数的2个具体指标功效值分析，不论是各地区还是全国平均水平，高龄老人指数均比百岁老人指数高，如强势区域的高龄老人指数比百岁老人指数高了12.14分。可见，高龄老人指数差异较大是构成健康指数差异的重要原因。如何制定更积极、更健康、更人性化的老龄政策，以提高百岁老人的生命质量值得关注。

7.2.2.2　2004年强势区域的健康水平

2005年，中国老龄事业发展指标体系中健康指数仅选取了健康预期寿命1个单项指标，具体由无残疾预期寿命指代。由前面分析得知，上海的健康指数值在全国名列第一。同类相比，北京的健康指数仅为77.17分，是4个分项指数中两地差距最大的指数。由表7-6看出，不论是老年人口预期寿命还是无残疾预期寿命，北京都比上海低5年左右。

表7-6　2004年强势区域的健康水平比较

	健康指数	无残疾预期寿命	老年人口预期寿命
上海	100.00	20.83	26.69
北京	77.17	15.92	21.49

资料来源：刘菊芬：《20世纪80年代以来我国老年人口健康状况变化趋势——基于健康预期寿命的视角》，北京大学2009年博士学位论文。

现有研究结果表明，“健康”老人主要是中低龄、男性、受教育时间较长的老年人，大多保持着良好的生活习惯和心理状态，日常生活规律，经常进行体育锻炼积极参与社会事务。[1]社会经济状况、卫生资源、受教育程度、生活习惯、行为方式等是影响健康预期寿命

[1] 杜鹏、伊密、张鹏、曲嘉瑶、丁志宏：“北京市‘健康老人’研究”，载《人口与经济》2007年第2期，第55页。

地区差异的主要因素（杜鹏、伊密等，2007[1]；刘菊芬，2009[2]；明艳，2006[3]）。本节主要从社会经济状况和卫生资源两个方面对北京和上海的健康水平进行原因探讨。

2005年《上海市国民经济和社会发展统计公报》显示，2005年全年实现上海市生产总值（GDP）9 143.95亿元，第三产业增加值4 588.38亿元。[4]据《北京市2005年暨"十五"期间国民经济和社会发展统计公报》，全市实现地区生产总值6 814.5亿元，按常住人口计算，当年人均GDP达到44 969元（折合5 457美元）。第三产业增加值4 616.3亿元。[5]由此可以看出，与北京市相比，上海在地区生产总值方面具有较为明显的优势。

卫生资源方面，根据2005年《中国民政统计年鉴》的数据，全国老年医疗保健机构/设施22 404个，其中老年医院数2 687个，老年康复医院数1 672个。[6]北京、上海作为全国的特大城市，经济水平和社会发展水平居全国最前列，具有卫生资源比较集中、医疗技术较为先进的优势。在北京，2005年年末，老年医疗保健机构/设施230个，其中老年医院数17个，老年康复医院数33个，每10万名老年人拥有老年医疗保健机构/设施、老年医院数、老年康复医院数仅为10.25、

---

[1] 杜鹏、伊密、张鹏、曲嘉瑶、丁志宏："北京市'健康老人'研究"，载《人口与经济》2007年第2期，第55页。

[2] 刘菊芬：《20世纪80年代以来我国老年人口健康状况变化趋势——基于健康预期寿命的视角》，北京大学2009年博士学位论文。

[3] 明艳：《我国人口健康状况及影响因素研究——基于死亡/患病指标的分析》，中国人民大学2006年博士学位论文。

[4] 上海市统计局："2005年上海市国民经济和社会发展统计公报"，载http://www.stats-sh.gov.cn/sjfb/201103/94463.html，2006-2-8。

[5] 北京市统计局："北京市2005年暨'十五'期间国民经济和社会发展统计公报"，载http://www.bjtx.org/taiban/_719/_727/ndgb/538001/index.html，2006-1-25。

[6] 中华人民共和国民政部：《中国民政统计年鉴2005》，中国统计出版社2005年版。

7.57、1.47个。上海老年医疗保健机构/设施、老年医院数、老年康复医院数分别为1 127、151、56个，每万名老人拥有的同类医疗机构数分别为40.33、5.40、2.00个。由此得出，第一，两个城市相比，上海在老年医疗机构总数和老年康复医院的资源方面具有一定的优势；第二，即使北京、上海等发达地区，相比日益增加的老年人健康和医疗需求，老年卫生资源也是极其缺乏的。综合上述两方面的分析发现，社会经济发展水平、老年卫生资源等方面的差异是造成两个地区健康水平差异的主要原因。

7.2.3 强势区域的生活质量

沿用7.2.2分析思路，本节重点对强势区域的生活质量指数、构成生活质量指数的5个单项指标功效值（分别简称人均GDP指数、城镇居民收入指数、农村居民收入指数、退休金指数、低保金指数）及上海与北京2个地区的上述指标数值予以分析。

7.2.3.1 2014年强势区域的生活质量

作为4项要素指数中强势区域比全国平均水平高出最多的指数，2014年强势区域的生活质量指数为95.85分，比全国平均水平高了27.31分。下面结合上海、北京的经济社会现状，从构成生活质量指数的5个单项指标功效值分析具体原因。由表7-7可以看出，上海市城镇居民收入指数、农村居民收入指数和低保金指数均是全国最高水平，同时北京市的各单项指标数值也在90分以上，大大高出全国水平同类指标值。

表7-7 2014年强势区域的生活质量比较

生活质量	上海	北京	强势平均	全国水平
人均GDP指数	95.03	96.66	95.85	68.35
城镇居民收入指数	100.00	99.41	99.71	68.33
农村居民收入指数	100.00	92.35	96.18	69.31
低保金指数	100.00	92.71	96.36	68.58
退休金指数	88.92	93.45	91.19	68.11

续表

生活质量	上海	北京	强势平均	全国水平
生活质量指数	96.79	94.91	95.85	68.54

资料来源：根据2014年中国老龄事业发展指数指标功效值的计算结果整理。

根据2015年《中国统计年鉴》数据显示，2014年上海市城镇居民人均可支配收入48 841.4元，农村居民人均可支配收入21 191.6元，城市最低生活保障金标准为710元[1]，均排全国第1位。同期，北京市同类指标数据为48 531.8元、18 867.3元及650元，分列全国31个省级行政区的第2位、第3位及第2位。可以预见的是，较高的收入水平和保障水平，可以为老年人口的生活质量提供较好的经济支持。遗憾的是，目前尚缺乏对全国老年人口生活水平的专项调查，本节仅以各地区经济发展水平、收入水平、低保金水平和退休金水平作为衡量老年人口生活质量的评价依据。

分地区看，上海市生活质量要素指数高于北京市同类指数，具体指数值高了1.88分。但从5个单项指标功效值看，上海、北京2个地区各有优劣。由表7-7看出，上海的人均GDP指数和退休金指数低于北京，分别低了1.63分和4.53分。城镇居民收入指数两地区差异不大，上海比北京略高0.59分。与人均GDP指数和退休金指数差异方向不同的是，上海农村居民收入指数和低保金指数均比北京同类指数高出7分以上，这也是上海生活质量指数高于北京同类指数的重要原因。

7.2.3.2　2004年强势区域的生活质量

2005年中国老龄事业发展指标体系中生活质量指数由人均GDP、城镇居民年人均可支配收入、农村居民年人均纯收入、人均离退休费用和城市最低生活保障金5个单项指标构成。

由第6章分析中得到，2004年上海和北京的生活质量指数分别为

---

[1] 中华人民共和国国家统计局：《中国统计年鉴2015》，中国统计出版社2015年版。

94.37分和88.54分，北京比上海低了5.84分，是两个城市相比4个要素指数最为接近的指数。由图7-4看出，在构成生活质量的5个具体指标中，上海市的人均GDP、城镇居民年人均可支配收入、农村居民年人均纯收入和最低生活保障金均达到全国最高水平，各项指数值均为100分，这也是上海市老龄事业发展水平最高的原因之一。但是，上海市的人均离退休费用指数仅为71.86分，西藏是全国同类指数最高的地区。据2005年《中国劳动统计年鉴》数据显示，2004年全国人均离休、退休、退职费为9 715元，北京、上海的同类费用为13 026元、12 521元。西藏的人均离休、退休、退职费则为22 757元，其他较高的省份还有青海（14 058元）、浙江（12 072元）等。[1]

由图7-5看出，北京市在人均GDP、城镇居民年人均可支配收入、农村居民年人均纯收入3项指数上均比上海市低，分别比上海市

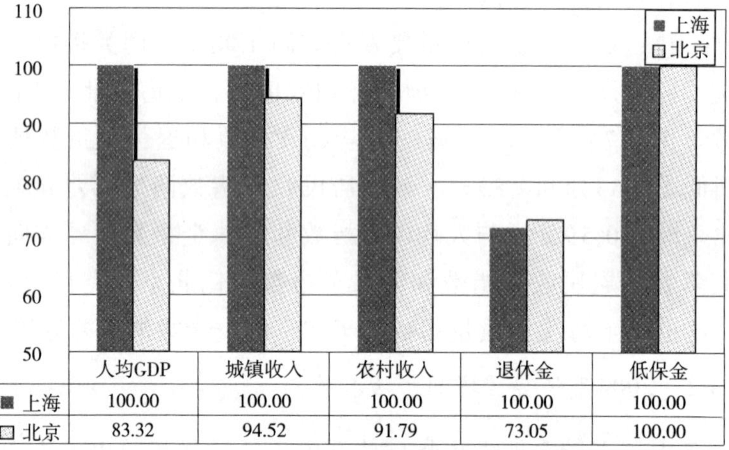

指数	人均GDP	城镇收入	农村收入	退休金	低保金
上海	100.00	100.00	100.00	100.00	100.00
北京	83.32	94.52	91.79	73.05	100.00

图7-5　2004年强势区域的生活质量比较

资料来源：根据2004年中国老龄事业发展指数指标功效值的计算结果整理。

[1] 国家统计局人口和就业统计司、劳动和社会保障部规划财务司编：《中国劳动统计年鉴2005》，中国统计出版社2005年版。

的同类指数低了16.68分、5.48分、8.21分。由于北京人均离休、退休、退职费比上海高，体现在指数数值上北京市的退休金指数也比上海稍微高了一点。在低保金指数方面，两个城市的得分相同，均为全国最高水平，城市最低生活保障金为290元。总体来看，在生活质量方面，北京的5个单项指数与上海相比均没有突出的优势，老龄事业发展水平与上海市还存在一定的差距。提高本市老年人的生活水平和离、退休待遇，将有助于提高北京市老龄事业的整体发展。

7.2.4 强势区域的参与水平

老年人积极参与社会发展作为老年人基本权利的重要体现，在微观上可以促进老年人生活质量的提高，在宏观上促进社会发展。长时期以来，老年人被视为老龄政策保护对象，这不仅不利于老年人的个人发展，过度包揽老年群体的需求也将成为社会发展无法承受的沉重负担。

7.2.4.1 2014年强势区域的参与水平

总体来看，强势区域的参与水平比全国平均水平高，其参与指数比全国水平高4.11分（见表7-8）。但是，从分项指标看，老年人协会指数比全国水平还低，且差异较大。老年学校在校率指数和老年活动指数则比全国水平分别高13.94分、6.87分，在一定程度上弱化了强势区域在老年人协会方面的不足。由此可见，所谓强势区域仅是相对意义上的强势，其在某些单项方面的不足，不仅影响本区域甚至全国老龄事业发展的总体水平，对老龄事业各核心要素的全面协调发展也有不利影响。

表7-8 2014年强势区域的参与水平比较

参与水平	上海	北京	强势平均	全国水平
老年学校在校率指数	84.96	75.23	80.10	66.16
老年活动指数	76.77	75.53	76.15	69.28
老年人协会指数	62.85	75.19	69.02	77.51

续表

参与水平	上海	北京	强势平均	全国水平
参与指数	74.86	75.32	75.09	70.98

资料来源：根据2014年中国老龄事业发展指数指标功效值的计算结果整理。

分地区看，上海的老年学校在校率指数和老年活动指数比北京分别高了9.73分和1.24分，但是老年人协会指数却比北京低了12.34分，差异较大，是造成上海市整体参与水平比北京较低的主要原因。

7.2.4.2　2004年强势区域的参与水平

在参与指数方面，2004年老龄事业发展指标体系中着重强调教育的作用。这是因为，受教育程度的提高，可以提高参与社会发展的能力，在健康方面更加注重科学合理的生活方式和生活习惯，从而形成老年人和社会发展共同发展的良性循环。具体由教育指数、在校率指数和老年人协会指数3项指数构成，其中教育指数由老年人识字率和大专以上文化程度的老年人比例按2/3、1/3的权重合成（这与联合国人类发展指数中教育指数的计算方式相似），在校率指数指的是老年学校在校人数占老年人总体的比例，老年人协会指数由每万名老人拥有老年人协会数指代（见图7-6）。

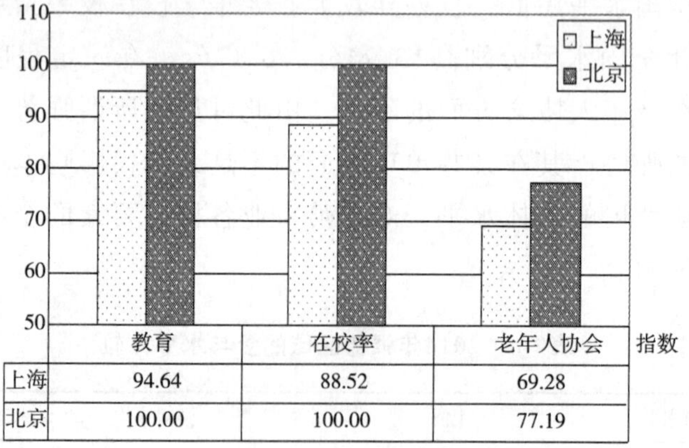

	教育	在校率	老年人协会
上海	94.64	88.52	69.28
北京	100.00	100.00	77.19

图7-6　2004年强势区域的参与水平比较

资料来源：根据2004年中国老龄事业发展指数15个指标功效值的计算结果整理。

北京市是全国参与水平最高的地区，参与指数达到92.4分，比上海市的同类指数高了8.25分。由图7-6可以发现，在构成参与指数的3个指标功效值上，北京市的教育指数和老年人在校率指数均是100分，可见，北京市的老年人受教育程度和参加老年大学的比例是全国最高的。这与邬沧萍、杜鹏（2006）等人的研究结果是一致的。与北京市相比，上海市与北京市的教育指数差距不大，但在校率指数比北京市的同类指数低了11.48分，差异较为明显。总的来说，上海市在教育指数、在校率指数和老年人协会指数均比北京要低，造成上海市的整体参与水平与北京市较低。

基层实践证明，老年人协会在推动老龄工作，满足老年人娱乐、学习、健身、参与等多方面的需求，实现“老有所学、老有所乐、老有所为”，起着非常重要的作用。根据有关部门对老年人协会的定义，它是指在居（村）委会的指导下，由城市社区、农村村委会老年人自愿组织参加的，反映老年人要求，维护老年人合法权益，组织老年人开展各种有益活动的群众组织。根据2005年《中国民政统计年鉴》的数据显示，全国的老年人协会总数320 307个，每万名老年人拥有老年人协会的个数为19.21个。北京、上海的老年人协会总数分别为5 260个、3 737个[1]，每万名老年人拥有老年人协会的个数分别为23.43个、13.37个。从每万名老人拥有老年人协会数的指标可以看出，即使北京、上海2个特大城市，老年人协会数也是很少的，这其中既有老年人个体的微观原因，也与我国老龄事业发展的中观制度和宏观政策有关。

7.2.5　强势区域的保障水平

随着年龄的增加，老年人会面临不同程度的身体机能下降，残疾率和不能生活自理比例逐渐上升。在个人无法正常生活时，获得必要

---

[1] 中华人民共和国民政部：《中国民政统计年鉴2005》，中国统计出版社2005年版。

的生活保障不仅是老年人的基本权利，也是社会发展和文明程度的重要体现。同时，提供老年人所需的收入保障和社会保护，也是经济繁荣和社会融合的应有之义。

7.2.5.1　2014年强势区域的保障水平

由于不同年龄、性别、残疾类别、经济状况的不同，老年人对保障的需求也不同，内容较为复杂多样。2014年保障指数选取了养老保障、医疗保障、法律保障、机构投入四个方面的指标，具体指标包括老年人养老保险覆盖率、每万名老人拥有老年家庭病床数、每万名老人获得法律救助/援助件数及每万名高龄老人获得津贴比重。

由表7-9可以看出，强势区域的保障指数比全国平均水平高了8.44分，其中养老保险覆盖率指数、老年医院床位指数、法律援助指数分别比全国同类指数高了6.26分、12.14分和16.79分，但是高龄津贴指数却比全国水平低了1.45分。作为2015年老龄事业发展指标体系中新调整的单项指标，每万名高龄老人获得津贴比率不仅代表了本地区社会福利水平的高低，也可以反映出老年人优待制度的相对完善，对于老龄事业发展具有现实的指导意义。作为全国经济发展水平最高的2个地区，上海和北京的人口老龄化程度也较高，其高龄津贴比重却比全国平均水平还低，具体原因有待于深入讨论。

表7-9　2014年强势区域的保障水平比较

保障水平	上海	北京	强势平均	全国水平
养老保险覆盖率指数	93.01	60.00	76.51	70.25
老年医院床位指数	87.48	89.29	88.39	76.25
法律援助指数	100.00	64.16	82.08	65.29
高龄津贴指数	60.95	64.21	62.58	64.03
保障指数	85.36	69.42	77.39	68.95

资料来源：根据2014年中国老龄事业发展指数指标功效值的计算结果整理。

对比上海、北京各单项指标功效值发现，保障水平的四个方面具有“差异明显、各有千秋”的特点。首先，上海的法律援助指数居全国最高水平，比北京市同类指数高35.84分。北京的养老保险覆盖率指数是全国最低水平，比上海同类指数低33分左右。其次，上海的老年医院床位指数和高龄津贴指数比北京较低，分别低1.81分和3.26分。在全面建设小康社会的新阶段，老龄事业作为一项重要的民生建设工程，不仅要实现老年人口健康水平的提升，也要注重健康、参与及保障水平的协调发展。

7.2.5.2 2004年强势区域的保障水平

2005年保障指数由老年人基本养老保险覆盖率、农村老年人社会养老保险覆盖率、每万名老人拥有老年家庭病床数、每万名老人获得法律救助/援助件数及每万名老人拥有老龄机构经费投入构成。

表7-10 2004年强势区域的保障水平比较

保障水平	上海	北京	指数差
老年人基本养老保险覆盖率指数	100.00	82.84	17.16
农村老年人养老保险覆盖率指数	87.24	71.41	15.83
家庭病床指数	85.60	88.20	-2.60
法律援助指数	100.00	67.34	32.66
老龄机构经费指数	61.58	64.76	-3.18
保障指数	86.89	74.91	11.98

资料来源：根据2004年中国老龄事业发展指数15个指标功效值的计算结果整理。

注：指数差表示上海与北京在保障指数各个指标功效值的之差，正数表示上海比北京对应水平高，负数则表示上海比北京对应水平低。

对比第6章全国及各地区老龄事业发展指数和要素指数，可以发现，上海和北京的保障指数分别是86.89分和74.91分，分别列全国老年保障水平的第一、二位。对比2大城市的5个指标功效值来看，上海的老年人基本养老保险覆盖率指数、法律援助指数均是100.00分，农村老年人养老保险覆盖率指数为87.24分，在这三个单项指数上比北京的同类指数高出许多（具体差值详见表7-10），是整体保障水平高于北京市的主要原因。但是，北京市的家庭病床指数和老龄机构经费指数比上海要高，由于高出差值较小，难以改变2大地区保障水平的整体差异。结合前面对2个地区健康水平、生活质量的比较，上海市在这3个方面均比北京有更大的优势。

值得注意的是，上海的老龄机构经费指数仅为61.58分，是15个单项指标中最低的指数。通过对全国31个省级行政区老龄机构经费指数的比较看，除了浙江、云南的同类指数在80分以外，北京的同类指数64.76分，其他28个省市区的老龄机构经费指数均在60~62分，总体处于4个单项指数的最低水平。老龄工作机构、老龄工作人员和老龄工作机构经费等相关方面的老龄事业投入是发展老龄事业的组织保证、人员保证和资金保证，相应水平过低必将影响老龄事业的发展。

7.3 优势区域的老龄事业发展

根据对4个分项指数的聚类结果，2014年天津、浙江、江苏、福建属于第二类地区，也是我国老龄事业发展的优势区域。2004年优势区域则包括天津、浙江、江苏、广东4个省市。7.1的分析结果显示，2014年优势区域在参与方面具有较强的优势，2004年在保障方面较为落后。本节将对不同时期优势区域的内部结构及三大区域在参与和保障的具体指标差异进行分析。

7.3.1 优势区域的老龄事业发展整体状况

与7.1.2针对全国老龄事业发展状况的区域性特征分析不同的是，本小节紧紧围绕优势区域这个关键词，对2014年、2004年优势区域的老龄事业发展指数及其要素指数进行深入挖掘。

7.3.1.1 2014年优势区域的老龄事业发展状况

从老龄事业发展总指数看，优势区域以其75.86的分值处于全国老龄事业发展阶梯分布的第2阶，且与强势区域和一般区域的差异值相对一致，即比强势区域同类指数低了6分左右，比一般区域同类指数高了7分左右。仅对优势区域的分项指数横向分析，优势区域的生活质量指数相对较高，依次降序为参与指数、保障指数和健康指数，但后3项要素指数差异不大。分要素角度对三大区域纵向分析看，优势区域的参与指数在三大区域中呈最高值。与强势区域和一般区域相比，生活质量指数是优势区域4项要素指数中差异最大的指数，分别比强势区域同类指数低了15分左右，比一般区域高了14分左右。

7.3.1.2　2004年优势区域的老龄事业发展状况

对2004年优势区域4个省区的雷达图结果显示，本区域老龄事业发展指数和要素指数的内部结构呈现不同的特点。

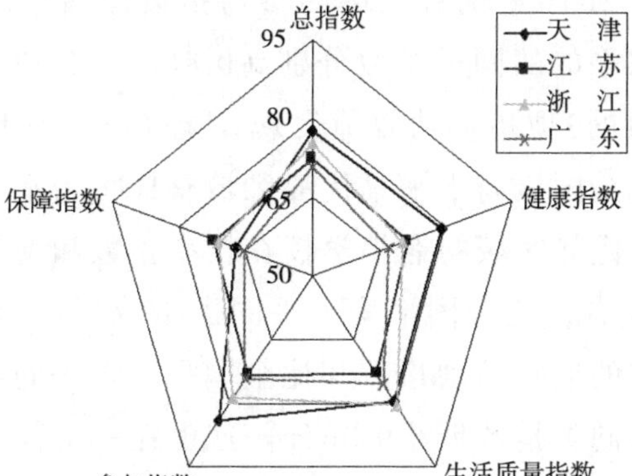

图7-7　2004年优势区域老龄事业发展指数及要素指数比较

资料来源：根据2004年中国老龄事业发展指数及要素指数计算结果整理。

由图7-7可以看出，优势区域总体发展较为协调，但在各分项指数上则存在较大差异。具体来说，江苏在健康、生活质量、参与和保障4个要素指数的协调发展方面较为均衡，具体得分在71~73分。这与6.3.2对全国31个省级行政区均衡分析的结果一致。天津在健康、生活质量和参与三个方面较为协调，但保障指数与其他3个指数差距较大。广东和浙江的特点类似，生活质量指数和参与指数较为接近，健康指数和保障指数较为接近，前2项和后2项的差值均在5分左右。

7.3.2 优势区域的参与水平

由前面分析得知，不论是2014年还是2004年，优势区域的参与水平较高。那么，体现在具体指标上，强势区域、优势区域和一般区域三大区域在各个单项指标上又存在哪些差异？本节在对三大区域老龄事业发展总指数和要素指数比较分析的基础上，还将深入探讨构成参与指数的单项指标在三大区域及全国水平的具体差异，并试图找出发挥优势区域参与作用的对策建议。

7.3.2.1 2014年优势区域的参与水平

如前所述，2014年优势区域的参与指数最高，比强势区域、一般区域和全国水平的的同类指数分别高0.86分、7.72分和4.97分。结合构成参与指数的3项指标功效值发现，老年学校在校率指数和老年人协会指数处于全国最高水平是优势区域整体参与水平较高的原因。由表7-11看出，优势区域的老年学校在校率指数和老年人协会指数超过或接近80分左右，比全国平均水平同类指数高15.05分和2.05分。然而，优势区域的老年活动指数却比全国平均水平同类指数低了2.19分，比强势区域同类指数低了9.06分。这也在一定程度上反映出我国老龄事业发展区域发展不平衡、单项要素发展不平衡的特点。

表7-11 2014年优势区域的参与水平比较

参与水平	强势区域	优势区域	一般区域	全国水平
老年学校在校率指数	80.10	81.21	63.12	66.16
老年活动指数	76.15	67.09	65.19	69.28
老年人协会指数	69.02	79.56	76.36	77.51
参与指数	75.09	75.95	68.23	70.98

资料来源：根据2014年中国老龄事业发展指数指标功效值的计算结果整理。

根据《中国民政统计年鉴2015》统计数据得知，2014年全国60岁及以上老年人口有204 457 512人，其中老年学校在校人数为7 331 490人，老年人口在校率为3.59%。福建省60岁及以上老年人口有4 924 740人，其中老年学校在校人数为924 290人，老年人口在校率为18.77%，[1]是全国老年学校在校率最高的地区。作为优势区域省份之一的浙江省，其老年学校在校率指数为77.07分，位居全国第3。这两个地区较高的老年学校在校率对提高优势区域整体参与水平具有一定的贡献。

7.3.2.2　2004年优势区域的参与水平

由图7-8可以看出，2004年优势区域的老年人协会指数最高，强势区域、一般区域和全国水平这一指数的指标功效值则较为接近。这与优势区域4个省区的老年学协会指数较高有紧密联系。

从构成老年人协会指数的指标功效值来看，浙江省的老年人协会指数为91.93分。据2005年《中国民政统计年鉴》的数据显示，浙江省的老年人协会总数27 556个，每万名老年人拥有老年人协会的个数为39.68个，比北京、上海、全国水平的同类数分别多16.25个、26.31个、20.47个。这不仅对提高浙江省的参与水平和老龄事业发展水平起到了决定性的作用，同时对于提高优势区域的参与水平也有较大贡献。

在老年教育方面，优势区域也处于全国较高水平，教育指数的均值为84.21分，比一般区域和全国水平的同类指数高了5分左右。根据2005年相关数据计算，天津市的教育指数达到93.53分，对提高优势区域的参与水平具有积极影响。如果说教育指数体现了老年人的文化程度，那么，老年学校在校率则反映了老年人对知识的学习意愿和参与水平。在校率指数是参与指数中优势区域与强势区域差距最大的指

[1] 中华人民共和国民政部：《中国民政统计年鉴2015》，中国统计出版社2015年版。

数，除了天津市的在校率指数为79分以外，其他三个省份的同类指数在66~69分之间。可见，我国老年人总体在校率不高。

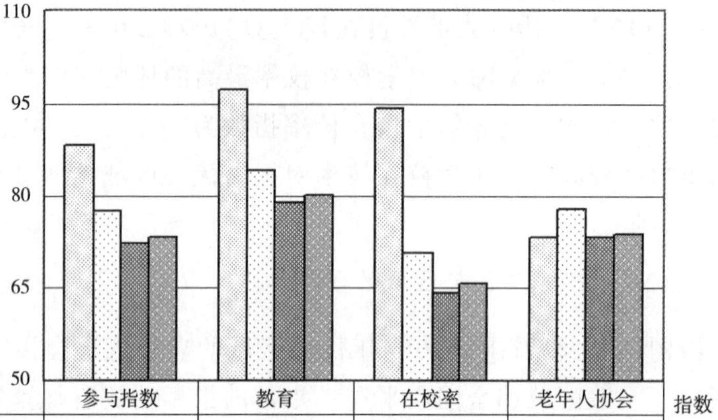

	参与指数	教育	在校率	老年人协会
强势区域	88.27	97.32	94.26	73.23
优势区域	77.59	84.21	70.77	77.79
一般区域	72.19	78.94	64.40	73.22
全国	73.32	80.25	65.93	73.76

图7-8　2004年三大区域的参与水平比较

资料来源：根据2004年中国老龄事业发展指数、要素指数及15个指标功效值的计算结果整理。

通过对比三大区域的参与水平发现，第一，老年人协会指数和教育指数方面的突出优势，是优势区域参与水平较高的主要原因；第二，即使优势区域的整体参与水平在全国处于较高，其在老年学校的教育及其发展方面仍有进一步改善的空间。

7.3.3　优势区域的保障水平

根据7.3.1对优势区域老龄事业发展整体状况分析后发现，2014年优势区域的保障指数与强势区域同类指数和优势区域其他三项要素指数差异相对较小。但是2004年，保障指数是优势区域4个要素指数中数值最低的指数。为了统筹优势区域的老龄事业协调发展，提高优势区域的保障水平势在必行。本节通过2004年三大区域保障指数的比较分析，试图找出提高优势区域老龄事业保障水平的切入点。

由图7-9发现，2004年优势区域的保障指数与强势区域同类指数的差距较大。总体上看，在构成保障指数的5个单项指标中，除了农村老年人养老保险覆盖率指数外，优势区域与强势区域的各类指数差距较大（平均在20分左右），而与一般区域和全国水平的同类指数值更为接近（平均在5分左右）。老年人基本养老保险覆盖率指数、家庭病床指数和法律援助指数是优势区域与强势区域相比差距最大的3个指数。同时，家庭病床指数和法律援助指数也是优势区域保障指数中最低的单项指数，甚至比一般区域还低3.11分、0.31分。这三个方面共同作用，是优势区域保障水平较低的主要原因。

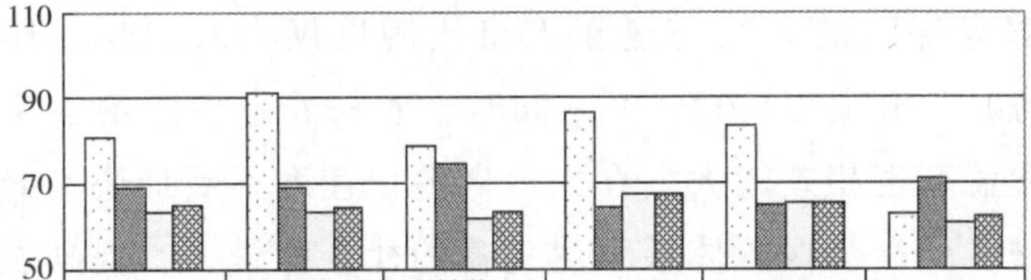

	总指数	基本养老保险覆盖	农村养老保障覆盖	家庭病床	法律援助	机构经费	指数
□ 强势区域	80.90	91.43	79.33	86.90	83.67	63.17	
■ 优势区域	68.88	69.31	74.64	64.65	65.15	70.66	
□ 一般区域	64.17	64.22	61.96	67.76	65.46	61.43	
▩ 全国	64.98	64.70	64.26	68.00	65.45	62.50	

图7-9　2004年三大区域的保障水平比较

资料来源：根据2004年中国老龄事业发展指数、要素指数和15个指标功效值的计算结果整理。

由2005年《中国民政统计年鉴》汇总数据得知，全国的家庭病床总数为316 484个，[1]每万名老年人拥有家庭病床的个数为18.98个。山西是每万名老年人拥有家庭病床最多的省份，为77.45个，

[1] 中华人民共和国民政部：《中国民政统计年鉴2005》，中国统计出版社2005年版。

其次还有北京（58.41）、上海（53.88）、广西（51.28）、黑龙江（46.86），每万名老人拥有家庭病床数也较多。而优势区域的4个省区每万名老年人拥有家庭病床的个数分别是：天津（15.59）、浙江（5.41）、江苏（16.45）、广东（7.55），分别列全国水平的第13、23、11、18位，对优势区域的整体保障水平影响较大。

农村养老保险覆盖率指数是优势区域与强势区域差距最小的指数。然而，即使强势区域的同类指数也没有达到80分，一般区域和全国平均水平的同类指数则更低。据2005年《中国劳动统计年鉴》数据显示，全国年末领取农村社会养老保险的老年人数为205.5万人，❶占老年人口的0.29%。江苏的农村养老保险覆盖率最高，年末领取农村社会养老保险的人数与老年人口比例也仅为2.17%。其次为上海（1.59%）、山东（1.02%）。同时，农村养老保险覆盖率与基本养老保险覆盖率也相差较大。在人口老龄化速度不断加快、老年人口规模不断增多、社会保障体系不尽完善的社会背景下，提高农村老年人的社会保障水平是老龄事业和社会保障事业的重中之重。2004年9月国务院新闻办公室发布的《中国的社会保障状况和政策》白皮书中明确指出："为保障老年人的基本生活，维护老年人合法权益，中国政府不断完善养老保险制度，改革基金筹集模式，建立多层次养老保险体系，努力实现养老保险制度的可持续发展。"❷

与其他4个单项指标不同的是，优势区域老龄机构经费指数的均值在三大区域中最高，分别比强势区域、一般区域和全国水平高了7.49分、9.23分、8.17分。这主要是因为，属于优势区域内的浙江省的老龄机构经费指数是全国最高水平，而全国大部分地区的同类指数值在60~61分。浙江省在这一单项指数的突出优势不仅提升了优势区域的整

❶ 国家统计局人口和就业统计司、劳动和社会保障部规划财务司编：《中国劳动统计年鉴2005》，中国统计出版社2005年版。

❷ 国务院《中国的社会保障状况和政策》白皮书，载news.xin huaret.com/zhengfu/2004-09/07/content_1952488.htm，2014-9-7。

体保障水平，对提高浙江省的老龄事业发展水平也有较大积极作用。

7.4 一般区域的老龄事业发展

根据7.1.1聚类分析结果，不论是2014年、2004年，一般区域的老龄事业发展总指数和要素指数均比全国平均水平低，且与第一、二类地区相差程度较大。本节重点对一般区域的老龄事业发展状况进行分析。

7.4.1 一般区域的老龄事业发展整体状况

7.4.1.1 2014年一般区域的老龄事业发展状况

从老龄事业发展总指数看，2014年一般区域的均值水平为68.69分，处于全国老龄事业发展阶梯分布的第3阶，比全国平均水平同类指数低了1.27分。要素指数横向比较看，一般区域的健康指数相对较高，依次降序为保障指数、参与指数和生活质量指数，其中参与指数和保障指数差异不大，但最高的健康指数比最低的生活质量指数高了4.51分。

分要素角度对三大区域分析发现，一般区域的生活质量指数与强势区域的同类指数差异最大，处于全国最低水平。与全国平均水平相比，一般区域的健康指数和保障指数与全国水平相当，生活质量指数和参与指数比全国水平低，分别低了2.00分和2.76分。可见，全国老龄事业发展水平稍高于一般区域的主要原因是其生活质量和参与水平较高。

7.4.1.2 2004年一般区域的老龄事业发展状况

由7.1.3分析得知，2004年一般区域在老龄事业发展的整体水平与全国平均水平最为接近。由于涉及省份较多，一般区域内部的各项要素指数呈现出什么样的特点？在25个省市区中，哪些省份的老龄事业发展指数相对较高？哪些省份的老龄事业发展处于全国最低水平？哪些省份的老龄事业在健康、生活质量、参与和保障方面的发展相对协调？等等，这些问题还没有得到回答。充分挖掘一般区域老龄事业发展落后的深层次原因，不仅可以更好促进一般区域老龄事业的发展，也可以大大提高全国老龄事业的整体水平。

对比2004年一般区域4个要素指数发现，参与水平最高，其次为健康水平、生活质量，保障水平最低，这与全国老龄事业4个指数的发展特点一致。分地区来看，福建、山东、辽宁的老龄事业发展水平相对较高，而贵州、甘肃、西藏则是全国老龄事业发展水平最低的地区。

通过对2004年我国31个省级行政区老龄事业发展要素指数均衡分析发现，一般区域中内蒙古和海南4个要素指数之间的差值最小，老龄事业发展相对协调。福建省是老龄事业发展最不均衡的地区，参与指数和保障指数的差距最大。综合考虑福建省的老龄事业发展各项指数值，呈现出健康、参与和生活质量发展较快、保障水平落后的特点。

西藏是全国老龄事业发展水平最低的地区。西藏的生活质量指数相对其他三项指数数值最高，呈现出健康、参与和保障水平较低、生活质量较高的特点。通过对西藏各个指标功效值的分析发现，西藏的退休金指数和低保金指数远远高于其他13个指标的功效值，对提高西藏的生活质量指数有很大作用。

7.4.2　一般区域的生活质量

根据2004年相关数据计算得出，生活质量指数是一般区域与强势区域相比差距最大的指数，本节主要对2004年三大区域的生活质量指数及5个具体指标进行分析。由图7-10发现，一般区域与强势区域和优势区域在生活质量指数方面有较大差距。在构成生活质量指数的5个单项指标中，除了退休金指数比强势区域的同类指数低了6分之外，其他4个指标功效值比强势区域低了30分左右。这是一般区域的老龄事业发展较为落后的根本原因。

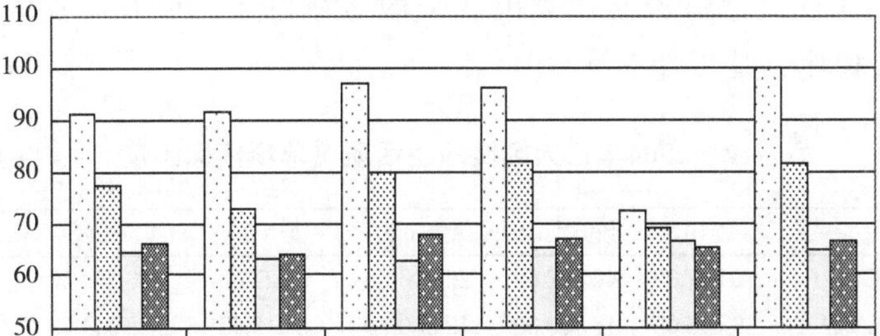

指数	总指数	人均GDP	城镇收入	农村收入	退休金	低保金
强势区域	91.45	91.66	97.26	95.90	72.45	100.00
优势区域	77.30	73.19	80.23	82.37	69.28	81.43
一般区域	64.67	63.56	63.05	65.27	66.46	65.00
全国	66.18	63.93	67.58	67.39	65.64	66.38

图7-10　2004年三大区域的生活质量比较

资料来源：根据2004年中国老龄事业发展指数及要素指数和15个指标功效值的计算结果整理。

低保金指数和城镇收入指数是一般区域与强势区域相比差值最大的2个指数。数据显示，2004年全国城市最低生活保障金为152元，上海和北京最低生活保障金为290元，是全国最高水平。甘肃、江西、贵州则为全国最低水平，最低生活保障金分别为118元、122元、124元。这是造成一般区域与强势区域相比，保障水平差距大的主要原因。三大区域各项指标的具体差异详见表7-12。

人均GDP是反映一个地区经济发展水平的核心指标，也是决定一个地区未来发展的动力基础。根据2005年《中国统计年鉴》的统计结果，2004年全国人均GDP为10 561元，上海、北京是全国经济发展水平最高的地区，人均GDP分别是55 307元、37 058元。贵州、甘肃、云南是经济发展水平最低的三个省份，人均GDP仅为4 215元、5 970

元、6 733元。[1]由表7-12看出，一般区域的人均GDP与强势区域和优势区域相比，均差距较大。

表7-12　2004年三大区域的生活质量单项指标比较　（单位：元）

	全国	强势（1）	优势（2）	一般（3）	（1）—（3）	（2）—（3）
人均GDP	10 561.00	46 182.50	23 976.00	9 927.68	36 254.82	14 048.32
城镇居民年收入	9 715.00	16 160.33	12 530.78	8 115.65	8 044.68	4 415.13
农村居民年收入	9 421.61	6 618.33	5 020.83	2 587.34	4 030.99	2 433.49
低保金	2 936.40	12 773.50	11 375.00	9 934.96	2 838.54	1 440.04
人均离退休费用	152.00	290.00	219.75	144.40	145.60	75.35

资料来源："人均GDP""城镇居民年收入"和"农村年居民收入"数据引自2005年《中国统计年鉴》，"最低生活保障金"数据引自2006年《中国社会经济统计年鉴》，"人均离退休费用"数据引自2005年《中国劳动统计年鉴》。

注：（1）—（3）表示强势区域与一般区域在各对应数值上的差值。（2）—（3）表示优势区域与一般区域在各对应数值上的差值。正值表示一般区域的相应水平比强势区域、优势区域低，负值表示一般区域的相应水平比强势区域、优势区域高。以下同。

结合图7-10和表7-1不难发现，不论是生活质量各项指标的具体数值还是指标功效值，2004年一般区域的平均生活质量均处于全国低水平，这不仅限制了一般区域老龄事业的发展，也极大影响了本区域老年人口的生活质量。

7.4.3　一般区域的保障水平

根据以上分析得知，与强势区域和一般区域相比，一般区域的保障水平是最低的。因此，结合一般区域25个地区保障指数的5个指标功效值，对2004年一般区域的保障水平进行深入分析是很有必要的。

总体上，一般区域和强势区域的保障水平差距，比优势区域和强势区域的保障水平差距更大，但在各个具体指标的功效值又有所不同

[1] 中华人民共和国国家统计局：《中国统计年鉴2005》，中国统计出版社2005年版。

（见表7-13）。将优势区域和强势区域保障指数的5个指标功效值之差，与一般区域和强势区域的5个同类指数之差比较后发现，老年人基本养老覆盖率指数是一般区域与强势区域差距最大的指数。2005年《中国劳动统计年鉴》数据显示，年末参报离休、退休和退职人数为4 102.6万人，[1]占全国总人口的3.28%。上海、北京、天津是全国同一比例最高的三个地区，基本养老保险覆盖率分别为15.94%、10.46%和10.42%。广西、贵州、西藏是全国同一比例最低的三个地区，基本养老保险覆盖率分别为1.52%、1.35%和1.09%。这极大影响了一般区域的整体保障水平。

表7-13　2004年三大区域保障指数的指标功效值比较

	保障指数	老年人基本养老保险覆盖率指数	农村老年人养老保险覆盖率指数	家庭病床指数	法律援助指数	老龄机构经费指数
强势（1）	80.90	91.43	79.33	86.90	83.67	63.17
优势（2）	68.88	69.31	74.64	64.65	65.15	70.66
一般（3）	64.17	64.22	61.96	67.76	65.46	61.43
全国（4）	64.98	64.70	64.26	68.00	65.45	62.50
（1）—（2）	12.02	22.12	4.69	22.25	18.52	-7.49
（1）—（3）	16.73	27.21	17.37	19.14	18.21	1.74
（2）—（3）	4.72	5.09	12.68	-3.11	-0.31	9.23
（4）—（3）	0.82	0.48	2.30	0.24	-0.02	1.07

资料来源：根据2004年中国老龄事业发展指数15个指标功效值的计算结果整理。

注：（1）—（2）表示强势区域与优势区域在各对应数值上的差值。同理，（1）—（3）表示强势区域与一般区域的对应差值。（2）—（3）表示优势区域与一般区域的对应差值。

尽管一般区域的保障水平总体不高，但仍有其较为优势的方面。法律援助指数是一般区域比优势区域和全国水平稍高的指数。据2005年《中国民政统计年鉴》数据显示，全国老年法律援助/救助案件数

[1] 国家统计局人口和就业统计司、劳动和社会保障部规划财务司编：《中国劳动统计年鉴2005》，中国统计出版社2005年版。

为121 512件，其中由律师事务所提供案件数为38 944件，由公证机关提供案件数为30 328件，由法院提供案件数为37 057件，[1]每万名老人获得法律援助/救助案件数为7.29件。除了上海每万名老人获得法律援助/救助案件数42.85件，为全国最高水平外，排在全国第2~9位的均是一般区域的省份，依次分别是黑龙江、新疆、宁夏、吉林、福建、重庆、云南和内蒙古。这是一般区域法律援助指数相对较高的主要原因。但是，由于其他4个方面与强势区域和优势区域的差距较大，法律援助的方面的优势不够明显，难以改变一般区域整体保障水平不高的发展状况。

7.5 小 结

采用多元统计中的聚类分析方法，分别以4个单项指数的数值作为聚类变量，对2014年、2004年31个省级行政区进行区域划分。结果显示，2014年中国老龄事业发展强势区域有2个，分别是上海、北京2个直辖市。优势区域包括天津、浙江、江苏和福建4个省市。一般区域则包括剩下的25个省（市、区）。2004年老龄事业发展强势区域为上海、北京，优势区域包括天津、浙江、江苏、广东，一般区域包括剩下的25个地区。

通过对2014年强势区域、优势区域和一般区域的老龄事业发展总指数及4个要素指数分析后发现，全国老龄事业发展总指数的得分值与一般区域得分值最为接近，从区域角度证明，2014年全国老龄事业发展水平处于中等上游水平。这主要得益于强势区域和优势区域生活质量和参与水平较高。分区域角度看，强势区域在健康、生活质量、参与和保障四个方面的老龄事业发展水平均比全国水平和一般区域高出许多。优势区域在参与方面具有一定的优势，而在生活质量方面与

---

[1] 中华人民共和国民政部：《中国民政统计年鉴2005》，中国统计出版社2005年版。

强势区域相比还存在一定的差距。不论从三大区域的比较来看，还是从一般区域中国老龄事业发展指数值来看，生活质量、保障和健康水平的提高应成为一般区域改变现状、加快老龄事业发展的重中之重。

通过纵向分析发现，虽然2014年全国平均水平老龄事业发展总指数有所提高，但是全国平均水平的得分值与一般区域得分值最为接近的形势并未改变，说明我国老龄事业发展仍处于相对落后地位。总体来看，2004年强势区域和优势区域在4个分项指数的变化规律一致，呈现出生活质量指数最高、保障指数最低、健康指数和参与指数居中的特点。一般区域和全国水平在4个分项指数的变化规律基本一致，参与指数最高、生活质量指数和保障指数处于较低水平，健康指数居中。同时，一般区域和全国水平在4个分项指数之间的差异比一类、二类地区同类指数之间的差异要小。这同时也验证了一般区域的老龄事业发展存在较多方面（健康、生活质量和保障）普遍落后的结论。分要素角度看，中国老龄事业发展总指数与各项分类指数内部结构之间存在较大差异。在三大区域之间，生活质量指数的地区差异最大，参与指数的地区差异最小。

通过对强势区域要素指数及单项指标功效值分析发现，2014年强势区域在健康、生活质量、参与和保障4个方面的老龄事业发展水平均比其他两类区域和全国水平高出许多。上海、北京的要素指数呈现出“总体水平相当、保障指数差异较大、均衡度不高”的特点。2004年北京在健康、生活质量和保障方面可以吸取上海的特长之处，同时北京的老年社会参与也可为上海的老龄事业发展发展提供可借鉴的成功经验。

在健康方面，与全国平均水平相比，2014年强势区域的健康优势较为突出。高龄老人指数差异是构成两个地区健康指数差异的重要原因。如何制定更积极、更健康、更人性化的老龄政策，以提高百岁老人的生命质量值得关注。

在生活质量方面，2014年生活质量指数是4项要素指数中强势区域比全国平均水平高出最多的指数。上海市城镇居民收入指数、农村居民收入指数和低保金指数均是全国最高水平，同时北京市的各单项指标数值也在90分以上，大大高出全国水平同类指标值。2004年强势区域在健康、生活质量、参与和保障四个方面的老龄事业发展水平均比其他两类区域和全国水平高出许多，其中在生活质量方面的领先优势最为突出。北京的5个单项指数与上海相比均没有突出的优势。提高本市老年人的生活水平和离、退休待遇，将有助于提高北京市老龄事业的整体发展。

在参与方面，2014年强势区域的参与水平相对较高。但从分项指标看，强势区域的老年人协会指数比全国水平还低。可见，所谓强势区域仅是相对意义上的强势，其在某单项方面的不足，不仅影响本区域甚至全国老龄事业发展的总体水平，对老龄事业各核心要素的全面协调发展也有不利影响。2004年北京市是全国参与水平最高的地区，其中教育指数和老年人在校率指数的优势非常明显。

在保障方面，对比上海、北京两个地区单项指标功效值发现，保障水平四个方面具有“差异明显、各有千秋”的特点。2004年上海的基本养老保险覆盖率指数、法律援助指数和农村养老保险覆盖率指数比北京的同类指数高出许多，是整体保障水平高于北京市的主要原因。鼓励并扶持建立老年社会组织、加大老龄事业投入应成为这两个地区未来一段时期老龄工作的重点内容。

8　结论与对策建议

本书是关于我国老龄事业发展指标体系设置与综合评价的研究。在深入挖掘国内外应对人口老龄化战略对策和老龄事业发展现状的基础上，对老龄事业的含义和主要内容进行重新界定，从理论和方法层面上提出构建中国老龄事业发展指标体系的理论框架、确定指标体系选择的依据及指数合成模型，并进行实证分析。通过对全国老龄事业发展指数和要素指数的综合评价分析，得出主要结论，提出提高我国老龄事业发展水平的对策建议。

8.1　研究的主要结论

8.1.1　老龄事业的内涵

明确老龄事业的内涵是构建中国老龄事业发展指标体系的基础性问题。本书主要对老龄事业的定义、内容、性质及中国老龄事业的发展现状进行分析。

第一，老龄事业是国家为应对人口老龄化挑战，由政府主导、全社会共同参与，提高老年人整体福利水平的社会建设和社会服务事业。它以满足老年人的基本需要、提高老年人的素质、发挥老年人潜力，实现老年人的全面发展为目标。此定义突出强调发展老龄事业要站在与经济社会可持续发展的战略高度；强调老龄事业的发展需要政府主导、全社会共同参与；明确老龄事业的本质属性，即老龄事业是社会事业的一部分、具有社会事业的一般属性；把老龄事业从“解决老龄问题”入手转变为“对老年福利水平的提高”，提升了老龄事业的发展目标。

第二，本书对现有老龄事业发展内容的相关研究成果进行了有效聚焦，认为老龄事业的主要内容包含老年社会保障（经济和医疗）、老年福利服务、老年社会救助、老年社会活动与权益、老龄事业投入等五项内容。同时，作为人口老龄化进程中社会价值日益突出的一项公共事业，老龄事业有维系社会公正、体现社会公益性的作用，应具有协调性、普惠性、福利性、公益和盈利兼备性等特点。

第三，本书以老龄事业的主要内容为依据，对我国当前老龄事业的发展现状进行梳理和总结，主要表现在以下方面：覆盖全民、多种形式的养老保险和医疗保险制度为老年人提供了基本的经济生活和医疗保障。医养结合的服务模式将在养老和医疗服务供给、服务资源共享、服务网络建设等方面发挥更积极的作用。以养老服务体系为代表的老年福利服务体系日益健全，在卫生服务、高龄津贴、老年优待等方面取得了长足进步，多层次、多元化、多项目的贫困老人救助体系日益完善。形成了有中国特色的老年人精神文化和社会参与体系，建立健全了老年人权益保障法律体系。老龄工作机构体系和老龄事业发展体制机制日益完善。然而，我国老龄事业的发展也存在一些不足，如老龄事业发展定位层次较低、老龄工作相关部门协调性不够、老龄政策体系需要完善等，需要我们站在全局和战略的高度，立足统筹发展的视角，为实现老龄事业和经济社会的可持续发展献计献策。

8.1.2 中国老龄事业发展指标体系的构建

中国老龄事业发展指标体系的构建主要从理论和方法两个研究层次进行。

第一，中国老龄事业发展指标体系构建的理论依据。《积极老龄化政策框架》为各国制定老龄事业与社会发展的综合战略提供了一种新的思路，以健康、参与和保障为三大支柱，旨在提高老年人的生活质量，其在发展目标和主要内容上与我国的老龄事业是契合的，可作为评价老龄事业发展的理论框架依据。《马德里行动计划》作为国际社会对人口老龄化相关问题研究的集中成果，将社会发展、老年人生活质量提高和各种制度完善程度三者相结合，共同作为衡量老龄政策制定和执行是否成功的重要依据。本书充分挖掘《积极老龄化政策框架》、《马德里行动计划》中关于老龄问题的行动建议及优先发展方向，将老年人口健康水平的提高、参与和共享社会发展水平的提高、老年人生活质量的提高和老年保障制度的完善作为评价我国老龄事业发展的价值标准。

在老年健康方面，健康老龄化不仅着眼于老年人的健康，更加关注全民健康；不仅关注老年人寿命延长，还关注老年群体寿命质量的提高，即身心健康、社会尊严、生活欢乐和实现价值。发展老龄事业要站在宏观角度，实现其与经济社会的协调发展，实现老年人个体和社会的双赢发展。老年人积极参与社会正是实现上述目的的有效途径，不仅通过参与社会完善自我，也为经济社会发展积累了宝贵的人力资源。一定时期内，构建中国老龄事业发展指标体系的出发点和落脚点都是“老年人的全面发展”，生命全程的观点可以立体呈现老年群体全面发展的现状、并对其中可能存在的问题及成因进行较为全面分析。上述健康、参与、生活质量及保障方面的相关理论观点和思想，为中国老龄事业发展指标体系中二级指标的确立奠定了理论基础。

综上，本书在借鉴《积极老龄化政策框架》的基础上，依据《马德里行动计划》提出的评价标准，结合我国老龄事业的发展现状，确定中国老龄事业发展指标体系由健康指数、生活质量指数、参与指数和保障指数构成，涉及老年人口的健康水平、生活质量、受教育水平、养老保障、医疗保健、为老服务、文教体活动、权益保障等方面。

第二，中国老龄事业发展指标体系构建的研究方法。本书遵循定性选取指标的基本原则，结合统计部门公开发布的经济社会指标，运用分析法，对老龄事业发展指标体系进行初步选取。同时，运用定性方法和定量方法相结合的方法分别对单个指标和指标体系进行检验。最后确定中国老龄事业发展指标体系由4个要素指数、15个具体指标构成。

具体指标体系如下。（1）健康指数：健康预期寿命。（2）生活质量指数：人均GDP、城镇居民年人均纯收入、农村居民年人均纯收入、城市最低生活保障金、人均离退休费。（3）参与指数：老年人识字率、大专以上文化程度老年人口比例、老年学校在校率、每万名老人拥有老年人协会数。（4）保障指数：老年人基本养老保险覆盖率、农村老年人社会养老保险覆盖率、每万名老人拥有老年家庭病床数、每万名老人获得老年人法律援助件数、每万名老人拥有老龄工作机构经费。因相关统计年鉴指标更替和数据发布延迟，本指标体系中2015年、2005年部分指标发生调整。

与相关指标体系相比，本书构建的中国老龄事业发展指标体系不仅具有坚实的理论基础；在指标体系建立过程中，经过单项指标和指标体系的检验和结构优化；在综合评价方法上分别就具体操作的每一步进行细致分析；更重要的是以现有的统计数据为基础，具有可操作性。但是，从理想的角度看，本指标体系仍然存在一定不足，希望通过后续研究和实际应用使其进一步完善。

8.1.3 中国老龄事业发展指标体系的实证分析

本书根据2015年、2005年国家统计部门公开发布的权威数据，包括《中国民政统计年鉴》《中国统计年鉴》《中国劳动统计年鉴》及2005年1%抽样调查的相关数据，对老龄事业发展指标体系进行实证研究，对全国31个省级行政区的老龄事业发展水平进行总体评价和区域比较。有以下发现：

总体状况评价。根据中国老龄事业发展指数的构造方法及要素指数的计算方法得出，2014年我国老龄事业发展总体水平处于中游以上水平。分地区看，上海的老龄事业发展水平在全国居首位，其次是北京和天津的老龄事业发展总体水平也具有突出优势。甘肃、西藏和吉林则是我国老龄事业发展水平最低的三个省区。从分布趋势看，31个省（市、区）老龄事业发展水平呈阶梯状分布，排在全国四等分位的不同区域，其老龄事业发展指数具有较为明显的递减规律。

纵向角度看，与2004年相比，2014年全国老龄事业发展总指数有所提高，反映出我国老龄事业发展水平呈上升趋势。这主要得益于排在中下游的省份追赶势头明显，尤其是排在全国3/4分位的省份老龄事业发展进步最快。

通过对三大指标体系的省级排序对比后发现，2004年31个省（市、区）在中国老龄事业发展指数、人类发展指数和中国发展指数总体上排序大致相同。在中国老龄事业发展指数与人类发展指数对比中，两大指标体系中排在前10位的有9个省份相同，全国23个省区的排列变动顺序在前后5位以内。浙江、云南、江西、湖北、青海、贵州、西藏7个省区在中国老龄事业发展指数与人类发展指数和中国发展指数排序差异在变化数值和方向上完全一致。以联合国人类发展指数和中国发展指数对我国31个省级行政区的测评为标准，都印证了中国老龄事业发展指数在指标选取、权重设计及计算方法等方面均较为合理、客观。

结构分析。对各要素指数的内部结构分析后发现，2014年整体水平最高的是健康指数，依次是参与指数、保障指数，生活质量指数最低。2004年要素指数排序略有不同，参与水平最高，依次是健康水平、生活质量水平，保障水平最低。

总体来看，我国老龄事业发展各项指数区域发展基本平衡，各个要素和综合指数的变动方向一致，但各项指数又有不同特点。在健康方面，与2004年相比，2014年各省级下降排序的过程中，分值差异较小，下降趋势渐缓。与2004年比较，2014年上海、天津、北京、新疆的健康水平在全国领先地位相对稳定。宁夏、甘肃虽然在健康指数的具体数值上有较大提高，但其在全国的落后地位并未改变。在生活质量方面，2014年，上海、北京、浙江、天津、江苏、广东、西藏

7个省（市、区）在全国生活质量指数的排序未发生变化。除了广东和西藏地区具体数值变化不大外，其他5个省（市、区）的生活质量指数均有3~6分的提高，且与全国平均水平的变化方向和变化数值区间一致。在参与方面，不论是各地区近10年在全国的排序还是具体数值变化看，参与指数是4项要素指数中变化最大的指数，呈现出“省级排序变动较多、数值下降”的整体特点。在保障方面，各地区保障指数的变动情况较大，除了上海、江苏的领先地位较为稳定外，北京、浙江、山东、河南等地区的下降较为突出。陕西、重庆、四川、安徽及青海在全国排序的上升趋势明显。

均衡分析。2014年我国老龄事业总体呈现“水平不高、均衡不够”的特点，具有较大的改善空间。老龄事业发展水平较高，但均衡度也较好的地区较少，主要包括山东、江苏两省。老龄事业发展水平最高的地区，各个要素方面的协调发展还有待于进一步加强。老龄事业发展水平较差、均衡度也不高的地区数量最多。就4项要素指数来看，2004年山东、西藏、甘肃单项指数相对较高，说明其在某一个分指数的发展具有突出优势。天津、黑龙江的单项指数得分较低，说明其在本区域的综合协调发展还存在较大的改进空间。

通过标准差与均值之比比较后发现，2014年全国平均水平4项要素指数的均衡发展要好于2004年。2014年标准差与均值之比在0.04以下的地区有8个，0.04~0.08的共有15个，其中老龄事业发展较高的地区仅有江苏、天津、广东3个省份，其老龄事业发展总指数分别排在全国第6位、第3位和第9位。2004年标准差与均值之比在0.04以下的地区有3个，分别是江苏、内蒙古、海南，基本覆盖了我国老龄事业发展高、中、低三个水平。标准差与均值之比在0.04~0.08的省份共有20个，其中老龄事业发展较高的地区仅有江苏、山东、辽宁3个省份，其他17个地区的老龄事业发展均属于落后地区。

区域分析。采用多元统计中的聚类分析方法，对全国31个省级行政区进行分类，并定义为强势区域、优势区域和一般区域。结果显示，2014年中国老龄事业发展强势区域有2个，分别是上海、北京。优势区域包括天津、浙江、江苏和福建4个省市。一般区域则包括剩下的25个省（市、区）。2004年强势区域包括上海、北京。优势区域包括天津、浙江、江苏、广东。一般区域则包括剩下的25个省（市、区）。

通过对2014年强势区域、优势区域和一般区域的老龄事业发展总指数及4个要素指数分析后发现，2014年全国老龄事业发展水平处于中等上游水平。这主要得益于强势区域和优势区域生活质量和参与水平较高。分区域角度看，强势区域在健康、生活质量、参与和保障4个方面的老龄事业发展水平比全国水平和一般区域高出许多。优势区域在参与方面具有一定的优势，而在生活质量方面与强势区域相比还存在一定的差距。不论从三大区域的比较来看，还是从一般区域中国老龄事业发展指数值来看，生活质量、保障和健康水平的提高应成为一般区域改变现状、加快老龄事业发展的重中之重。

通过纵向分析发现，虽然2014年全国平均水平老龄事业发展总指数有所提高，但是全国水平的得分值与一般区域得分值最为接近的形势并未改变，说明我国老龄事业发展仍处于相对落后地位。总体来看，2004年强势区域和优势区域在4个分项指数的变化规律一致，呈现出生活质量指数最高、保障指数最低、健康指数和参与指数居中的特点。一般区域和全国水平在4个分项指数的变化规律基本一致，参与指数最高、生活质量指数和保障指数处于较低水平，健康指数居中。同时，一般区域和全国水平在4个分项指数之间的差异比一类、二类地区同类指数之间的差异要小。这同时验证了一般区域的老龄事业发展（健康、生活质量和保障）普遍落后的结论。分要素角度看，中国老龄事业发展总指数与各项分类指数内部结构之间存在较大差异。在三大区域之间，生活质量指数的地区差异最大，参与指数的地区差异最小。

强势区域的比较分析。通过对上海、北京这两个地区的要素指数比较后发现，2014年强势区域在健康、生活质量、参与和保障4个方面的老龄事业发展水平均比其他两类区域和全国水平高出许多。上海、北京的要素指数呈现出“总体水平相当、保障指数差异较大、均衡度不高”的特点。2004年北京在健康、生活质量和保障方面可以吸取上海的特长之处，同时北京的老年社会参与也可为上海的老龄事业发展发展提供可借鉴的成功经验。

在健康方面，与全国平均水平相比，2014年强势区域的健康优势较为突出。如何制定更积极、更健康、更人性化的老龄政策，以提高百岁老人的生命质量值得关注。生活质量指数是4项要素指数中强势区域比全国平均水平高出最多的指数。单项指标值角度分析，上海市城镇居民收入指数、农村居民收入指数和低保金指数均是全国最高水平，同时北京市的各单项指标数值也大大高出全国水平同类指标值。2004年，强势区域在健康、生活质量、参与和保障四个方面的老龄事业发展水平均比其他两类区域和全国水平高出许多，其中在生活质量方面的领先优势最为突出。

在参与方面，2014年强势区域的参与水平相对较高。从分项指标看，强势区域老年人协会指数比全国水平还低。可见，所谓强势区域仅是相对意义上的强势，其在某些单项方面的不足，不仅影响本区域甚至全国老龄事业发展的总体水平，对老龄事业各核心要素的全面协调发展也有不利影响。2004年北京市是全国参与水平最高的地区，其中教育指数和老年人在校率指数的优势非常明显。在保障方面，对比上海、北京两个地区单项指标功效值发现，保障水平的四个方面具有“差异明显、各有千秋”的特点。2004年上海的基本养老保险覆盖率指数、法律援助指数和农村养老保险覆盖率指数比北京的同类指数高出许多，是整体保障水平高于北京市的主要原因。鼓励并扶持建立老年社会组织、加大老龄事业投入应成为强势区域未来一段时期老龄工作的重点内容。

8.2 提高我国老龄事业发展水平的对策建议

通过对中国老龄事业发展指数和要素指数的分析表明，中国老龄事业发展总体水平不高，在健康、生活质量、参与和保障4个主要方面的协调发展也不够均衡。随着人口老龄化速度的加快，人口老龄化对经济社会发展的影响日益深远。但是，人口老龄化具体给社会发展带来什么样的影响，有的还处于理论猜想阶段，没有得到证实；有的还需在人口老龄化发展过程中进一步研究和认识。统筹老龄事业与经济社会的协调发展不仅是应对人口老龄化的战略决策，也是落实科学发展观、构建和谐社会的有效举措之一。

国务委员、全国老龄工作委员会主任王勇在2015年全国老龄工作委员会全体会议上指出，当前和今后一个时期，老龄事业发展着力做好几项重点工作。一是大力推动养老服务业改革发展。要鼓励社会力量发展养老服务业和养老产业，继续推动公办养老机构改革，推动养老服务和医疗服务融合发展。进一步加大资金投入，加快养老服务业和产业人才培养。二是加快老年人社会福利和保障体系建设。要抓紧完善涉及老年人的养老、医疗、护理、住房等社会保障制度，逐步缩小城乡、区域、人群之间的保障差距，加大困难老年人社会救助力度，切实解决他们生活中的实际困难，进一步完善老年人社会福利制度。三是加强老龄事业法制建设。要抓紧制定《老年人权益保障法》的配套法规和政策措施，建立健全有中国特色的老龄工作法律法规体系。加大涉老法律法规的执法力度，健全执法机制，严肃查处侵犯老年人合法权益的违法行为。广泛开展老龄法制宣传和培训，营造依法维护老年人权益的氛围。四是加强老龄工作队伍建设。要努力建设一支政治素质高、业务能力强、勇于奉献的老龄工作队伍。[1]上述老龄工作重点内容不仅要求从宏观上把握中国老龄事业的总体水平，还要

[1] 国务委员、全国老龄工作委员会主任王勇在全国老龄工作委员会全体会议上的讲话，载www.cncaprc.gov.cn/contents/2/76810.html，2015-4-14。

统筹安排每个发展阶段的重点任务。结合本书研究发现，提高我国老龄事业发展水平提出以下对策建议。

8.2.1 加快老龄事业的保障建设

通过对中国老龄事业发展健康、参与、生活质量和保障4个主要内容的实证分析发现，保障水平是我国老龄事业发展的薄弱环节。作为老龄事业发展过程中的重要内容，老年社会保障不仅是党和政府关注的重点，也是发展老龄事业的优先领域。《中华人民共和国老年人权益保障法》第三条强调“健全对老年人的社会保障制度”。在《中国老龄事业的发展》白皮书七大板块中，养老保障体系、老年医疗保健、为老社会服务和老年人合法权益保障等四大板块都涉及保障内容。但是，由于我国“未富先老”的现实国情及不断扩大的老年人口规模，老年社会保障制度建设仍滞后于经济发展，无法满足老年人的实际需求。

通过对构成保障指数5个指标功效值的分析，在加快老龄事业的保障建设方面，以下两点应成为“十三五”期间内老龄工作的重点内容。

第一，多渠道筹集资金、加大对老龄事业的投入。作为社会事业的一部分，老龄事业具有协调性、普惠性、福利性、公益和盈利兼备性等特点，是惠及亿万老年人的社会福利性的公益事业。促进老龄事业的发展不仅体现了党和政府对老龄问题的日益重视，也是和谐社会建设的重要内容之一。然而，随着社会主义市场经济体制改革的深化，老龄事业又不单纯是公益事业，仅仅依靠政府投入是行不通的，还要在市场经济的环境下，借助政府的扶持力量，寻求自我发展的途径。

目前对老龄事业的投入不足和缺乏多元化投入机制的矛盾同时存在。一方面，老龄事业资金投入不足，基层老龄工作机构不健全、人员偏少、经费不足；同时，老年福利设施发展滞后。另一方面，投资渠道单一，多元化的老龄事业投入机制还未形成。如何加大老龄事业投入、科学统筹安排老龄事业发展经费，已成为当前各级政府日益关注的问题。

多管齐下，将加大政府投入与多渠道筹集资金相结合，可以成为解决老龄事业投入不足问题的有效举措。首先，各级财政要充分认识到老龄工作的重要性，根据人口老龄化水平和老年人的实际需要，逐步增加对老年服务设施建设、老年文化教育、老龄科学研究和老年活动等方面的投入。其次，抓住并利用目前加快慈善事业和彩票事业发展的机遇，将老龄事业与之相结合，利用慈善资金来源稳定、社会反应良好等特点，开展安老、助老等活动，既解决了资金难题，又产生了良好的社会效益。最后，发挥各级老年基金会和其他组织的作用，引导民营资本和国外资金投入老龄事业，逐步形成多元化的老龄事业投入机制。

第二，建立健全社会保障待遇确定机制。随着我国经济、政治、文化、社会、生态等领域全面深入改革的逐步推进，社会保障在经济社会发展建设中的作用日益凸显。社会保障待遇作为社会保障制度设计的重要内容，其支付水平的高低是一个国家或地区经济发展水平和公民福利的直观体现。党的十八大报告提出“全覆盖、保基本、多层次、可持续”的社会保障工作方针，要求实现人人享有基本社会保障的目标；“建立兼顾各类人员的社会保障待遇确定机制和正常调整机制”。在设计原则方面，任兰兰、王春蕊等（2015）以农民工为例，从公平性、保障性、可持续性等角度认为，建立社会保障待遇确定机制应遵循公平原则、保障基本生活原则、与社会经济发展相适应原则。并进一步提出五大基本社会保险及社会救助待遇确定的基本依据。在养老保障待遇方面，应充分考虑劳动者内部群体的异质性和流动性特点。在医疗保障待遇方面，应综合考虑劳动者的实际收入水平和统筹地区的平均工资水平，合理设置起付线和封顶线。在失业保障待遇方面，应确定失业保险金的最低标准。在社会救助待遇方面，应根据不同劳动者在城市生活维持基本生活所必需的衣、食、住费用，适当考虑水电燃煤（燃气）费用及未成年人的义务教育费用，确定异质性群体的最低生活保障救助标准。[1]上述研究结论为合理确定老年退休人群的养老金待遇提供了有益借鉴。

第三，加快农村养老保障制度建设。不论是“三农”的角度还是从人口老龄化的角度，农村养老保障制度建设都应成为农业发展和老龄事业发展的重中之重。目前，对于我国农村养老保障体系建设，郑功成（2008）提出，现阶段建立适合农村的养老保障制度应遵循等计划生育与农村社会保障政策有机结合、政府主导与责任分担、低缴费与水平适度等原则。[2]

加快农村养老保障制度建设是一个系统的工程，不仅是老年学关注的重要议题，也是影响城乡发展、社会保障事业发展的重大课题。鉴于这个问题的复杂性和艰巨性，必须要下大力气、加强多个部门的协调，经过长期、不断的努力，才能逐步解决。主要解决思路包括：第一，与劳动保障部门密切联系，推行适合我国农村特点的社会保障制度。第二，与宣传教育部门合作，宣传和发扬尊老、敬老、养老的优良传统，将社会养老与家庭养老相结合，并对“孝子”和有突出贡献的老龄工作者给予物质和精神奖励。第三，与民政部门合作，切实保障残障老人、“五保”老人、高龄老人等弱势群体的基本生活，为其提供一定的经济补贴和照料服务。

8.2.2 调整完善退休年龄政策

作为一项制度安排，退休年龄的设定不仅直接影响到劳动者群体的切身利益，对养老保险制度的良性运行乃至整个社会经济的长远发展都有着重大影响。2013年11月十八届三中全会通过的《中共中央关

---

[1] 任兰兰、王春蕊、姜伟：“新型城镇化背景下农民工社会保障待遇确定机制研究”，载《河北师范大学学报（哲学社会科学版）》2015年第3期，第148~151页。

[2] 郑功成：“中国农村社会养老保障政策研究——将农村居民社会保障与计划生育有机结合的政策选择”，载《人口与计划生育》2008年第3期，第18~19页。

于全面深化改革若干重大问题的决定》明确指出，研究制定渐进式延迟退休年龄政策，建立更加公平可持续的社会保障制度。在这种政策背景下，如何实现退休年龄调整与发展老龄事业的双赢具有较强的现实意义。

第一，建立延迟退休的养老金激励机制。基于日益加剧的养老金压力和新增就业劳动力下降的客观现实，建立合理、科学、可持续的延迟退休养老金激励机制迫在眉睫。劳动者群体内部差异较大，除了年龄之外，不同行业、职位、参加工作时间、身体健康状况都有较大差别，人们的劳动强度和工作环境也存在差异。不同群体对现行退休制度常有抱怨。究其原因，归根到底是目前强制性退休制度。任兰兰、崔红威（2015）结合实证调研结果，建议相关部门利用延迟退休改革契机，制定更加科学、合理的弹性退休政策。把受教育程度、工龄、身体状况、工作强度等因素尽量纳入弹性退休政策体系，给劳动者更多的选择空间。[1]同时，在明确基本缴费年限的前提下，建立多缴多得、多延多得的激励机制。根据缴费年限的长短，分阶段、分层次确定不同的养老金待遇。如可以设定将连续缴费年限分成15年、20年、25年、30年、35年及以上都不同档次，缴费年限越长，基础养老金按一定比例上浮。同时，建立连续缴费年限与退休年龄相结合的机制，在不同缴费年限档次的基础上，设定延长退休的时间区间，缴费年限越长、退休年龄越大，个人账户可获得的补贴待遇越高。

第二，重视退休老年人的心理健康问题，实现延迟退休和老年人社会参与的良好互动。作为心理健康的测评维度，精力、社会功能、情感职能、精神健康不仅成为老年人延迟退休的重要心理因素，对促进身体健康、参与社会发展也有决定作用。首先，通过改善老年群体心理健康状况，提高躯体健康水平，为延迟退休制度积极储备更多的

---

[1] 任兰兰、崔红威："适龄在职人群延迟退休意愿与政策走向研究"，载《河北学刊》2015年第5期，第138~139页。

老年人力资源。人力资源和社会保障部劳动科学研究所副所长莫荣和该研究所职业研究室副主任陈兰提供的资料显示，未来20年，随着中国转变经济发展方式和第三产业发展，对劳动者体力要求会下降，对老年人力资源的需求将上升。因此，将延迟退休政策与鼓励老年人社会参与有效衔接，实现开发利用老年人力资源与缓解养老压力双赢。其次，建立健全老年人心理健康评价体系，以此为依据评价老年人心理健康水平，并设定不同心理健康层次。根据不同层次、不同健康水平的老年人心理状况，设定更为灵活的延迟退休政策。此外，依据老年人心理健康评价体系，也为有效筛查老年人力资源提供健康保障。

8.2.3 统筹老龄事业的区域协调发展

由本书第7章分析发现，我国老龄事业发展具有区域特征、阶梯状分布等特点，且各个区域的老龄事业又呈现不同的发展态势。为了提高老龄事业发展的总体水平，统筹各大区域的协调发展是很有必要的。孟亚男、任兰兰（2015）从时间、空间和日常生活结构化的理论视域为公共空间的“老年化”提供了一种群新的分析路径，并通过实证研究得出结论，公共空间的“老年化”可以为老年人提供一种群体的共同时空秩序和社会节奏，对家庭养老和居家养老形成某种意义上的“代偿”作用。[1]鉴于三大区域老龄事业发展水平的不同特点，须采取不同的应对策略，以促进各大区域的协调发展和全国老龄事业的总体发展。

第一，发挥强势区域的导向作用，促进强势区域的共同发展。

强势区域在健康、生活质量、参与和保障4个方面的老龄事业发展水平均大大高于其他两类地区和全国平均水平，具有明显的突出优势。因此，发挥强势区域的导向作用，对于促进全国老龄事业发展具有重大意义。本书第七章不仅分析了三大区域在健康、生活质量、参

[1] 孟亚男、任兰兰：“城市公共空间的‘老年化’及其养老代偿功能研究”，载《人口与发展》2015年第6期，第103页。

与和保障的差异，还对构成各个要素的指标功效值进行了深入分析，从而找出造成差异的影响因素，以便为优势区域和一般区域向强势区域追赶提供可资借鉴的发展思路。

在强势区域内部，上海和北京可以根据自身的优势和不足，互相学习，共同发展。同为全国老龄事业发展水平最高的两个地区，北京在健康、生活质量和保障方面可以吸取上海的特长之处，同时北京的老年社会参与也可为上海的老龄事业发展发展提供可借鉴的成功经验。

第二，发挥优势区域的参与优势，关注保障水平的提高。

对于优势区域来说，其老龄事业发展在参与方面具有一定的优势，但保障水平还有待于提高。本书不仅对构成优势区域参与和保障指数的指标功效值进行了分析，还对优势区域省（市、区）的各项指标进行了比较分析，目的就在于为提高优势区域的参与水平提供更具针对性和可操作性的对策建议。通过分析，提高优势区域老龄事业发展水平的对策应优先考虑以下几个方面：继续发挥老年人协会的优势，为老年人社会参与提供充分的组织保证和环境支持；加强老年教育；加大老年医疗方面的投入、加快老年医疗基础设施建设；加大对老年法律保障建设的支持力度。

第三，加快一般区域的保障事业发展，提高一般区域的生活质量。

不论是一般区域中4个要素指数的对比还是三大区域保障指数的对比，一般区域的保障水平都是最低的。找出提高一般区域老龄事业发展水平的切入点，不仅可以大大促进本区域的老龄事业发展，对于提高全国老龄事业发展水平也将起到积极的作用。通过本书分析，提高一般区域的保障水平，可以从以下方面入手：扩大离退休人员参加社会保险的覆盖范围；提高一般区域人均离退休费用和最低生活保障金待遇等。

8.3 本书创新和不足之处

8.3.1 本书主要创新点

第一，对老龄事业的概念进行再定义。本书在对老龄事业概念梳理的基础上，充分结合现有主要文献对老龄事业合理内核的规定，弥补其中不足，最后对老龄事业的概念进行再定义。

第二，对中国老龄事业发展指标体系进行了初步探索。本书在明确老龄事业基本内涵及老龄事业发展的评价标准后，在借鉴老年学、社会学、经济学、统计学理论的基础上，建立了中国老龄事业发展指标体系。与现有老龄事业发展指标体系的相关研究相比，本书在指标体系构建过程中不仅具有坚实的理论基础；对具体体系的建立也均经过单项指标和指标体系的检验和结构优化；在综合评价方法上分别就具体操作步骤进行细致的分析；更重要的是以现有的统计数据为基础，具有可操作性。

第三，首次对我国31个省区老龄事业的发展水平进行实证评价。首先，以《中国民政统计年鉴》《中国劳动统计年鉴》及《中国统计年鉴》等数据为基础，分别对2014年、2004年老龄事业发展指数进行测算，以此评价不同时期全国及31个省级行政区老龄事业的发展水平。其次，分别以老龄事业发展4个要素指数值为依据，对全国及各省（市、区）老龄事业发展进行结构分析和纵向比较，进一步揭示老龄事业健康、参与、保障及生活质量等各个要素方面的发展特点。

本书在指标体系的基础上，充分挖掘现有的统计数据资料，对我国31个省级单位进行老龄事业发展综合评价，完成指标体系构建、评价模型和实证研究的研究体系，不论是对老年学研究还是指标体系研究，都是一个很好的补充。

8.3.2　不足之处和有待进一步研究的内容

第一，中国老龄事业发展指标体系及其相关内容是一个十分广泛且复杂的体系，需要研究的内容很多，可以用到的方法也有多种。具体指标的选择、指标体系的构造、综合评价方法的选用还有待于在实践运用中不断调整。同时，对中国老龄事业发展指数和要素指数的研究分析还需要进一步挖掘。

第二，由于统计数据的限制，无法实现对老龄事业发展状况的最新评价。为了弥补统计数据的不足，可以考虑在《中国民政统计年鉴》中增加更为详细的老龄事业部门统计，为丰富老龄事业发展水平的评价内容提供更多的数据支持。

第三，本书仅对三大区域的老龄事业发展提出了政策建议，对各31个省级行政区没有提出具体的指导意见。各地区应根据本地的实际情况，结合指标体系反映的具体问题，提出最适合本地区老龄事业发展的应对策略。

参考文献

一、中文图书

[1] 邬沧萍．社会老年学[M]．北京：中国人民大学出版社，1999．

[2] 吴玉韶．中国老龄事业发展报告（2013）[M]．北京：社会科学文献出版社，2013．

[3] 徐新．和谐社会与社会事业[M]．上海：上海大学出版社，2009．

[4] [美]戴维·L．德克尔．老年社会学[M]．沈健，译．天津：天津人民出版社，1986．

[5] 中华人民共和国国家统计局．中国统计年鉴2015[M]．北京：中国统计出版社，2015．

[6] 中华人民共和国民政部．中国民政统计年鉴2005[M]．北京：中国统计出版社，2005．

[7] 国家统计局人口和就业统计司，劳动和社会保障部规划财务司．中国劳动统计年鉴2005[M]．北京：中国统计出版社，2005．

[8] 风笑天．社会学研究方法[M]．3版．北京：中国人民大学出版社，2009．

[9] 国家应对人口老龄化战略研究，老龄事业发展指标体系研究课题组．老龄事业发展指标体系研究[M]．北京：华龄出版社，2004．

[10] 全国老龄工作委员会办公室，中国老龄协会．老龄工作统计指标体系[M]．北京：中国人口出版社，2004．

[11] 周长城．主观生活质量：指标构建及其评价[M]．北京：社会科学文献出版社，2008．

[12] 刘渝琳．养老质量测评——中国老年人口生活质量评价与保障制

度[M]. 北京：商务印书馆，2007.
[13] 李宝库. 新世纪老龄工作实用全书[M]. 北京：华龄出版社，2002.
[14] 袁方. 社会指标与社会发展评价[M]. 北京：中国劳动出版社，1995.
[15] 郑杭生，李强，李路路. 社会指标研究[M]. 北京：中国人民大学出版社，1989.
[16] 邬沧萍，姜向群. 老年学概论[M]. 北京：中国人民大学出版社，2006.
[17] 杜鹏. 人口老龄化与老龄问题——高级公务员读本[M]. 北京：中国人口出版社，2006.
[18] 李旭初，刘兴策. 新编老年学词典[M]. 武汉：武汉大学出版社，2009.
[19] 张琪. 社会保障概论[M]. 2版. 北京：中国劳动社会保障出版社，2013.
[20] 章晓懿. 社会保障概论[M]. 上海：上海交通大学出版社，2010.
[21] 全国老龄工作委员会办公室. 老龄工作干部读本[M]. 北京：华龄出版社，2003.
[22] 李宝库. 跨世纪的中国民政事业——中国老龄事业卷（1982—2002年）[M]. 北京：中国社会出版社，2002.
[23] 杜鹏. 人口老龄化与老龄问题——高级公务员读本[M]. 北京：中国人口出版社，2006.
[24] 张恺悌. 中国老龄事业五年回顾[M]. 北京：中国社会出版社，2009.
[25] 李晶. 人类发展的测度方法研究——对HDI的反思与改进[M]. 北京：中国财政经济出版社，2009.
[26] 北京市社会科学界联合会，北京师范大学. 科学发展：文化软实力与民族复兴——纪念中华人民共和国成立60周年论文集[M].

北京：北京师范大学出版社，2009.
[27] 朱庆芳，吴寒光．社会指标体系[M]．北京：中国社会科学出版社，2001.
[28] 邱东．多指标综合评价方法的系统分析[M]．北京：中国统计出版社，1991.
[29] 郭志刚．社会统计分析方法——SPSS软件应用[M]．北京：中国人民大学出版社，1999.

二、中文期刊

[1] 李建新．老年人口生活质量与社会支持的关系研究[J]．人口研究，2007（3）.
[2] 邬沧萍．提高对老年人生活质量的科学认识[J]．人口研究，2002（5）.
[3] 李永萍．《新疆老龄事业发展“十五”计划纲要》指标体系的探讨[J]．老龄问题研究，2002（7）.
[4] 杨燕绥，胡乃军．老龄社会发展指数构建研究[J]．老龄科学研究，2013（3）.
[5] 郑晓瑛．中国老年人口健康评价指标研究[J]．北京大学学报（哲学社会科学版），2000（4）.
[6] 王德文，蔡和利．老年人健康功能的多维评价方法[J]．福建医科大学学报(社会科学版)，2001（2）.
[7] 刘恒，巢健茜．我国老年人口健康评价指标体系框架模型设计[J]．中国老年学杂志，2011（1）.
[8] 周丽萍．老年人口健康评价与影响因素[J]．社会工作，2012（1）.
[9] 尹文瑜，宋琼，陈长香，李淑杏，任兰兰．老年人健康状况及与日常生活能力的相关性[J]．中国老年学杂志，2016（11）.
[10] 钱军程．中国老年人口健康老龄化四个社会效果维度的测量研究

[J]. 老龄科学研究，2013（1）.
[11] 陈小月. “健康老龄化”社会评价指标的探索[J]. 中国人口科学，1998（3）.
[12] 曾毅，顾大男. 老年人生活质量研究的国际动态[J]. 中国人口科学，2002（5）.
[13] 刘晶. 因子分析法在城市老年人口生活质量综合评价中的应用研究[J]. 华东理工大学学报（社会科学版），2011（5）.
[14] 陈英姿，邓俊虎. 长春市老年人口生活质量评价[J]. 人口学刊，2011（6）.
[15] 原新. 国际社会应对老龄化的经验和启示[J]. 老龄科学研究，2015（3）.
[16] 陈功. 老有所为大有可为[J]. 人口与发展，2011（6）.
[17] 王延中，龙玉其. 建立更加公平可持续的养老保障制度[J]. 中国党政干部论坛，2015（12）.
[18] 王延中. 构建三位一体中国老年保障体系的基本构想[J]. 社会保障研究，2014（3）.
[19] 邬沧萍. 把积极应对人口老龄化作为基本国策[J]. 群言，2013（8）.
[20] 邬沧萍. 积极应对人口老龄化理论诠释[J]. 老龄科学研究，2013（1）.
[21] 王勇，林晓红，周双超. 健康中国建设中人口问题与对策建议[J]. 人口与计划生育，2016（1）.
[22] 耿爱生，杨文娴. 我国老年保障研究中的“健康老龄化”研究趋向及其价值[J]. 社会保障研究，2014（2）.
[23] 邬沧萍. 创建一个健康的老龄社会——中国迎接21世纪老龄化的正确选择[J]. 人口研究，1997（1）.
[24] 王学义. 健康老龄化：人口老龄化的对策[J]. 西南民族学院学报（哲学社会科学版），2002（12）.

[25] 宋全成，崔瑞宁．人口高速老龄化的理论应对——从健康老龄化到积极老龄化[J]．山东社会科学，2013（4）．

[26] 邬沧萍，杨庆芳．“老有所为”是我国积极应对人口老龄化的客观要求[J]．人口与发展，2011（6）．

[27] 杜鹏，王菲．“老有所为”在中国的发展：政策变迁和框架构建[J]．人口与发展，2011（6）．

[28] 邬沧萍，姚远．老龄社会的一项重大战略选择[J]．求是，2002（2）．

[29] 穆光宗．国际老年人主题的诠释[J]．人口研究，1999（1）．

[30] 邬沧萍．把“不分年龄、人人共享”的认识提高到理论的高度[J]．人口研究，1999（1）．

[31] 任兰兰．改革开放30年来中国老年文化观的六大转变[J]．学术论坛，2009（11）．

[32] 李建民．老年人与社会经济发展成果的共享[J]．人口研究，1999（1）．

[33] 赵彦云．我国“十五”经济社会发展指标体系研究[J]．经济理论与经济管理，2000（6）．

[34] 袁卫，彭非．中国发展指数的编制研究[J]．中国人民大学学报，2007（2）．

[35] 杜鹏，李强．1994—2004年中国老年人的生活自理预期寿命及其变化[J]．人口研究，2006（5）．

[36] 张文娟，杜鹏．中国老年人健康预期寿命变化的地区差异：扩张还是压缩？[J]．人口研究，2009（5）．

[37] [美]加尔布雷斯．富裕社会．北京：商务印书馆．转引自夏海勇．生活质量研究：检视与评价[J]．市场与人口分析，2002（1）．

[38] 乔晓春．健康寿命研究的介绍与评述[J]．人口与发展，2009（2）．

[39] 顾大男，曾毅，柳玉芝．健康预期寿命计算方法述评[J]．市场与

人口分析，2001（4）.
[40] 钟军，陈育德，饶克勤．健康预期寿命指标计算方法的研究[J]．中国人口科学，1996（6）.
[41] 乔晓春，张恺悌，孙陆军，张玲．对中国老年贫困人口的估计[J]．人口研究，2005（2）.
[42] 王德文，张恺悌．中国老年人口的生活状况与贫困发生率估计[J]．中国人口科学，2005（1）.
[43] 杜鹏，伊密，张鹏、曲嘉瑶、丁志宏．北京市“健康老人”研究[J]．人口与经济，2007（2）.
[44] 任兰兰，王春蕊，姜伟．新型城镇化背景下农民工社会保障待遇确定机制研究[J]．河北师范大学学报（哲学社会科学版），2015（3）.
[45] 郑功成．中国农村社会养老保障政策研究——将农村居民社会保障与计划生育有机结合的政策选择[J]．人口与计划生育，2008（3）.
[46] 任兰兰，崔红威．适龄在职人群延迟退休意愿与政策走向研究[J]．河北学刊，2015（5）.
[47] 孟亚男，任兰兰．城市公共空间的“老年化”及其养老代偿功能研究[J]．人口与发展，2015（6）.

三、学位论文

[1] 苏为华．多指标综合评价理论与方法问题研究[D]．厦门：厦门大学，2000.
[2] 田辉．人类可持续发展指数（HSDI）构建及其应用研究[D]．南京：南京理工大学，2008.
[3] 刘菊芬．20世纪80年代以来我国老年人口健康状况变化趋势——基于健康预期寿命的视角[D]．北京：北京大学，2009.
[4] 明艳．我国人口健康状况及影响因素研究——基于死亡/患病指标

的分析[D]．北京：中国人民大学，2006．

四、网络资料

[1] 国家统计局．2015年国民经济和社会发展统计公报[EB/OL]．2016-2-29，http://www.stats.gov.cn/tjsj/zxfb/201602/t20160229_1323991.html．

[2] 习近平．及时科学综合应对老龄化[EB/OL]．2016-2-24，http://news.xinhuanet.com/mrdx/2016-02/24/c_135124769.htm．

[3] 民政事业发展第十三个五年规划[EB/OL]．2016-7-6，http://www.sdpc.gov.cn/gzdt/201607/t20160706_810528.html．

[4] 全国老龄办党组书记、常务副主任王建军在全国老龄办主任会暨第四次中国城乡老年人生活状况抽样调查动员会上的讲话[EB/OL]．2015-4-20，http://politics.people.com.cn/n/2015/0421/c1026-26880152.html．

[5] 国务委员、全国老龄工作委员会主任王勇在全国老龄工作委员会全体会议上的讲话[EB/OL]．2015-4-14，www.cncaprc.gov.cn/contents/2/76810.html．

[6] 国务院关于印发中国老龄事业发展“十二五”规划的通知[EB/OL]．2011-9-17，http://www.scio.gov.cn/zggk/gqbg/2011/Document/1014340/1014340.htm．

[7] 李克强对加强老龄工作作出重要指示批示[EB/OL]．2016-2-23，http://www.gov.cn/xinwen/2016-02/23/content_5045223.htm．

[8] 全国老龄办党组书记、常务副主任王建军在2016年全国老龄宣传工作会议上的讲话[EB/OL]．2016-9-13，http://www.cncaprc.gov.cn/contents/2/176861.html．

[9] 胡锦涛在中国共产党第十八次全国代表大会上的报告[EB/OL]．2012-11-18，http://politics.people.com.cn/n/2012/1118/c1001-19612670.html．

[10] 中共中央国务院关于加强老龄工作的决定[EB/OL]．2000-8-19，http://www.nhfpc.gov.cn/jtfzs/s3581c/201307/e9f0bbfea6c742ec9b832e2021a02eac.shtml.

[11] 中国老龄事业的发展白皮书[EB/OL]．2006-12-12，http://www.gov.cn/zhengce/2006-12/12/content_2618568.htm.

[12] 2005年全国1%人口抽样调查数据[EB/OL]．2006-3-16，http://www.stats.gov.cn/tjsj/ndsj/renkou/2005/renkou.htm.

[13] 2015年全国1%人口抽样调查数据公报[EB/OL]．2016-4-20，http://www.stats.gov.cn/tjsj/zxfb/201604/t20160420_1346151.html.

[14] 北京市2014年老年人口信息和老龄事业发展状况报告[EB/OL]．2015-11-26，www.beijing.gov.cn/tjbj/jjsj/tjbg/t1412150.htm.

[15] 北京市“十二五”时期老龄事业发展规划[EB/OL]．www.zhengwu.beijing.gov.cn/ghxx/sewgh/t1200240.htm.

[16] 2015年上海市老年人口和老龄事业发展信息发布[EB/OL]．2016-3-30，http://www.shmzj.gov.cn/gb/shmzj/node4/node10/n2566/u1ai42187.html.

[17] 全球老龄化状况及其应对措施[EB/OL]．2015-10，http://news.ifeng.com/a/20151001/44773708_1.shtml.

[18] 卫生计生委、民政部、发展改革委、财政部、人力资源社会保障部、国土资源部、住房城乡建设部、全国老龄办、中医药局．关于推进医疗卫生与养老服务相结合的指导意见[EB/OL]．2015-11-18，ww.nhfpc.gov.cn/yzygj/s3573/201511/6cb2dd9263d243fd8a031e635a21bce5.shtml.

[19] 国务院关于加快发展养老服务业的若干意见[EB/OL]．2013-9-13，www.gov.cn/zwgk/2013-09/13/content_2487704.htm.

[20] 湖南发布2014年度老龄事业发展统计公报[EB/OL]．2015-10-20，http://hunanllw.mca.gov.cn/article/llxw/snllyw/201510/20151000884483.shtml

[21] 江苏省2014年老年人口信息和老龄事业发展状况报告[EB/OL]. 2015-8-26，www.mca.gov.an/article/zwgk/dfxx/201508/20150800868089.shtml.

[22] 民政事业发展第十三个五年规划[EB/OL]. 2016-7-6，http://www.sdpc.gov.cn/gzdt/201607/t20160706_810528.html.

[23] 新华社. 中国共产党第十八届中央委员会第五次全体会议公报[EB/OL]. 2015-10-29，http://news.xinhuanet.com/politics/2015-10/29/c_1116983078.htm.

[24] 国务院关于印发中国21世纪初可持续发展行动纲要的通知[EB/OL]. 2003-1-14，https://www.gov.cn/zwgk/2005-08/12/content_22186.htm.

[25] 中华人民共和国老年人权益保障法（2015年修正）[EB/OL]. 2016-6-2，http://www.cncaprc.gov.cn/contents/12/174717.html.

[26] 《中国老年社会追踪调查(CLASS)》报告发布[EB/OL]. 2016-3-7，中国社会科学网，www.cssn.cn/dybg/gqdy_qgcj/201603/t20160307_2900363.shtml.

[27] 民政部. 在“四个全面”战略布局中创新发展老龄事业[EB/OL]. 2015-4-22，http://www.gov.cn/xinwen/2015-04/22/content_2850745.htm.

[28] 上海市统计局. 2005年上海市国民经济和社会发展统计公报[EB/OL]. 2006-2-8，http://www.stats-sh.gov.cn/sjfb/201103/94463.html.

[29] 北京市统计局. 北京市2005年暨“十五”期间国民经济和社会发展统计公报[EB/OL]. 2006-1-25，http://www.bjtx.org/taiban/_719/_727/ndgb/538001/index.html.

[30] 国务院《中国的社会保障状况和政策》白皮书[EB/OL]. 2014-9-7，http://news.xinhuanet.com/zhengfu/2004-09/07/content_1952488.htm.

[31] 第四次中国城乡老年人生活状况调查结果发布[EB/OL]. 2016-

10-12，http://news.xinhuanet.com/gongyi/yanglao/2016-10/12/c_129319792.htm.

[32] 联合国大会第58届会议第二次老龄问题世界大会的后续行动 秘书长的报告[EB/OL]. 2003-1-26，http://www.un.org/chinese/esa/ageing/pdf/Ares58134.pdf.

[33] 联合国大会第61届会议第二次老龄问题世界大会的后续行动 秘书长的报告[EB/OL]. 2007-1-30，http://www.un.org/chinese/esa/ageing/pdf/Ares58134.pdf.

五、英文文献

[1] W. W. Rostow. Politics and the Stages of Growth. London：Cambridge University Press，1971.

[2] Fillbaum G. G. the Wellbeing of the Elderly: Approach to Multidimensional Assessment. WHO(offset Publication No. 84). Geneva，1984.

[3] Dimitri B. Padadimitriou. Government Spending on the elderly. Aging & Society. 2009（2）.

[4] Wilmoth and Longino Jr. Demographic and Policy Overview：Demographic Trends That Will Shape U. S. Policy in the Twenty-first Century，Research On Aging，2006（3）.

[5] Camila Arza and Martin Kohli. Pension Reform in Europe: Politics. Policies and Outcomes. Aging & Society，2009（2）.

[6] Holman K. Winblad B. Quality of Life among the Elderly. State of Mood and Loneliness in Two Selected Groups. Scans Caring Science，1999.

[7] Noro，A. Aro，S. Health-related Quality of Life among the Least Development Institutional Elderly Compared with the Non-institutional Elderly Population. Quality of Life Research，1996（3）.

[8] Carlucci, F. and S. Pisani. A Multiattribute Measure of Human Development. Social Indicators Resrearch, 1995 (36).

[9] Kelly, A. C. The Human Development Index: Handle with Care. Population and Development Review. 1991 (17).

[10] Ravallion. M. Good and Bad Growth: the Human Development Reports. World Development. 1997 (25).

[11] Noorbakhash, F. The Human Development Indices: Some Technical Issues and Alternative Indice. Journal of International Development. 1998 (10).

[12] Luchters, G. and L. Menkhoff. Chaotic Signals from HDI Measurement. Applied Economics Letter. 2000 (7).

[13] De Vires. Meaningful Measures: Indicators on Progress. International Statistics Review. 2001 (69).

[14] Lind, N. C. A compound Index of National Development. Social Indicators Research. 1993 (28).

[15] Lai Dejian. Principal Component Analysis on Human Development Indicators of China. Social Indicators Research, 2003 (3).

[16] Tang, K. L. Social Development in China: progress and Problems. Journal of Contemporary Asia, 1999 (9).

[17] Manuel Eskildsen and Thomas Price. Nursing Home Care in USA. Geriatrics and Gerontology International. 2009 (1).

[18] World Bank. World Development Indicators 2007. http://data.worldbank.org/data-catalog/world-development-indicators, 2007-4-1.

后　记

本书是在我的博士论文基础上修改而成的。从确定题目、文献梳理、到论文框架确定、写作与答辩，再到书稿更新与完善的过程，不仅见证了我的学术探索经历，更让我体会并收获了由导师的关怀、家人的支持和朋友的帮助凝聚而成的工作成就感和生活幸福感。在此书稿即将完成之际，迫切想要表达对我在求学、工作和生活中遇见的优秀人们的真心感谢。

自从2007年考进中国人民大学以来，我的人生经历中增添了许多丰富并值得纪念的色彩。首先要感谢我的博士生导师杜鹏教授，他不仅是我的学术导师，也是我的人生导师。杜老师深厚的专业学识、思辨的探索精神和细致耐心的指导，不断启发我进入广阔的研究空间，帮助我在学习期间克服了许多困难，使我的论文得以顺利完成。同时，杜老师谦和的人格魅力、成熟的处事方式也使我懂得了许多宝贵的人生经验，现在依然是我经常反省自己、学习进步的榜样。三年多在人民大学学业上的进步和人格蜕变都凝聚着杜老师的谆谆教诲和悉心关怀，谨在此表示最真挚的感谢！

读博期间，老年学研究所的老师们都给予我很多的鼓励和关照。邬沧萍教授、姚远教授、姜向群教授、张文娟教授、孙鹃娟教授和唐丹副教授等在专业学习和工作生活方面给予我很多指导。每每想起您们的音容笑貌，总是让我感到非常亲切和温暖，心存感激。是您们每一个学术问题的解惑、每一个生活问题的热心帮助绘成一幅幅感人画面，成就学生心中“最温暖的家”，永驻心间。教务科的姚卫平老师、资料室的王丹瑕老师以及编辑部的宋严老师、石玲老师等也在学习和生活上给了我许多中肯的建议和帮助。

感谢论文答辩老师邬沧萍教授、姚远教授、北京大学陆杰华教授和周云教授、河北大学王金营教授为本篇论文在整体思路、部分章节内容方面建设性的指导意见。

感谢最慈爱的硕士生导师吕红平教授、最勤劳的贵人杨慧师姐对我学习、工作、生活等多方面的提携、帮助和支持，感谢范西莹、孙晓舒、王萍、孟亚男、尹尚菁、马妍、陈昫、樊杏娜、徐桂英等同学和挚友提供的帮助。

感谢我的家人。父母兄姐是我青少年时期最坚实的依赖，成为我个人奋斗最初的原动力。爱人是我此生最舒适的“大头皮鞋”，你成熟勇敢、体贴细致、宽容大气的诸多品质时刻提醒我何其幸运！女儿是我最意外的福音，从博士论文的第1章，到后记的最后一个句号，昂乖与我一起经受冷风吹、雪里冻、飞机火车上颠簸等一系列体、智上的磨炼，从未曾离开。感谢生命中，有你与我一起分担压力、分享喜悦。

感谢华北理工大学，给我相对充分的自由空间，读博期间的知识体系才得益沉淀、反省和积累。感谢河北省社会科学联合会对本书的立项和资助，使我能够在博士学位论文的基础上进行深入研究。感谢书中所有参考文献的编作者。

感谢知识产权出版社编辑文茜博士，从当初报考北京大学的共同学习到十年后的出版合作，你一直是我联系不多却常常想念的朋友。

最后感谢生活中的挫折和痛苦。感谢挫折，让我反省做事方式的不足。感谢无助，让我明白自助的深意。感谢艰难，提升我继续奋斗的勇气。感谢生命，感谢岁月。

书中不足之处在所难免，欢迎读者不吝赐教。

任兰兰

2016年11月8日　于唐山尚品名都